向

历史名臣

学谋略与智慧

刘子仲 著

感悟人生世事的哲理与妙谛
叩访中华民族的智贤圣臣
以史为鉴，以人为镜

ZHEJIANG UNIVERSITY PRESS
浙江大学出版社

图书在版编目(CIP)数据

向历史名臣学谋略与智慧/刘子仲著. —杭州：浙江大学出版社,2012.7

ISBN 978-7-308-09089-6

Ⅰ.①向… Ⅱ.①刘… Ⅲ.①谋略－中国－古代－通俗读物 Ⅳ.①C934－49

中国版本图书馆 CIP 数据核字（2011）第 184716 号

向历史名臣学谋略与智慧

刘子仲　著

丛书策划	张　琛(zerozc@zju.edu.cn)
责任编辑	张作梅　张　琛
封面设计	墨华文化
出版发行	浙江大学出版社
	（杭州天目山路 148 号　邮政编码 310007）
	（网址：http://www.zjupress.com）
排　版	杭州大漠照排印刷有限公司
印　刷	杭州杭新印务有限公司
开　本	710mm×1000mm　1/16
印　张	19.5
字　数	330 千
版 印 次	2012 年 7 月第 1 版　2012 年 7 月第 1 次印刷
书　号	ISBN 978-7-308-09089-6
定　价	38.00 元

前　言

　　《史记》是西汉著名史学家司马迁以"究天人之际,通古今之变,成一家之言"为宗旨,耗尽毕生精力完成的一部长达 512 万字的历史巨著。《史记》的出现,使史学从经学的笼罩下摆脱了出来,为我国历史学竖起了一座巍然的丰碑。

　　《史记》是第一部纪传体通史,记载了从中国上古开始到西汉时期的各色人物,如:人文始祖黄帝、夏商周三代圣王、先秦诸子百家、万世师表孔子、战国纷争的英雄、雄主秦皇汉武、起义英雄陈胜,以及楚汉英杰项羽、刘邦、张良、萧何、韩信等,他们的业绩与品格、他们的思想与精神,可为楷模、可为鉴诚。按司马迁所说,编写的宗旨是"究天人之际,通古今之变,成一家之言"。"究天人之际"是探秋天道和人事的关系,作者批判了原来的"神意天命论",提出了"帝王中心论"。"通古今之变",即探究历史的发展实况及其规律。

　　历史即人生,人生即历史。因此生活中流传着这样一句话:"阅读历史等于游历人生,历史比小说更精彩。"确实如此,历史的重要意义在于,它为我们展现了超越我们所能想象的无穷生活方式,极大地拓展了我们的视野,让我们得以从中学习思考、领悟。而中国五千多年的文明史,在这条历史的长河中,蕴含着无数文明智能的浪花。一幕幕王朝帝国的兴衰成败,一个个历史人物的功过是非,重大事件隐含的曲折内幕,伟大创新背后的艰辛努力,无不折射出做人与做事的道理。

　　读史可以鉴今,读史使人明智。庞大的文明史对于个体的人生来讲,是一座取之不尽、用之不竭的智慧宝库,它在为我们讲述人类昨天的同时,也在告诉我们如何去解读今天周围的一切。历来善于从历史中获得经验的人都无一例外地成为他所在的时代中的强者。而这些经验又大多来于名臣之手,因为我们知道,每一位成功的帝王诸侯背后必有一个大智大勇的名臣相助。所以,要想学习他们处世、治国的成功之道,必须要了解各路名臣的用谋之道。而司马迁在《史记》中将各朝各代的名臣性格及功绩,一一详细作以描写,全而不露地揭示在我们面前,他们的才智、胸怀、风骨常被人津津乐道,一再传颂。为此我们特意着手《向历史名臣学谋略与智慧》一书,选取了历代名臣中的佼佼者,以历史典籍中的记述为依据,以《史记》中智贤名臣们的故事为底料,吸纳睿智精华成一家之言,从上古到西汉这一阶段的名臣人物的历史事件,并以正面评说的方式向读者展示了一个个历代名臣的真实面目,再加上了一些客观的判断和评论,称得上是一部对《史记》中历史人物细细品读的史卷、智慧之集。

目 录
CONTENTS

贤智宰相……晏婴

晏婴(? —公元前500年),高不满六尺,雄心万丈。字平仲,又称晏平仲,世称晏子。夷维(今山东高密)人,春秋时期齐国上大夫晏弱之子。公元前556年,晏弱死后,晏婴继任为上大夫。辅佐齐灵公、庄公、景公三代国君,以贤智名闻于诸侯。他一生尚俭恶侈,反对贪污腐败,主张善政治国,励志图强。晏婴的贤智,还表现于他的忠诚耿直,强谏直言。乃至司马迁感慨道:"假如晏婴还在世的话,我即使替他手拿鞭子做个仆人,也是我高兴和向往的啊!"

郑国名相……子产

子产(? —公元前522年),名侨,字子产,又字子美,春秋时代郑国杰出的政治家。出身于贵族家庭,少年时便聪慧异常。自郑简公二十三年(前543年)当国,先后执政二十余年,为郑国的社会稳定和生产发展作出了杰出贡献,因此在他去世的时候,孔子曾痛哭流涕地说:"子产真是古代遗留下来的一位仁爱之人啊!"

一代忠臣······文种

文种(？—公元前467年)，字会、少禽，一作子禽，楚国郢(今湖北省江陵北)人。春秋末期著名的谋略家。越王勾践的谋臣，为勾践灭吴制定了七种方案，和范蠡一起为勾践最终打败吴王夫差立下赫赫功劳。灭吴后，自觉功高，不听从范蠡劝告继续留下为臣，却被勾践不容，受赐剑自刎而死。

圣武宰相······伍子胥

伍子胥(？—公元前484年)，名员，字子胥，原为楚国人。有谋略，具胆识。封于申地，故又称申胥。春秋末期吴国大夫，军事谋略家。伍子胥本为楚国人。性刚强，青少年时，即好习文武，勇而多谋。周景王二十三年(公元前522年)，因遭楚太子少傅费无忌陷害，父、兄为楚平王所杀，被迫出逃吴国，发誓必倾覆楚国，以报杀亲之仇，其一生的坎坷经历就此拉开了序幕······

善谋丞相······范雎

范雎，字叔，战国时魏国人。早年家境贫寒，后出使齐国为魏中大夫须贾所诬，历经磨难后辗转入秦。公元前266年出任秦相，辅佐秦昭王。他上承孝公、商鞅变法图强之志，下开秦皇、李斯统一帝业，是秦国历史上继往开来的一代名相，也是我国古代在政治、外交等方面极有建树的谋略家。

法家代表……商鞅

商鞅(公元前390年—公元前338年),战国时期政治家,法家代表人物,本名公孙鞅,卫国(今河南濮阳)人,也叫卫鞅,后来在秦国被封为商君,因而又叫商鞅。商鞅是战国时没落贵族的后裔。在秦国当丞相十年,他一生的主要活动和贡献,是在秦国实行变法,历史上称之为"商鞅变法"。

乱世贤臣……淳于髡

淳于髡,战国时期齐国(今黄县)人。齐国赘婿,齐威王用为客卿。他学无所主,博闻强记,能言善辩。他多次用隐言微语的方式讽谏威王,居安思危,革新朝政。还多次以特使身份,周旋于诸侯之间,不辱国格,不负君命……

勇敢机智……蔺相如

蔺相如,战国时赵国大臣。赵惠文王时,秦向赵强索"和氏璧",宦官缪贤推荐手下门客蔺相如出使。他奉命带璧入秦,当廷力争,完璧归赵,出色地完成了出使秦国的使命。从此从众臣中脱颖而出,被封为上卿。他用他那勇敢机智和宽容谦让的性格为历史增添了彩色,使他做人更成功,做事更精通,令后人铭记在心。

游说专家……苏秦

苏秦(？—公元前284年)字季子，东周洛阳(今河南省洛阳市)乘轩里人，是战国策士，纵横家。出身寒门，却少有大志。据传他随鬼谷子学游说术，"东事师于齐，而习之于鬼谷先生"。(《史记》)学成之后，苏秦曾先后游说周、秦、赵等国。

苏秦推动合纵，初为功名富贵，实际发挥了巧妙的外交才能，其捭阖阴阳，以退为进之术，深得鬼谷先生真传，亦近道家之说；其说诸王主要说辞并不离利害二字，因势利导，配以机智，打动诸王，其法又与兵家相合，因此称苏秦为战国时代成功的谋略家与纵横学说之集大成者。

雄辩六国……张仪

张仪，生年不详，死于公元前309年。魏国贵族的后代，曾经与鬼谷子学过纵横术，是战国时期著名的政治家，外交家和谋略家。战国时，众国林立，诸侯争霸，割据战争连续不断。各诸侯国在外交和军事上，大都采取"合纵连横"的策略。或"合纵"，"合众弱以攻一强"，防止强国的吞并，或"事一强以攻众弱"；"连横"，以此来兼并土地。张仪正是作为杰出的纵横家出现在战国的政治舞台上，在很大程度上影响了列国兼并战争形势的变化。

阴谋连篇……李园

　　李园,虽出身平民,但却很富有心计。当他听到楚王为没有子嗣而焦急的消息后,便设谋把自己的亲妹妹献给楚王……由此,历史上又一重大阴谋,拉开了一角。

流芳千古……屈原

　　屈原(约公元前340—公元前278年)战国末期楚国人。名平,字原,是楚国的同姓贵族。祖先封于屈,遂以屈为氏;杰出的政治家和爱国诗人。他一生爱国爱民,关心祖国命运,无论在政治革新、诗歌创作、哲学思想等各个方面,都取得了光辉的业绩,形成了高尚的精神风貌,濡染百代,光照千秋。同时,又是我国第一位伟大的爱国主义诗人,他开创了诗歌从集体歌唱转变为个人独立创作的新纪元,是我国积极浪漫主义诗歌传统的奠基人,"世界四大文化名人"(另有波兰的哥白尼、英国的莎士比亚、意大利的但丁)之一。

一生仲父……吕不韦

　　吕不韦(？—公元前235年),战国末年秦相,卫国濮阳(今河南濮阳西南)人。曾经是"家累千金"的大商人,后来,以重金资助当时还是赵国人质的秦公子异人,并助他登上了秦国太子的宝座。公元前250年秦孝文王死后,公子异人得以回国即位,称为秦庄襄王,封吕不韦为国相,号曰"文信侯",食河南洛阳十万户。庄襄王卒,年幼的太子政立为王,尊吕不韦为"仲父"。

殚精竭虑……周公旦

周公旦，周武王的弟弟、周朝开国功臣。武王死后，他又辅佐年幼的周成王，击垮了商纣王残余势力的复辟活动，巩固了西周政权。周公旦政治品格很高，严于律己，是我国古代的名臣。周公旦在当时不仅是卓越的政治家、军事家，而且还是个多才多艺的诗人、学者。其兄弟管叔、蔡叔和霍叔等人勾结商纣子武庚和徐、奄等东方夷族反叛。他奉命出师，三年后平叛，并将势力扩展至海。后建成周洛邑，作为东都。

才谋兼得……李斯

李斯，楚国上蔡（今河南上蔡县）人，是秦代著名的政治家、文学家和书法家，在我国历史上声名显赫，功绩卓著。他年轻时，起初在乡村做管理文书的小官，后来，随荀卿学习，拜荀子为师，学习帝王之术、治国之道。在秦始皇统治期间，李斯以杰出的政治远见和卓越才能被任命为丞相。

治世贤相……萧何

萧何(？—公元前193年)，西汉初年政治家。泗水沛(今江苏沛县)人。汉初三杰之一，著名丞相。性格谨慎的萧何，无论是在治国还是处事上，都能干得漂亮利落，这也是他身处官场，经久不衰的关键所在。

无为而治……曹参

曹参(？—公元前190年)，字敬伯，沛(今江苏沛县)人，西汉王朝开国功臣。继萧何为相国后，举事无所变更，按照萧何制订的成法行事。在他任相国的三年里，收到了很大的成效。汉初的安定局面得到了巩固和发展。当时百姓歌颂说："萧何为法，讲若画一；曹参代之，守而勿失。载其清靖，民以宁壹。"经曹参的提倡，道家的无为之说遂成为汉初封建统治者的指导思想。其后出现的文景之治，与此不无关系。曹参作为汉初推行"无为而治"的代表人物，对恢复经济，"安集百姓"的贡献，至少不下于他的军功。

一代奇人……陈平

陈平(？—公元前178年)西汉王朝的开国功臣。阳武(今河南原阳)人。汉初杰出的政治家、谋略家，在亡秦灭楚、建立汉朝的过程中扮演了一个重要的谋士角色。他曾经六出奇谋助刘邦夺取江山，为刘邦立下了汗马功劳，汉初被封为曲逆侯。汉高祖刘邦去世后，他又韬光养晦，力撑危局，联合亲刘势力，诛灭吕氏外戚，维护了汉初的统一局面。在秦汉之际群英荟萃的灿烂星河中，陈平无疑是一颗光芒四射的智能之星。

汉代名儒……汲黯

　　汲黯(? —公元前112年)西汉濮阳(今河南濮阳西南)人,字长孺。他的先人被古时的卫君宠幸。到汲黯是第七代,代代做卿大夫。汲黯因为父亲而袭任官位。汲黯,性情倨傲严肃,常面折人短,不能容人之过,是个典型的斗士型人物,曾多次当众指责武帝的过失,武帝称赞其为"社稷之臣"。汲黯为官忠贞不贰,德高望重,死后谥号周公,葬于郓(今郓城县吉山镇观寺王庄北一里许)。

另类奇才……东方朔

　　东方朔(公元前154年—公元前93年),字曼倩,平原厌次(今山东德州陵县)人。性诙谐幽默,善辞赋,武帝时大臣、文学家。武帝即位,征四方士人,东方朔上书自荐,诏拜为郎。后任常侍郎、太中大夫等职。他性格诙谐,言词敏捷,滑稽多智,常在武帝前谈笑取乐,真可谓是汉武帝的一颗开心果。

官路坎坷……窦婴

窦婴(? —公元前131年)西汉大臣。字王孙。观津(今河北衡水东)人。窦太后侄。吴、楚七国之乱时,被景帝认为大将军,守荥阳,监齐、赵兵。七国破,封魏其侯。武帝初,任丞相。推崇儒术,反对道表法里的黄老学说,为窦太后贬斥。后因罪被杀。

丝绸大使……张骞

张骞(? —公元前114年),西汉汉中成固(今陕西成固)人。是中国历史上第一位有影响的对外友好使者。他体魄健壮,性格开朗,富有开拓和冒险精神,武帝时以军功封博望侯,旋拜中郎将,出使乌孙,分遣副使至大宛、康居、大夏等,自此西北诸国方与汉交通,使汉朝能与中亚交流,并打通前往西域的南北两条通路,引进优良马种、葡萄及苜蓿等。对开辟从中国通往西域的丝绸之路有卓越贡献,至今举世称道。

智囊先生……晁错

晁错(? —公元前154年)西汉文景时期的政论家。颍川(今河南禹县)人。以文学任太常掌故,受太常派遣,至伏生处学习今文《尚书》。旋被任为太子舍人、门大夫,迁博士、太子家令,得幸于太子刘启(后来的景帝),号称"智囊"。

百家宗师

◎姜 尚

姜尚,名望,吕氏,字子牙,师尚父,因其姜姓,故被称之为姜尚,又因其年寿高,又称太公,俗称姜太公。东海海滨人。西周初年,被周文王封为"太师"(武官名),被尊为"师尚父",辅佐文王,与谋"翦商"。后辅佐周武王灭商。因功封于齐,成为周代齐国的始祖。他是中国历史上最负盛名的政治家、军事家和谋略家。

渭水垂钓，坐等时机

《史记·齐太公世家》中写道：西伯将出猎，卜之，曰"所获非龙非螭，非虎非罴；所获霸王之辅。"于是周西伯猎，果遇太公于渭之阳，与语大说，曰："自吾先君太公曰'当有圣人适周，周以兴'。子真是邪？吾太公望子久矣。"故号之曰"太公望"，载与俱归，立为师。

商朝末年，纣王昏庸残暴，淫逸无度。百姓受尽苦难，忍无可忍。商王朝危机四伏，摇摇欲坠。这时，渭水流域兴起了一个叫周的强国。国王姬昌，就是历史上有名的周文王。

周本是一个古老的部落。夏朝末年，这个部落在现在陕西、甘肃一带活动。后来，因为遭到戎、狄等游牧部落的侵扰，周部落的首领古公亶父率领周人迁移到岐山（今陕西岐山县东北）下的平原定居下来。

到了古公亶父的孙子姬昌（后来称为周文王）继位的时候，周部落已经很强大了。周文王胸怀宏图大略，决心拯救处于水火之中的百姓，推翻商朝，取而代之。他待人宽厚，天下英才纷纷投奔其门下。一时间，谋士如云，武将如列，可就是缺少一个能统筹全局的栋梁之才，帮助他谋划灭商大计。

一日，文王在灵台设宴，君臣共乐，饮至三更，忽见东南有一只白额猛虎，胁生双翼，迎面扑来，急呼左右，惊醒，原是一梦。乃急召上大夫散宜生解梦。宜生道："虎生双翼者，飞熊也。此梦主大

周文王

王得栋梁之臣,不让风后、伊尹。"众官齐贺。此后文王留心访贤,以应此兆。翌年春,柳舒花放,周文王外出打猎。在渭水的支流墦溪边上遇见了一位钓鱼的老人。老人须发斑白,看去有七八十岁了。只见他一边钓鱼,一边嘴里不断地念叨:"愿者上钩。"再一看,怪了!老人钓鱼的鱼钩离水面有三尺高,上面也没有钓饵,而他的钓钩是直的,并不像一般的鱼钩。文王看了很奇怪,就过去和老人攀谈起来。

这个老人姓姜名尚,又名子牙,是远古时代炎帝的后代。他曾在商朝的首都朝歌(今河南汤阴县)宰过牛,在黄河边上的孟津卖过酒。他不会做买卖,亏了本,所以每天都到渭水边来钓鱼,明是钓鱼,暗是为了等待贤明的君主来寻访他。

周文王从与姜尚的交谈中,发现姜尚是一个志存高远、学问渊博的人。他上通天文,下知地理,对政治、军事方面都有博远见解,特别是对于当时天下的政治形势,有着远卓的见解。他认为商朝的君主昏庸,臣子中真正为国的没有几个。而且纣王荒淫无道,只顾自己享乐,不管百姓死活,更用酷刑杀害忠良,其统治不会长久;只要有一位英明的君主,振臂高呼,天下一定云集响应,想要推翻商纣易如反掌,商朝应当由贤明的领袖推翻它,建立一个新的王朝,让老百姓过上安稳的日子。于是,文王便向他请教治国兴邦的良策,姜尚当即提出了"三常"之说:"一曰君以举贤为常,二曰官以任贤为常,三曰士以敬贤为常。"意思是,要治国兴邦,必须以贤为本,重视发掘、使用人才。姬昌听后甚喜,说道:"我先君太公预言:'当有圣人至周,周才得以兴盛'。"

姜尚的每一句话,都有着自己独到的见解,文王顿时觉得自己遇到了知己。他本来就是为了推翻商朝而到处去寻访贤人的,这眼前的姜尚,不正是自己苦苦寻找的大贤人吗?于是当下决定一定要把他留在自己身边以辅佐自己完成大业,于是恭敬地对姜尚说:"我们盼望您很久了,请您到我们那里去,帮助我们治理国家吧!"说完,就叫手下人赶过车子来,邀请姜尚和自己一同上车,本来姜尚有些推辞,但经过文王的再三请求,最终答应和文王回都城里去。

到了都城,姜尚很快得到了文王的重用,先被立为国师,也就是最大的武官,后来又任国相。总管全国政治和军事。周文王的父亲太公季历在世的时候,就希望能够得到像姜尚这样的大贤人,所以人们尊称姜尚为"太公望"。后来人们又把"太公望"的"望"字去掉,把姜尚叫做姜太公。

从古至今,周文王礼遇姜尚之事各说不一,还有不少人认为这个世界上根本就没有周文王遇姜尚一事，甚至认为就没有姜尚这个人。这是怎么回事？这种说法正确吗？当然不正确。我们用以下几个观点来证明姜尚的存在：

据传毋忌本是一个樵夫，见姜尚绝非一般人物，就把其推荐给周文王了。

汉刘向《说苑》记载，姜尚在渭河钓到了一条鲤鱼，剖开鱼腹，里面有一张字条，上面写道"吕望封于齐"。这种只是后人编造的故事，不足为信。

《宋书·符瑞志》里记载，姜尚在答周文王姬昌问时说："我钓鱼钓到了一块小玉石，上面有字：'姬受命，吕来提，撰《尔雅》，铃报在齐。'我曾出去游玩，见到一个红通通的人从洛水里冒出来，传授给我一本书，说：'曰命曰吕，佐昌者子。'"

《宋书》所载姜尚装神弄鬼、自吹自擂，明显地就可以看出是后人编造出来的，亦不足为信。

还有一个传说是，周文王姬昌知道有个奇怪老头钓鱼的事后，于是就派自己的儿子姬发（即周武王）去看看怎么回事。姬发来到渭河水边，见姜尚在那里专心致志地垂钓，口中还念念有词："钓钓钓，大的不到小的到。"过了一会儿，果然钓上了一条小鱼。姜尚将鱼用刀剖开，发现鱼腹内有一块璜石（玉石），只见他随手将璜石往河过面一丢，璜石飞到对岸，突然间变成一块巨大的碗形巨石，这就是今天人们见到的钓鱼台旁那块巨大而奇特的"丢石"，又叫大鹭石。清人徐文博还在"丢石"上书刻了"孕璜遗璞"四个大字，意思就是说这块石头里面包含着美玉。

姬发见到这情形大吃一惊，于是就向父亲说了此事。周文王知道这个怪老头并非等闲之辈，遂斋戒三日，毕恭毕敬地前去拜访，尊姜尚为师，并将姜尚扶上自己的御车，自己为他拉车。

当车走到今朱贤村时，拉车的绳子突然断了，姜尚就问："你总共拉了我多少步？"文王说："八百零八步。"姜尚大笑："那我就保你的江山八百零八年。"后来，周氏果然坐了八百多年的王朝。

这只是民间的一个传说，并没有在史料中记载。不过，这足以证明在商朝末期的确有姜尚这个人物存在，而且周文王与姜尚确实在那里相遇过。

几千年来，文王遇姜尚的故事一直被人们津津乐道，使得一个平淡无奇的故事充满了神话的色彩！

牧野之战，尽显韬略

《史记·齐太公世家》中写道：文王崩，武王即位。九年，欲修文王业，东伐以观诸侯集否。师行，师尚父左杖黄钺，右把白旄以誓，曰："苍兕苍兕，总尔众庶，与尔舟楫，后至者斩！"遂至盟津。诸侯不期而会者八百诸侯。诸侯皆曰："纣可伐也。"武王曰："未可。"还师，与太公作此太誓。

子比居二年，纣杀王子比干，囚箕子。武王将伐纣，卜，龟兆不吉，风雨暴至。群公尽惧，唯太公彊之劝武王，武王于是遂行。十一年正月甲子，誓于牧野，伐商纣。纣师败绩。纣反走，登鹿台，遂追斩纣。明日，武王立于社，群公奉明水，卫康叔封布采席，师尚父牵牲，史佚策祝，以告神讨纣之罪。散鹿台之钱，发钜桥之粟，以赈贫民。封比干墓，释箕子囚。迁九鼎，脩周政，与天下更始。师尚父谋居多。

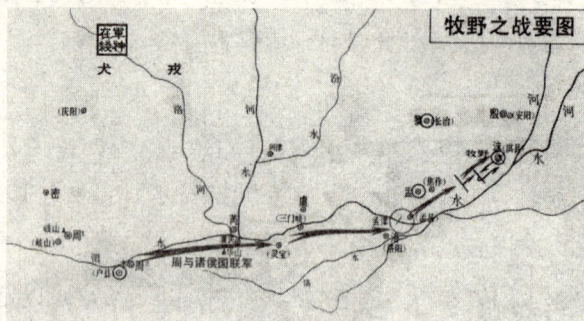

牧野之战

姜尚任周的国相后，明着让文王姬昌做殷的顺民，暗中却以德治政、举贤任能、争取民心、联络诸侯，强兵以备攻伐。公元前1055年，在经过长期的军事及舆论准备之后，为了预测一下伐纣可以集结的军事力量，公元前1133年，太公辅佐周武王在孟津大会诸侯,命诸侯带兵前往集结会盟。出发前武王依传统先祭兵主天星,申明出兵要义,恳请上苍庇佑;并举起了文王的旗帜,自称"太子发,奉文王遗命伐纣,不敢自专",以号召天下诸侯,祭毕,又把文王牌位车载军中,以震慑诸侯,鼓舞士气。当然这些都是太公的安排,大军出发时称师尚父姜太公为三军统帅,左手举着统帅三军的信物黄钺,右手举着指挥各军行动的令旗,向三军下达命令。要求全军将士,听从指挥,奋勇向前,后到的斩首。军纪严整,号令森严、大军直奔孟津。行军途中,每到一处,无不受到士民欢迎,武王乘船渡河,行至中流,有一条白色的鱼跳入船中,过河宿营,又有火光芒覆于武王帐顶。传说中的这些吉祥征兆大大振作了士气,鼓舞了军心,到了孟津,"不期而会者八百诸侯"。检阅车、舟演阵、各诸侯军配合默契。攻战自如,显示了强大的战斗力。诸侯们都主张顺势一鼓,但姜尚却有不同看法和打算,他认为灭殷的时机还未到,让武王诏告会盟诸侯,各自回兵待命。

公元前1052年,也就是姜尚八十七岁时,姜尚了解到殷纣王昏乱暴虐到了极点,重臣微子多次谏纣王修仁行义、纣王不听,微子含泪离开了殷都,箕子再次劝谏,纣王把他囚禁起来,王子比干身居相位,看到朝纲紊乱,国王残暴,民不聊生,入宫强谏,三日三夜长跪不起,纣王怒而命人剖挖比干之心。

太公姜尚看到伐纣时机已日趋成熟,遂向武王提议:"天命勿违,遇时不疑,即刻发兵伐纣。"于是武王通告诸侯,选精兵良将,总计兵车达四千余乘,除内地诸侯外,边远蛮夷邦国,也多半参战,武王与太公姜尚率周军居中,有兵车三百乘,虎贲三千人,甲士四万五千人,

周武王

诸侯并进浩浩荡荡,直取殷都朝歌。在大军刚出发时术士龟骨、蓍草占卜此大举进军的吉凶,卦兆不吉。又恰遇大风大雨,随军众臣皆生惧心。姜尚面对众人的疑惧,武王的不决,深知大军缓行将失去战机,于是态度坚决地折断蓍草,踏碎龟壳对众臣说:"龟壳朽骨、蓍草枯叶,怎么会预知吉凶呢?"大军至刑丘,大风把武王的车楯折为三截,武王的乘马被雷震死,暴雨三日不停,行军十分困难。武王动摇了决

心,产生了疑惑。但太公坚定不移,说服了周公和众臣,他说:"楯折为三,是天示意我们分兵三路进军,大雨三日不停,是在洒我们的军队,而震死乘马,示意此马不好让我们换良马快行,全是吉兆,应顺从天意安排。"武王听后也坚定了信心,决定照尚父的指挥安排行动。姜尚为了防止再有人生二心,影响士气,遂采取断然措施,过桥毁桥,过栈烧栈,渡完最后一条河,把船全部沉毁。他向三军宣布:"武王为民伐纣,为父报仇,我等要怀必死的决心去换取伐纣的胜利,只有前进没有退路。"于是大军个个争先,人人拼命,各路诸侯也效法周军,义无反顾,直扑殷都朝歌。

在殷郊牧野,姜尚率诸侯联军,与殷纣王的十七万大军展开了一场声势浩大的旷古稀有的大战,他所率领的大军虽不及殷纣军队人数众多,但太公与武王巧用奇谋、分合变化,疾如闪电,猛如鹰虎,打得殷军措手不及,冲得阵法大乱。《诗经·大雅·大明》这样记载姜尚在牧野之战中的雄姿:"牧野洋洋,檀车煌煌,驷原彭彭,维师尚父,时维鹰扬。"殷军将士无心交战,有人倒戈,有人逃跑,自相残杀,殷军大败溃散,纣王自焚于鹿台。太公引武王入殷都朝歌,斩纣王首、妲己头以示众。遂诏告天下,宣布殷朝灭亡,周王朝诞生。

在中国的历史记载中,牧野之战是早期朝代更替过程中最大的战役之一,也是中国战争史上以少胜多、以弱胜强的典型战例。在牧野之战中,我们看到了一个偏隅西土的小邦竟以区区不足五万人的兵力,将拥兵十七万之众的商朝打败。而且,周师是"兵不血刃",却使前线的"纣师皆倒戈以战"(《史记·周本纪》),直杀得助纣为虐的残余势力"血流漂杵",指挥这场战争的周武王更是轻松地"一戎衣天下大定"(《尚书·周书·武成》)。这样的战争,在中国军事史乃至于世界军事史上,不仅堪称奇迹,而且是近乎于神话了。

在牧野之战中,周的胜利除了地理、人和占据优势外,还在于武王身边有个百家宗师——姜尚。在这场战争中他占有重要的作用:

1. 姜尚的深谋远虑。俗话说:"得人心者得天下。"这是人人都知道的,而姜尚更是比谁都明白这一点,因此他在开战之前就开始为周武王赢得人心,建议周文王与周武王以民为主,顺应民心,麻痹对手,从而收到建立反商统一战线的积极效果终止了殷商王朝的六百年统治。比如,姜尚入周后,先是建议文王姬昌表面上做殷的顺民,暗中以德治政、举贤任能、争取民心、联络诸侯,强兵以备攻伐。

2. 姜尚正确地选择了决战的时机,即乘商师主力远征东夷未还,商王朝内部分崩离析之时,果断地统率诸侯联军实施战略奔袭,从而使敌人在战略、战术上均陷于劣势和被动,未暇作有效的抵抗。公元前1055年,在经过长期的军事准备之后,为了预测伐纣可以集结的军事力量,于武王九年(公元前1133年),辅佐其在孟津大会诸侯,命诸侯率兵前往集结会盟。

3. 姜尚适时展开战前誓师,历数商纣罪状,宣布作战行动要领和战场纪律,鼓舞士气,瓦解敌人。比如,在出发前武王依传统先祭兵主天星,申明出兵要义,恳请上苍庇佑;并举起了文王的旗帜,自称"太子发,奉文王遗命伐纣,不敢自专",以号召天下诸侯,祭毕,又把文王的牌位载于军中,以震慑诸侯,鼓舞士气。

4. 在牧野决战的作战指挥上,善于做到奇正并用,首先以兵车、猛士从正面展开突击,而后以甲士展开猛烈冲杀,一举打乱了商军的阵势,夺取了战争的胜利。

商、周时代虽然已经远离我们有几千年了,但仍然无法抹去历史的真迹,总会留下一些蛛丝马迹以便让我们认清历史,还原历史!

千古名相

◎ 管 仲

　　管仲,名夷吾,字仲或敬仲,尊称管子,颍上(今安徽颍上县)人。约生于公元前725年,卒于公元前645年。春秋时杰出的政治家、著名的军事家、军事改革家。他辅佐齐桓公,以法治国,涵及治农、治政、治军、治贪、治商工等方面,使齐国由弱变强,九合诸侯,一匡天下,成为春秋五霸之首。

少不得志，鲍叔相助

《史记·管晏列传》中写道："管仲曰：'吾始困时，尝与鲍叔贾，分财利多自与，鲍叔不以我为贪，知我贫也。吾尝为鲍叔谋事而更穷困，鲍叔不以我为愚，知时有利不利也。吾尝三仕三见逐於君，鲍叔不以我为不肖，知我不遭时也。吾尝三战三走，鲍叔不以我怯，知我有老母也。公子纠败，召忽死之，吾幽囚受辱，鲍叔不以我为无耻，知我不羞小节而耻功名不显于天下也。生我者父母，知我者鲍子也。'"

"鲍叔既进管仲，以身下之。子孙世禄於齐，有封邑者十馀世，常为名大夫。天下不多管仲之贤而多鲍叔能知人也。"

管仲名夷吾，字仲，又名敬仲，春秋时期齐国著名的政治家，颍上（今安徽颍上县）人。他的祖先是姬姓的后代，与周王室同宗。父亲管庄是齐国的大夫，后来家道中落，到管仲时已经很贫困。为了谋生，管仲做过当时认为最卑贱的商人。他到过许多地方，接触过各式各样的人，见过许多世面，从而积累了丰富的社会经验。他几次想当官，但都没有成功。管仲有位好朋友鲍叔牙，两人友情很深。他们俩一起经商。在经商时赚了钱，管仲总是多分给自己，少分给鲍叔牙。而鲍叔牙对此从不和管仲计较。对此人们背地议论说，管仲贪财，不讲友谊。鲍叔牙知道后就替管仲解释，说管仲不是那种贪图金钱和利益之人。他这样做，是由于他家贫困，他需要钱来养他的家人，再者多分给他钱，是我情愿的。管仲三次参加战斗，但三次都从战场上逃跑回来。因此人们讥笑他，说管仲贪生怕死，没有勇敢牺牲的精神。鲍叔牙听到这讥笑后，深知这不符合管仲的实际情况，就向人们解释说，管仲不怕死，因为他家有年迈的母亲，全靠他一人供养，所以他不得不那样做。对于鲍叔牙的帮助，管仲很是感激，就想找些机会，替鲍叔牙办些事情来报答他，然而他每次不但帮不上鲍叔牙反而给他增加了更多的麻烦。别人就讥笑他没有本事，鲍叔牙却不这样看,他心里明白,自己的朋友管仲是个很有本领的人,之所以没有办成事情,是因时机没有成熟而已。

公元前 686 年,齐襄公被杀后,大夫高傒派人迎接小白继位,同时鲁国也发兵送公子纠回齐,预让其继位,并派管仲带领军队拦截小白回齐。管仲截住了小白,并向之射了一箭,射在小白的带钩上。小白装死,管仲信以为真,赶紧使人报鲁。鲁国送公子纠的兵马闻讯后,情绪松懈,行动迟缓,走了六天才赶到齐国都城临淄。这时,小白已当上了国君,就是齐桓公。齐桓公即位,便发兵报复鲁国。后来鲁国应齐国的要求,杀了公子纠,管仲也被囚禁。这时,鲍叔牙极力推荐管仲取代自己出任齐国宰相。他对齐桓公说:"我在治理国家和安定百姓方面的才能远远比不上管仲。如果您想成就一番大事业,就请先忘掉私仇,任用有才干的贤士吧。"尽管齐桓公十分痛恨管仲,但为了称霸而用人心切,于是就采纳了鲍叔牙的意见,任命管仲为相。管仲对于鲍叔牙的知己情谊和让贤的品格,始终念念不忘,他感叹说:"生我者父母,知我者鲍子也。"

管鲍之交

司马迁在《管晏列传》里赞叹说:"鲍叔既进管仲,以身下之。"意思是鲍叔并没有因为推荐管仲担任宰相的职务而盛气凌人,心甘情愿做管仲的下属,这样的气度不是一般人所具备的。又说"天下不多管仲之贤,而多鲍叔能知人也"。意思是天下人都没有看到管仲的才能,唯独鲍叔慧眼识珠,看到管仲与众不同之处。可见,鲍叔牙对管仲的不离不弃和宽容忍让,实在让人情不自禁地感叹管仲的幸运!以

下让我们一一来看鲍叔牙对管仲宽容忍让的地步:

1. 在经商中赚了钱时,管仲自己拿的钱总是比鲍叔牙多得多。然而,鲍叔牙却从不为此而抱怨,当别人说管仲爱占小便宜时,鲍叔牙不仅不附和,而且还向人们解释说:"管仲之所以这样做,是因为他家里贫困,多给他钱是我心甘情愿的。"俗话说"亲兄弟明算账",可见他们比亲兄弟还亲,这就很不容易了。

2. 在经商赢利低迷时,管仲和鲍叔牙一同去参军,可是管仲三次参加战斗,却都从战场上逃了回来。人们都在背后讥笑管仲,他并没有站出来说什么,他的好友鲍叔牙却站出来说:"管仲之所以逃回来,不是因为贪生怕死,而是因他家中有老母,如果他死了,他的老母该怎么办啊!"

3. 对于鲍叔牙的帮助,管仲很是感激,总想找些机会报答鲍叔牙,替他办些事情,却每次都适得其反,给鲍叔牙增加了更多的麻烦。当别人每次讥笑他没有本事时,鲍叔牙反而站出来替他说话:"管仲不是没本事,而是没有等到时机,他是一个做大事的人,将来他一定会有所成就的。"

4. 当管仲将死之时,齐桓公问管仲:"鲍叔牙能否担任宰相的位置?"管仲回答说:"鲍叔牙是个道德高尚的人,但他不适合做相,管理国政。因为他老是把别人的过错记在心里。'人至察则无友,水至清则无鱼。'做相的人,度量不大一些怎么行呢!"当时的小人易牙把这些话告诉鲍叔牙时,鲍叔牙不但没有怨恨管仲反而再一次为管仲说话:"我就是喜欢管仲这个样子,公而忘私。"鲍叔牙的心胸是何等的宽容和伟大啊!

所以,后来管仲多次感叹说:"生我者父母,知我者鲍叔牙。"既然都这样了,那么管仲的心即使是石头做的也会感动的,因此他开始报答鲍叔牙了。

公元前 674 年,齐僖公死后,由太子诸儿即位,称为齐襄公,但其品德却十分卑劣。当时,管仲和鲍叔牙分别辅佐公子纠和公子小白。一双好友,给两个公子当师傅,实为美谈。但是,鲍叔牙非常不愿意辅佐公子白,因此常常托病推辞。当管仲了解到情况时,对鲍叔牙说:"国人因讨厌公子纠的母亲,才不喜欢公子纠,反而同情没有母亲的公子小白。将来即位的不是公子纠就是公子白。然而,虽然公子纠有些聪明,但却不够稳重,相反公子小白虽说没有公子纠的聪明,稳重比公子纠却是有余,然而一位国君需要的正是这种特质,将来即使公子纠凭着自己的聪明夺得了皇位,也不一定能够成大事,那么到时即位的就是公子小白了,到时你就可以一展自己的才能了。"

　　后来，正如管仲所说公子小白即位，鲍叔牙也顺理成章成了齐桓公的重臣。当初管仲之所以不顺从鲍叔牙的心意和他换位，就是为了不想让鲍叔牙的性命葬在小人的手中。试想，以鲍叔牙的个性，公子纠的阴险，鲍叔牙会有好日子过吗？所以，我们可以由此推测，在公子纠和公子小白抢夺王位时，管仲射了公子小白一箭，没有检查就走了，与其说管仲相信自己的箭术，不如说管仲是想救鲍叔牙。再说，管仲已深深地明白，将来即位的人一定会是公子小白，那时鲍叔牙岂不是成了反党了吗？未来的齐桓公能够放过他吗？想到了这些，他就毫不犹豫地选择了一条宁可自己死，也不让鲍叔牙有丝毫损伤的道路。不过，善有善报，当公子小白成为齐王后，鲍叔牙惦记管仲的安危就向齐桓公求请，极力推荐管仲为齐相。

　　管鲍之交，可以流传千古，成为世间交友的典范，是因为他们的交情不是以利害关系为基础的，不互相借重、互相吹捧，而是真心相助，不图回报！

鲍叔牙墓

招商引资，治国有道

《史记·管晏列传》记载：管仲既任政相齐，以区区之齐在海滨，通货积财，富国彊兵，与俗同好恶。故其称曰："仓廪实而知礼节，衣食足而知荣辱，上服度则六亲固。四维不张，国乃灭亡。下令如流水之源，令顺民心。"故论卑而易行。俗之所欲，因而予之；俗之所否，因而去之。

经过鲍叔牙的推荐齐桓公征用了管仲。但起初管仲向桓公提出修好近邻、先内后外、待时而动的治国求霸之策，桓公却并未采纳，于次年轻率攻鲁，在长勺之战中被鲁军击败。

战后，为使齐国尽快富强起来，达到民足、国富、兵强，管仲进行了一系列改革。

在经济方面，管仲强调"仓廪实而知礼节，衣食足而知荣辱"，在他看来国家能否安定，人民能否守法，与经济是否发展有着密切的关系。他废除了齐国仍保留的公田制，实行按土地肥瘠定赋税轻重的土地税收政策，使赋税趋于合理，提高了人民生产的积极性。设盐官煮盐；设铁官制农具，发展渔业；由国家铸造钱币调节物价，推动商品流通；鼓励商民与境外的贸易，齐国的经济因此得到很大发展。

在政治方面，整顿行政区域和机构。把国都划分为二十一个乡。其中工商乡六个，乡民专营本业，不服兵役；农乡十五个，乡民平时种田，战时当兵。国都以外划分为邑、卒、乡、县，均设官员管理。十县为一属，全国共有五属，设五位大夫管理。每年初，五位大夫要向国君报告属内情况。这就形成了对全国的统治。

在军事方面，管仲一直推崇"兵贵在精而不在多"，强调寓兵于农，把行政上的保甲制度同军队组织紧密结合起来。在农乡，五家为一轨，十轨为一里，四里为一连，十连为一乡，五乡为一军。每家出一人当兵，一军为一万人。全国有三军，国君自率一军，二位上卿各率一军。每年春秋通过狩猎训练军队，提高军队的战斗力。

齐国实行改革后,很快强盛起来。管仲又适时向齐桓公提出了实现在中原称霸的谋略,即"尊王攘夷"。所谓"尊王",就是拥护周王室。那时,西周王室衰微,造成列国互相争战。首先举起尊王的旗帜,就能借周天子之命,名正言顺地得到盟主的地位。所谓"攘夷",是指当时我国北方的狄人和戎人借中原各国争战之机内侵,对各国造成严重威胁,领头伐夷就能得到各国的拥戴。

桓公三十四年,周惠王过世。齐桓公与各路诸侯国拥立太子郑为天子,号称周襄王。周襄王即位后,派人送祭肉给桓公以示嘉奖。桓公在葵丘(今河南考城附近)召集各诸侯国会盟,举行受赐典礼,并听取管仲的建议,订立了盟约。至此,齐桓公在管仲辅佐下,先后主持了三次武装会盟、六次和平会盟,还辅助王室一次,史称"九会诸侯,一匡天下",成为

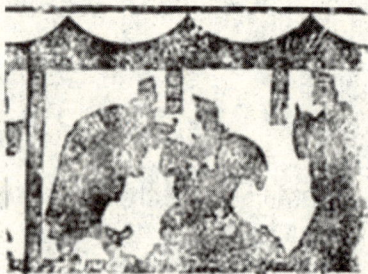

管仲与齐桓公

公认的霸主。管仲为创立霸业立下了不朽的功勋。因有殊勋于齐,被齐桓公尊为仲父。

齐桓公,这位春秋时期诞生的第一位霸主,他的成功多半得力于管仲的帮助。孔子曾说:"桓公九合诸侯,不以兵车,管仲之力也。"又说:"管仲相桓公,霸诸侯,一匡天下,民到于今受其赐。"

春秋时期,群雄割据,一个个小国灭亡,一个个大国衰败,唯有齐国在管仲的治理下,独占鳌头,逐步雄起,这到底是为什么呢?

有些历史学家说,关键是管仲思想解放,优化了招商引资环境,并且开办了妓院,以致"天下之商贾归齐若流水",还说"发展才是硬道理",对管仲应该给予充分的肯定。

管仲对外商实行的政策十分值得人们称赞。齐桓公向他询问治国之策,他说:"请以令为诸侯之商贾立客舍。一乘者有食,三乘者有刍菽,五乘者有伍养。"意思就是说,让齐桓公下令为外商建筑住所,对于带一辆马车来齐国经商的商人,除了免费提供住所,还免费供给食物,对于带三辆马车来的,除了提供住所、食物,还免费提供马的饲料,对于带五辆马车来的,另外还提供仆人为之服务。为了让外商安居乐业,他还进一步推出税收优惠办法:"驰关市之征,五十而取一。"只征收外商营

业额的百分之二。

齐国由此建成了当时最具吸引力的"现代物流中心",并很快富裕强大起来。

不仅如此,管仲还知人善任,举荐了大批的贤能之士;改革内政,稳定了齐国的社会秩序;发展经济的富民政策,使齐国国力大增,民富国强;他修治甲兵,壮大了军事力量;他"尊王攘夷",扩大了齐国的政治影响;他礼法并用,确立齐国的霸主地位。管仲辅佐齐桓公近四十年,把一个原来"地舄卤、人民寡"的齐国治理得国富兵强,成为春秋时期的第一霸主,功高当世,影响深远。公元前645年,管仲逝世,他的死引起了齐国朝野上下的悲痛,人们把他安葬在齐国都城临淄城南的牛山上,为他树立了高大的石碑,永远纪念他对后世的功德。管仲辅佐齐桓公称霸一个世纪后,孔子曾赞叹管仲的功绩说:"管仲辅佐齐桓公,称霸诸侯,挽救周室,使百姓受惠到现在。若是没有管仲,我们大概要披散头发,左开衣襟,成为蛮夷统治下的老百姓了。"这就反映出管仲对齐国作出的功绩,在华夏文化发展过程中起到的特殊作用。近代的维新派领袖、著名历史学家梁启超评价管仲是"国史上第一流人物"、"中国最大之政治家,而亦学术思想界一巨子也"。

老马识途，救燕伐戎

　　春秋战国时期，虽然中原各国逐渐承认了齐国的盟主地位，但居住在边远地区的一些少数民族部落却依旧我行我素。有一天，齐桓公正与管仲议事，有人来报告说北方的一个叫做山戎的少数民族又侵犯了燕国，劫夺粮食、牲畜和财物。齐桓公为了集中力量对付南方楚国，本来不想支援燕国。但管仲认为，当时为患一方的，南有楚国，北有山戎，西有狄，都是中原的祸患。国君要想征伐楚国，必须先进攻山戎，北方安定，才能专心去征伐南方。如今燕国被犯，又求救于我国，举兵率先伐夷，必能得到各国的拥戴。齐桓公深以为然，遂举兵救燕。

　　山戎闻齐师大队人马将至，携掠大量财物解围而去。管仲说："山戎虽然跑了，但以后还会来骚扰。我们不如一追到底，彻底打垮他们，实现北方的长治久安。"齐桓公听了管仲的意见，向北追击山戎。燕国的君主燕庄公又对齐桓公说："附近有个无终国（今河省玉田县），与我们素有往来，他们也和山戎有仇，可否请他们给我们带路，一同攻打山戎？"齐桓公立刻派人带着礼物去无终国求助。无终国也派了一支军队前来参战。

　　山戎的首领叫密卢，他听说齐、燕、无终三国联合讨伐，知道打不过，就带着一些亲信和金银财宝向北方逃跑了。来不及跑的山戎百姓和士兵都投降了。齐桓公为了使山戎真正心服，传令不许伤害山戎降兵和百姓。山戎受到宽待，感激齐桓公。齐桓公问他们："你们的首领跑到哪里去了？"他们说："一定是去孤竹国借兵去了。"齐桓公决定跟踪追击，捉拿密卢，征伐孤竹国，进而彻底解决北方动乱的隐患。

　　密卢逃到孤竹国后，向孤竹国国君答里呵求援。答里呵派大将黄花率兵跟密卢前去迎战齐军，不料，黄花一出阵就被齐军打得大败。黄花逃回去对答里呵说：

"齐侯率军前来,不过是要捉拿密卢,与我国毫无关系。我看不如杀了密卢,与齐侯讲和,方能保全我们自己。"另一位大臣则献计说:"北方有个地方叫'旱海',又称'迷谷',那里茫茫沙漠无边,路途难辨。如果能把齐军引入'迷谷',不用一兵一卒,就能使齐军人马全军覆没。"

黄花听到这里动了心眼。于是去杀了密卢,割下了首级,直到齐军军中,献上密卢首级,并称答里呵已经率军逃跑,自己愿归顺齐侯,为齐军引路,追击答里呵。齐军见黄花献上密卢首级,便信以为真,率领大队人马跟着黄花向北追击。黄花在前面带路,齐军人马随后紧跟。进了沙漠,才拐了几个弯就找不到路了。齐桓公想找黄花来问一问究竟是怎么回事,但哪里还有他的影子?这才知道中了黄花的奸计。此时天色已晚,放眼望去只见茫茫一片平沙,狂风卷地,寒气逼人,齐桓公有些不知所措,忙向管仲求教解危之计。管仲沉吟片刻,遂让随行兵士敲锣打鼓,使各队闻声来集,屯扎一处,挨至天明。谁知,天虽已亮,沙漠中却炎热异常,又无饮水,一望无际的沙漠难辨方向,全军将士焦急万分。这时,管仲猛然想起老马大多认识归途,便对齐桓公说:"老马识途,无终国的马很多是从山戎弄来的,不如挑选几匹无终国的老马,让它们在前边走,也许可以找到出去的路。"齐桓公虽然将信将疑,但又没有别的办法,就同意试一试。于是管仲挑了几匹老马,让它们在前边走,大队人马跟在后头。几匹老马不慌不忙地走着,果然走出了迷谷,回到了原来的路上。大家死里逃生,都称赞管仲足智多谋。

老马识途

孤竹国国君见齐燕大军被诱入沙漠,便举兵攻进无棣城,赶走了守城的燕兵,躲避在山谷中的百姓也跟随回城。管仲见此情形,灵机一动,计上心来。他命令将士数人扮作百姓混入城中,半夜举火为应。然后,又分三路攻打无棣城的东南西三门,只留下北门让敌军逃跑,教王子成父和隰朋率一队兵马埋伏在北门之外。当天夜里,忽见城中四五处火起,齐军内应砍开城门,放大军兵马入城。孤竹国国君见势不妙,率众夺路而逃,直奔北门。谁知一行人刚刚冲出北门,路旁突然伏兵四起,截住了孤竹国的君臣等数人。两军厮杀,孤竹国国君死于乱军之中。齐桓公灭了山戎、孤竹胜利之后，齐桓公对燕庄公说："山戎、孤竹一带的土地足有五百公里之多，全送给您吧。"燕庄公急忙说："那可不敢当。靠您的帮助，我们才保全了国土，现在已经是感激万分了，哪里还敢收您的土地呢？"齐桓公说："您不要客气了，北部边疆十分重要，您把它治理好，勿使边民来犯，向天王纳贡，这是我们大家的光彩。再说齐国离这里这么远，鞭长莫及，也管不了啊！"这么一说，燕庄公就不好再推辞了。

齐桓公班师回国的那一天，燕庄公亲自送行。一路上两人边聊边走，不知不觉两人越谈越投机，出了燕国边界五十里。直到他们将要离开时，齐桓公才突然想起周礼的规矩，于是就说："古往今来，诸侯送诸侯不能送出边界，今天我们怎么能违反这个规矩呢？"说着就把这五十里土地割让给燕国。燕庄公已经得了五百里土地，无论说什么也不肯再要齐国的五十里地了，但齐桓公是一霸之主，说话算话岂能有收回去之理，所以燕庄公在无奈之下只好收了齐国的五十里土地。

众诸侯看见齐桓公千里迢迢地率军去救燕国，并且打了胜仗还不贪图土地，因此都从心眼里服他。从此，齐桓公这个霸主的威信就更加高了。

在中国历史上，关于老马识途的记载并不少见。在汉朝时期有个叫鲍子都的人，他是那个地方的小官。一次，在他去京城的途中遇见一个得急病的年轻读书人。鲍子都懂得一些医术，于是就开始急救。因为病势严重，最终这个书生还是离开了这个人世。书生死后，只留下一部书、一匹马和装在袋里的十块银饼，没有人知道他的姓名和住址。鲍子都是一个热心肠的人，就拿出一块银饼买了一口棺材，把书生埋葬了，同时还把剩下的银饼和书装进棺材里。这些事办好以后，鲍子都便骑着书生的马，让它随意奔走。没过多久，那马走到了京城，跑进了一所大宅院里。院子里有许多人见鲍子都骑着这匹马就好奇地围了上来。鲍子都一打听，才知道宅院主人是一位关内侯，这匹马就是他家的。鲍子都见到关内侯，并把路上遇到的事情告诉了他。关内侯惊讶地说："那个书生正是我的儿子啊！"于是，他派人把棺木刨出来运回，打开棺材一看，发现那部书和九块银饼都在儿子的身边。

看了这个故事，我们更加相信老马有识途的本领。但为什么老马能够识途呢？原来，马有一个习性：行走时鼻子会呼呼作响。据科学了解，马的鼻腔分呼吸区和嗅区两部分。呼吸区位于鼻腔前部，能分泌黏液，防止灰尘和异物进入鼻腔。嗅区位于鼻腔的后上方,那里嗅神经细胞星罗棋布,有识别气味的能力。马在行走时之所以鼻子呼呼作响,就是为了排除鼻腔中的异物,使呼吸区畅通;而呼吸区畅通了,就可以充分发挥嗅神经细胞的作用,使它能准确地分辨气味,识别道路。而那些老马的经验更丰富,所以识路的能力自然就更胜一筹了。管仲能够深察自然规律,巧撷天力,为己所用,足可见他高超的智慧!

谦虚谨慎,病榻论相

公元前 649 年,管仲因过度劳累病倒了。齐桓公很着急,经常去看他。有一天,齐桓公再一次去探望管仲时,见管仲已经到了病入膏肓的状态,更加着急了,握着管仲的手说:"你的病怎么还没有好转呢? 万一你这次一病不起,接下来我靠谁治国呢?"当时,齐国有名的大臣宾须、宁戚已经先后去世。管仲无奈地叹了叹气说:"唉! 真是可惜了,可惜宁戚死得早啊!"齐桓公问:"除了宁戚之外,难道别人都不能担此大任了吗? 你的好友鲍叔牙怎么样?"齐桓公心想,鲍叔牙一开始辅佐的就是自己,而且聪明机智,又是管仲的至交好友,且有恩于他,他肯定会同意。不料管仲竟然不同意,说:"鲍叔牙的才华确实能够胜任这个大任,但他却是一个性格耿直、道德高尚、不懂变通之人,您不能让他做相,管理国政,而且一国之相一定要有大度量,而他并没有啊!"齐桓公听了,觉得很有道理,便问:"隰朋怎样?"管仲说:"隰朋为人很谦虚,遇事不耻下问,又能公而忘私,是最适合的人选。"但管仲说完之后并没有放心之色出现在脸上,反而长长地叹了口气,自言自语地说:"只是隰朋与老臣一样年纪太大,恐怕活不了多久了。"齐桓公又问:"那么易牙怎么样?"管仲听到齐桓公提起此人,原本悲哀的神情马上转为严肃,说:"即使您不问我,我也是会告诉您的,易牙、竖刁、开方这三个,一个都不能轻信,更别说当一国之相了。"

管仲为什么要这么说呢? 因为易牙、竖刁、开方这三个人都是典型的心肠硬,没有人性的小人。

易牙本是齐国一名极其普通的臣子,为人心狠手辣,并且野心很大。他知道,要爬上高位,必须得到国君的信任,便想尽办法接近桓公。他有一手好的烹调技术,先是做了许多美味的菜肴,送给齐桓公的妃子卫姬吃,向卫姬讨好,求得进身之阶;后来,他竟杀了自己刚刚三岁的儿子,做成人肉佳肴献给桓公吃,从此,齐桓公对他信任有加。

竖刁本是齐桓公身边的一个小侍童,他一天到晚总想着怎样才能接近齐王,出人头地。为能进入后宫,便阉割了自己。齐桓公非常宠爱他,随时把他带在身边,在后宫出入。

齐桓公听管仲说不能亲近易牙,感到很奇怪,便问:"易牙为了让我品尝人肉的滋味,杀了自己的儿子,这说明他爱我超过了爱他的儿子。这样的人还有什么可怀疑的呢?"管仲回答说:"易牙为您主管伙食,您从来没有尝过的只有人肉,易牙蒸了他孩子的头,进献给您,您知道人的本性没有谁不爱惜自己孩子的,现在他蒸了自己的孩子,作为菜肴献给您。他连自己孩子都不爱惜,又怎么能爱您?"齐桓公又问:"那么竖刁不可信任的地方是什么呢?他为了能侍候我,把自己都阉割了。他对我的忠心,不是超过了爱惜他自己的身体吗?"管仲说:"连自己的身体都不爱惜的人,还能对您尽忠吗?"停了一会儿,齐桓公又问:"那么开方呢?他的父母死了都不回国去奔丧,他爱我超过了孝顺他的父母呢!"管仲语重心长地说:"不可以,咱们齐国与他的卫国之间不超过十天的路程,开方为了侍候您、想要迎合您,竟然十五年不回家看望他的父母!这违背了人的本性。他连自己父母都不爱惜,又怎么能爱您,可见他的野心更超出易牙和竖刁。这个人更是不要重用他,否则会给国家带来祸乱。"

齐桓公听管仲说得有道理,便问:"以前怎么没有听您说过这些呢?这三个人在我身边已经很久了。"管仲说:"河岸有大堤挡着,洪水就不会失控。我管理政事的时候好比大堤,总能控制着他们,不让他们为非作歹。现在大堤要垮了,水就要泛滥起来,您一定要当心啊!"齐桓公点了点头应允了。

管仲的话传到易牙的耳朵里。易牙气急败坏地马上跑去找鲍叔牙。他说:"老将军,谁不知道管仲是您推荐的啊!可是管仲这个人却恩将仇报!国君让您做相,他却说了您一大堆坏话,推荐了隰朋,我真替您抱不平!"易牙满以为鲍叔牙听了这番话,会对管仲产生仇恨。没想到鲍叔牙却哈哈大笑起来,赞许地说:"管仲公而忘私,不讲私人交情。这正是我推荐管仲的缘故啊!隰朋真是比我强多了。"易牙碰了一鼻子的灰,满面羞愧地溜走了。

周襄王七年(公元前645年)管仲去世。管仲的建议被齐桓公采纳,任用隰朋作相。不料,没过一个月,隰朋也死了。齐桓公请鲍叔牙作相,鲍叔牙认为自己不合适,坚决不同意。齐桓公说:"现在朝廷里你是我最信任的人,你不同意,那么让谁来做相呢?"鲍叔牙这才说:"我的缺点您是知道的,那得把易牙、竖刁、开方赶走,我才接受任命。"齐桓公说:"这事管仲早已说过,我一定照办。"当天齐桓公就赶走了这三个人,并且不许他们再入朝。

管仲病榻论相,可谓其从政生涯的绝唱!

首先,管仲连用三个"非人情"否定了易牙等三人,虽然表面上看起来有些武断,但实际上却有很深的道理。试想,一个连自己的儿子、亲人甚至连自己都不爱的人,能去忠于你齐桓公吗?观察一个人的所作所为,若是违背了人之常情,即使他不是疯子,也不是傻子,那他也有不可告人的险恶目的。

当齐桓公又问鲍叔牙如何时,管仲又以鲍叔牙是非分明、是个"君子"为由,认为他不适合做一国之相,而举荐小事糊涂、大事不糊涂的隰朋,此中必有很深的含意。

官场不仅是一个鱼龙混杂之地,还是一个藏污纳垢之所,如果是一个刚正不阿的人,他是很难在官场混下去的。作为一国之相,最重要的就是要有度量,知道轻重缓急,善于调和各种矛盾,必要时还要懂得妥协。所以,管仲不同意刚正不阿的鲍叔牙做相国,这不仅是为国家利益着想,也是为了鲍叔牙安全着想啊!

后来历史的发展也证明了管仲的高瞻远瞩。易牙等三人回宫后,开始报复齐桓公,将齐国几十年来的大业毁于一旦。可见,管仲真是一位知人的高手啊!

星移斗转,沧海桑田,管仲的时代已距今两千六百多年了。而今,透过重重历史迷雾来审视管仲、审视这段历史,就会发现这位堪称"千古一相"的管仲,有许多表面上看不出的卓越智慧!

贤智宰相

◎ 晏婴

晏婴（？—公元前500年），高不满六尺，雄心万丈。字平仲，又称晏平仲，世称晏子。夷维（今山东高密）人，春秋时期齐国上大夫晏弱之子。公元前556年，晏弱死后，晏婴继任为上大夫。辅佐齐灵公、庄公、景公三代国君，以贤智名闻于诸侯。他一生尚俭恶侈，反对贪污腐败，主张善政治国，励志图强。晏婴的贤智，还表现于他的忠诚耿直，强谏直言。乃至司马迁感慨道："假如晏婴还在世的话，我即使替他手拿鞭子做个仆人，也是我高兴和向往的啊！"

足智多谋，治理东阿

  春秋时期，齐国名臣晏子受命治理东阿。上任伊始，晏子便实地调查，了解民情，制订方案，亲自指挥修筑道路、开垦荒地、维护社会治安、净化民俗民风、惩治懒人恶人、处事不卑不亢……经过三年的精心治理，东阿社会安定，经济发展，百姓乐业，一派兴旺景象。而此时，许多"佞人"却四处告状，诉晏子治理不力，没有政绩，还存在这样那样的问题。于是，刘景公召见晏子数落说："我以为你有才能才派你去治理东阿，可你越治越乱，实在令我失望，只能免了你的职务。"晏子没有强辩，而是请求齐景公再给他一次机会去治理东阿，如若治理不好，甘愿为此而死。景公答应了他的请求。

  此后三年，晏子不修路，不理事，不惩治懒人恶人，决狱断案，袒护豪强，甚至营私舞弊、欺上瞒下，但赞誉之声却传遍了全国，景公听到一片颂扬声，便亲自迎接晏子，并对他祝贺道："您将东阿治理得很好啊！"晏子回答说："过去我治理东阿，堵住小路，关紧后门，邪民很不高兴；我奖励勤俭孝悌的人，惩罚小偷坏人，懒民很不高兴；我断案不偏袒豪强，豪强很不高兴。您左右的人求我办事，合法我就办，不合法就拒绝，您的左右很不高兴；我侍奉权贵不超过礼的规定，权贵们也不高兴。邪民、懒民、豪强这三邪在外边说我的坏话，您的左右和权贵这二谗在里边进我的谗言，三年内坏话就灌满了您的耳朵。后来我小心地改变了政策，不堵小路，不关后门，邪民很高兴；不奖励勤俭孝悌的人，不惩罚小偷坏人，懒民很高兴；断案时讨好豪强，豪强们很高兴；您的左右求我办事，我一概答应，您的左右很高兴；侍奉权贵超出了礼的规定，权贵们很高兴。于是三邪在外边说我的好话，二谗在里边也说我的好话，三年内好话就灌满了您的耳朵。其实，我过去招致指责的行为才是应该奖赏的，我现在招致奖赏的行为正是应该惩罚的。所以，您的奖赏我不敢接受。"说完，拜了又拜，便要离去。

景公赶快向晏子道歉说："您还是继续尽力治理好东阿吧！我就不再干涉了。"从此，景公对晏子更加信任，并把更大的职权交到了晏子的手里。

从上面这个故事中，我们至少可以看出三点。第一是齐王一人说了算，缺少严谨的评价机制，即使有左右大臣参议，也是少数人的意见，没有能够充分体现民意；第二是被表面现象所迷惑，齐王看似是根据"公论"下的结论，但因缺乏深入调查，被谗言所害，晏子成绩斐然时被评为"不称职"，成绩平平时却被评为"优秀"；第三是合乎仁义道德的政策顶不住巨大的压力，被迫向潜规则转变。这三个要点构成了一个堪称经典的制度变迁模型，这是历史的幽默，也是对历史的嘲讽。

在晏子第一个三年的治理中，老百姓还是要纳税，但是有得吃，有得穿，晏子纳的是合理的税，老百姓们交的是心甘情愿，得到了老百姓的好评，却失去官场上"伙伴"的支持和传达，因此，也得不到齐景公的认可。

而晏子在第二个三年的治理中，却换了一个做法。老百姓照样纳税，然而税却大大地增加了，使老百姓交过税之后，已经没有剩余的了，以至于一半的人挨饿，然而却大大地填饱了晏子官场上的"伙伴"。

其实，这就像是自然界中的食物链一样："大鱼吃小鱼，小鱼吃虾米，虾米吃淤泥。"老百姓是虾米，靠泥土中的微生物生活；晏子官场上的"伙伴"是小鱼，靠百姓生活。然而，虾米的生长繁殖速度是固定的，吃的只要不过分，不超过虾米繁殖的速度以及数量，那么这个食物链照样可以维持下去，而这也是合理的。孟子所谓"无君子莫治野人，无野人莫养君子"，"治于人者食（音饲，喂养之意）人，治人者食于人"，就包含了这个意思。

正因为晏子懂得这个道理，因此他在第一次治理东阿国时，是一种现象，而在第二次治理阿东国时，又是另一种现象，用这两种现象为齐景公做一下比较，以小喻大，告诫齐景公"利于国者爱之，害于国者恶之，则天下治平，百姓和集"。

晏子把关系着政治好坏的人分成了两类，以此来告诉齐景公怎样才能治理好国家，既没有惹怒齐景公，也达到了他预期想要的效果，让齐景公明白治理国家就如判断一个人一样。判断一个人是否忠诚、贤能，不能凭个人好恶，道听途说，而应客观公正、准确评价，才能慧眼识才、知人善任。

巧施阴谋，借桃杀人

　　公元前 7 世纪时的中国，诸侯国并列。当时齐国有三位武士田开疆、古冶子、公孙捷，三人英勇善战，被人们称为"三勇士"，很受齐景公的宠爱。久而久之，这三位勇士自恃功高过人，于是傲慢狂妄起来，别说顶撞一般大臣，就是景公也敢顶撞。虽然他们勇武过人，但却没有什么头脑，对国君也不够忠诚，若万一受人利用教唆，则必成大患。

　　相国晏婴眼见齐国恶势力扩张，内心十分担忧。为了国家的安定，晏婴决定寻找机会除掉这三个勇士。可是他乃一介书生，怎样才能杀掉齐景公信任的这三个武士呢？有一天，齐国邻国的鲁国国王来访，齐景公在王宫设宴款待他们一行。晏婴、三勇士和文武百官都列席作陪。晏婴见三勇士盛气凌人、不可一世的骄态，心中便有了主意。宴席进行到一半，晏婴上前奏请景公，让他到景公的花园里摘些桃子来宴请贵客，国王同意了。于是晏婴到王宫后面的花园里摘了六个桃子回来。

　　这六个桃子，两国国君各吃了一个，两国的相国各吃了一个，最后剩下两个桃子。景公把他们三个宣上来，然后叫奴役用盘子端出两个鲜桃给他们，并对他们说："三位爱卿，你们都是寡人深爱的大力士，寡人想奖赏你们，可是今日奴役们在后花园里摘桃子，只有两只，寡人想把它们奖赏给你们三个其中功劳最大的两个人，你们开始比自己的功劳吧！"

二桃杀三士

　　齐景公刚说完，勇士公孙捷首先站出来说："从前我陪国王打猎时，曾亲手打死一只老虎,解了国王的围,这算不算功劳大?"齐景公说:"这个功劳大,应该受赏赐。"于是,便赏给公孙捷一只桃,公孙捷立即露出得意的笑容。

三勇士中的第二位勇士田开疆见状,抢着站起来说:"打虎不算什么,当年主公被敌军围困,我一人手持兵器两次打退敌军,才救出主公。像我这样的功劳,也可以独自吃一个鲜桃,不与别人分吃一个!"齐景公听了,觉得他说得对,于是把剩下的桃赐给了第二位勇士。

田开疆赶牛

这时,三勇士中的最后一位古冶子坐不住了,上前说:"我曾经跟随君王渡过黄河,一只鼋鱼咬住左骖马,把它拖进砥柱山下的漩涡里,我就潜入河水下面,逆流追出百步远,又顺流追赶了几里远,擒获鼋鱼而杀死它。左手抓住左骖马的尾巴,右手提着鼋鱼头,像仙鹤一样跃出水面。渡口的船夫都说:'黄河水神出来了!'他们仔细一看,原来是我举起的鼋鱼头。像我这样中流砥柱的功劳,也可以单独吃一个鲜桃,不与别人分吃一个!"齐景公无奈,安慰他说:"你的功劳确实很大,可是你说得太迟,桃子已经没有了,下次再赏赐你。"

田开疆听不下去,觉得自己为国征战反倒受了冷落,而且在众目睽睽下受到侮辱,气愤之间,当场拔剑自刎而死。第一位勇士公孙捷见状,也拔出剑来说:"我功劳小而受到赏赐,田将军功高而没有得到赏赐,这确实不合情理。"说话之间,顺手一剑也自杀身亡。这时,剩下的勇士田开疆跳出来说:"我们三人曾经发誓同生死,今天他们二位已死,我怎么能独自活着呢?"说完,也自杀了。

说话之间,三位勇士都自杀身亡,齐景公连阻止都来不及,所有的来宾也都吓得目瞪口呆。晏婴以他的智慧,仅仅用了两只桃子,就杀掉了三个英勇的武士,巧妙地除掉了国家的隐患。

通过案例来看,对付这三个人关键在于瓦解他们的同盟,而最好的办法就是让他们内部产生矛盾。性格学家杨滨曾说过:"生活中的矛盾、冲突大部分都源自于我们的性格。性格决定命运。"在现实生活中,我们往往会看到这样的情况:

有些人不管别人怎么激他,他都能以平静的心态去面对对方,不至于落入对方的圈套,而有些人却经不起别人的激将,别人一说他就怒,最终落入了对方设下的圈套,往往后悔也来不及。后者就是属于那种不服输,容易被情绪冲破头脑的人,而这种人做事就会很容易失败,因为只要对方巧施阴谋就可以利用他达到目的,甚至是除掉他自己。从以上的故事中我们可以看出,晏子就是利用三个武将的冲动好强而杀死了他们。

在这个故事中,晏婴之所以能够以两个桃子杀掉三个武功高手,靠的就是他清楚明白地了解他们三个人性格上的缺陷,完美地利用,稍施手段便推动了事件的发展。由此我们可以看出,当我们遇到强大的对手时,不要与他们硬碰硬,那样的结果只能是一败涂地,而是要知己知彼,巧妙地利用对方的缺陷,便可达到目的。

以礼治国,减轻赋税

　　晏子生在奴隶制瓦解和封建制出现的时期,他曾做过齐国的相国,是当时著名的思想家和政治家。他的廉政思想,突出表现在爱民的主张上。他强调"德莫高于爱民,行莫厚于乐民";国君对于平民不能"夺其财而饥之,劳其力而疲之,常致其苦而严听其狱,痛诛其罪";应该体察平民的痛苦,"饱而知人之饥,温而知人之寒,逸而知人之劳",要"散百官之财,施之民"。

　　齐国有一年连下十七天雨而不止,洪涝灾情严重。齐景公对此却不闻不问,依旧饮酒作乐"日夜相继",还派人到各地去寻找"能歌者"。晏子多次奏请救济灾民,都被景公拒绝了。于是,晏子只好把自己家里的粮食分给了灾民。把车马、器物等放在路旁供人们随便使用,徒步前去见景公说:"百姓'冻寒不得短褐,饥饿不得糟糠',而'君不恤','民氓百姓,不亦薄乎?'"然后,就气愤地离开了。之后,齐景公才下令开仓救济灾民。

　　晏子反对统治者穷奢极欲,主张实行"善政",减轻赋税。他大声疾呼,统治者奢侈腐化,就是"与民为仇",其结果会导致"民叛",得罪于民的国君,将遭到"民诛"。齐景公出游麦丘,问那里的封人,年岁多大,封人告诉他:八十五岁。景公说:"您真长寿啊! 您祝福我吧!"封人先祝他健康长寿,有益于国家,景公不满足;再祝他的后代长寿,景公仍不满足,封人便说:"使君无得罪于民。"景公听了不高兴,说:"只有百姓得罪于君主的,哪有君主得罪于百姓的?"晏子在一旁插嘴说:"君主错了,桀纣不是被百姓诛灭的吗?"

　　齐景公把平阴和槁邑这两座大城赏给晏子。晏子辞谢说:"我们君王喜欢建造宫室,但是百姓的体力是有限的,他们已经没有力气再负担这些了;君王喜欢娱乐游玩,喜欢把自己的女人打扮得漂亮一些,百姓已经没有多余的钱财来支付这些了;君王喜欢用打仗来证明自己的强大,百姓们每天都在为自己能不能活过今天而担心。让百姓体力疲惫,钱财耗尽,接近于死亡,这是百姓们最痛恨的! 也是我不敢接受赏赐的原因。"景公说:"这倒可以,但是,难道君子就不想富有和尊贵吗?"晏子说:"我听说,做臣的先为君王后为自己;先安定国后考虑家;让君王居尊位,自己隐退在后,怎么不想富有和尊贵呢?"景公问:"既然这样,那我该赏赐给你些什么呢?"晏子趁机提出在税收和刑罚方面各答应他三个条件作为赏赐。放宽鱼盐方面的税收,对关卡和市场只稽查不征税,种田的只收十分之一的税;减轻刑罚,假如是死罪就减为判刑,假如是该判刑的就减为惩罚,假如是该惩罚的就赦免。晏子说:"如果主公能够做到这三条,那就是对臣的最大赏赐了,而且这也是君主的利益之所在。"

在晏子看来,减轻赋税是百姓们十分渴望的,因为只有这样他们才能有饭吃,有衣穿;君王不以打仗来显示自己的尊贵和强大也是百姓们渴望的,因为只有在没有硝烟的地方,生活才能过得平静,不用时时担心自己的亲人在战场上死掉;而君王不再乱用劳动力和财力也是百姓们渴望的。晏子在这里以百姓们的需要为前提,以礼治国,仗义执言,犯颜直谏,指出了君王荒淫享乐,穷兵黩武,让百姓们非常讨厌;申明了自己先君后己,先国后家的为臣之道;处处为民着想,提出了宽刑省禁、爱民慈众的具体办法和要求。最终晏子的意见被齐景公所采纳。

古人云:"诚于中而形于外。"要做到言辞上以礼待人,其核心就是对他人真诚尊重。任何人都希望得到别人的尊敬。对每个人都以礼相待,这种付出是值得的!关于"以礼治国",以下就让我们看看晏子是怎么做的。

首先,尊重国人,以实际行动去感化国人。

一次,齐景公向晏子问及安邦治国之道,晏婴并没有马上回答他,因为晏婴比谁都清楚一个高高在上的君王想听的只是对他的肯定,而并非对他的批评。然而,晏婴又不想说谎话,在百姓面前失了信用。因此,他陪景公一起微服私访,先是到了一家鞋店,景公见买假脚的人很多,买鞋子的人却很少,大感不解。后听店老板说:"当前国君动辄处人以刖刑,砍去脚的人只有买假肢,不买鞋的人就少了。"一路上景公所见全是低矮破败的房屋和面黄肌瘦的百姓,还有很多人乞讨。景公神色黯然,晏子便趁机劝景公实施仁政,讲述"德莫高于爱民,行莫厚于乐民"的道理。就这样,晏婴在不失信于民,又在不得罪君王的情况下用实况劝告了齐景公,由此可见,晏婴的爱国爱民之心。

其次,以身作则,谨守礼法。

自古以来,对于上级的赏赐哪个不是你争我夺,甚至是半路拦截也要弄点贡品来。然而就有人以身作则,谨守礼法,即使是上级的赏赐,也建议上级把他运用在百姓们的身上,而这个人就是大家熟知的晏子。

最后,时常提醒君王谨守礼法,才能治国。

一次,齐景公举行酒宴,饮到高兴处,便对大臣们说:"各位痛快地饮酒,不要拘束君臣礼节!"然而,晏婴却违背了齐景公的意思,劝说齐景公,然而齐景公并没有听从,最后晏婴以子之矛,攻子之盾。让齐景公懂得了没礼法的国家就像是一盘散沙,无法凝聚。

从古至今,没有几个人能够为了百姓的安稳,不顾自己的生命危险和君王过不去的,而晏子就是其中的一个,其胆量、谋略令无数人为之叹服!

不辱使命，雄辩四方

在中国古代最伟大的历史著作《史记》中，作者司马迁记载了一位机智勇敢的外交使者，他就是公元前 6 世纪齐国的晏子，而关于晏子的故事也在中国广为流传。

晏子出使楚国。楚国的君臣想要笑一下晏子，显示一下楚国的威风。他们知道晏子是个矮个子，就在大门旁边开了一个小洞，让晏子从这个小洞进城去。

晏子知道楚王要戏弄他，严词加以拒绝，说："这是狗洞，不是城门。出使狗国的人，才从狗洞进。今天，我是出使楚国，不是出使狗国。请问我是来到了狗国呀，还是来到了楚国？"招待晏子的官员听他这么一说，只好请晏子从大门进去。

话都已经说到这份上了，楚王还能让他从小门入吗？那不是自打嘴巴，侮辱自己吗？不得已之下，楚王只有命令人把大门打开，让晏子从大门而入。

晏子拜见楚王后。楚王故意问："是因为齐国再没有别人，才派你来的吗？"

晏子回答说："您这是什么话！单是我们齐国首都临淄，就有七八千户人家。

晏子出使

街上的行人要是都张开衣袖，就可以遮天蔽日；要是都甩一下汗水，就可以汇集成一场大雨，人挤得肩膀挨着肩膀，脚尖碰着脚跟。大王，您怎么说齐国没有人呢？"

楚王接着问："既然如此，那么为什么派你出访呢？"

晏子不慌不忙地回答："我们齐国派使节出访很有讲究，对那些精明能干的人，就派遣他们出使那些道德高尚的国家；对那些愚蠢无能的使臣，就派他们出使那些不成器的国家。我是使臣中最愚蠢、最无能的人，所以就派我出使楚国来了。"晏子的话使本打算要戏弄他的楚国君臣们面面相觑，半天说不出话来。

这次出访之后，晏子又有一次出使楚国。楚王听说晏子要来，对身边的侍臣说："晏婴是齐国善于辞令之人，现在他又要来，我想要羞辱他，你们说用什么办法呢？"

侍臣回答说："等晏子来的时候，我叫两个士兵绑一个人，从大王面前走过，大王就问：'绑的是什么人？'士兵就回答说：'齐国人。'大王再问：'为什么要绑他？'士兵就说：'因为他偷了东西'。"楚王觉得这是一个羞辱晏子的好主意，就按此种方法布置。

晏子来到楚国，楚王设宴招待他。正在饮酒的时候，两名士兵绑着一个人来见楚王。楚王问道："绑着的人是干什么的？"

士兵回答说："他是齐国人，犯了偷窃罪。"

楚王故意看着晏子说："齐国人本来就善于偷东西的吗？"

晏子从席上站起来，一本正经地说："我听说，有一种植物，长在齐国就可以结出很好吃的果实，长在楚国，尽管它的枝叶看起来与长在齐国一样，但结出的果子却很难吃。之所以会这样，是水土不同的缘故。现在，这个人在齐国时不偷盗，到了楚国就学会了偷盗，是不是楚国的水土使人变得善于偷盗呢？"

对于一个平凡的人来说，这样的说辞会使对方马上困窘得不知所措，然而面对这一情景的不是平凡人，而是不平凡的晏子。晏子不慌不忙地用一种植物巧妙地回击了楚王，说楚国的水土不好，反之就是说楚王治国无道。就这样晏子再一次躲过了楚王的侮辱。

楚王听了晏子一番反驳，苦笑着承认说："圣人是不能同他开玩笑的，我反而自找倒霉了。"

有一首诗形容农夫插秧："手把青秧插满田，低头便见水中天；身心清净方为道，退步原来是向前。"读书的人，无不希望一日能够高中；经商的人，无不希望财源滚滚。因此，他们为了各自的目标和利益而不顾一切地向前行，甚至碰得头破血流也在所不惜。如果这时候懂得以退为进，转个弯、绕个路，世界上还是一样会有其他更宽广的空间，这正是古人所云："退一步想，海阔天空。"

所以，一个人在世界上要想成功做人处事，必须要能谦恭礼让；一个人要想成功立业，必须要懂得以退为进。利用后退的力量，反而引发更大的动能；空气越经压缩，反而更具爆破的威力；军人作战，有时候要迂回绕道，转弯前进，才能胜利；很多时候，我们要想成就一件事情，必须低头匍匐前进，才能成功。而在上面的故事中，晏子就是采用这种手法对楚王"以其人之道还其人之身"。

在谈笑风生间，挥洒自如，既有原则性，又有灵活性；既不长对方志气，又利用对方无礼的玩笑以退为进，使辱人者自辱，这也可以算是典型的中国式的机智。司马迁曾经说过："假令晏子而在，余虽为之执鞭，所忻慕焉。"司马迁对晏子如此忻慕，甚至甘愿为他作"执鞭"的奴仆，可以想见晏子的为人。

清廉俭约，屡拒赏赐

《史记·管晏列传》中记载：晏平仲婴者，莱之夷维人也。事齐灵公、庄公、景公，以节俭力行重于齐。既相齐，食不重肉，妾不衣帛。其在朝，君语及之，即危言；语不及之，即危行。国有道，即顺命；无道，即衡命。以此三世显名于诸侯。

春秋战国时期，奴隶主贵族凭借其世卿世禄的特权，生活极端腐朽堕落，奢侈之风盛行。晏婴虽然身为辅相，却大力倡导俭朴节约，而且身体力行"食不重肉，妾不衣帛"，并以清廉节俭为齐人所称道。

晏婴平时穿的是粗布衣服，即便祭祀祖先也不过是把衣服和帽子洗干净穿上而已。一件狐皮大衣，也只是在出使他国或参加盛典时穿，并且一直穿了三十多年。每日粗茶淡饭，正餐也不过是糙米饭，只有一荤一素两个菜。据记载，一天，晏婴正要吃午饭，齐景公派人来见他，晏婴把自己的饭菜分成两份，请来人共进午餐。景公知道这件事后，感叹地说："相国家里竟然如此清贫！"说完，立即命人给晏婴送去黄金千两，以供他接待客人的开支。不料晏婴不愿接受，叫来人带回。景公命人再送，他还是执意不肯收下，当景公命人第三次送来时，晏婴对来人说："请禀报大王，我并不贫困。大王给我的俸禄，不仅足够我供养家人、接待客人之用，还可以用来接济穷苦百姓。所以，我不能接受大王额外的赏赐了！"来人非常为难地对晏婴说："相国，我也是奉命办事，您这次再不收下，叫我如何去回报大王呢？"晏婴想了想说："既然如此，我和你一起进宫，让我当面向大王辞谢。"

晏婴见了景公，首先感谢他对自己的厚爱，生怕景公再坚持，便先向景公说："作为一名臣子，将国君的赏赐用于百姓身上，是以臣代君治理百姓，奸臣是不这样干的；不用在百姓身上而收藏起来，那就变成一个装东西的箱子，仁义的人是不会这样做的；上对不起国君，下对不起百姓，只干守财奴的事，聪明的人是不会干的。

所以，请您千万不要再赏赐臣下了。"景公不解，问："想当年，管仲不也接受了桓公封赏的五百个村庄吗？你晏婴为什么要推辞呢？"晏婴便以"圣人千虑，必有一失；愚人千虑，必有一得"的话相对答，并认为自己虽然愚笨，但在这件事的处理上可能是正确的。景公见他把话说到如此地步，也只好作罢。

晏婴平时上朝，总是乘坐一辆劣马拉的破旧车子，有时甚至步行。景公知道后，觉得晏婴乘坐的车马与他的身份太不相称了，便三次派人送去新车骏马，却又都被晏婴所拒绝。景公非常不高兴，责问他为何不收，晏婴说："您让我管理全国的官吏，我深感责任重大。平时，我反对奢侈浪费，要求他们节衣缩食，以减轻百姓的负担。我若乘坐好车好马，百官们便会上行下效，奢侈之风就会流毒四方。假如真的到了那个时候，恐怕就再也无法禁止了。"

晏婴的相府地处闹市，却阴暗狭窄。齐景公提出要为他修造僻静宽敞的新宅院，但被晏婴婉拒。齐景公并不死心，趁晏婴出使他国之际，为他新建了一处豪华的相国府。晏婴回国之后，马上从新相府搬回了原来低矮狭小的住处，同时将新相府加以改造，分配给了原来住在那儿的人。

我国有句古话："成由节俭败由奢。"一个没有勤俭节约、艰苦奋斗精神作支撑的国家是难以繁荣昌盛的；一个没有勤俭节约、艰苦奋斗精神作支撑的社会是难以长治久安的；一个没有勤俭节约、艰苦奋斗精神作支撑的民族是难以自立自强的。这一道理，对国家建设如此，对个人行为同样如此。而晏子就是秉持着这样的原则度过了一生。对于齐景公的赏赐他以身作则用各种理由推辞，不接受，全心全意为国家着想，为老百姓们着想。不仅如此，晚年的晏婴，对于齐景公的赏赐，不仅不接受，还把自己以前接受的封赏退了回去。景公认为，这在齐国历史上还从未有过先例，坚决不同意。就这样，二人推来让去，但最终齐景公还是被晏婴说服了，答应撤回封赏。晏婴的一生清廉俭约，以身作则，以实际行动，实践了他所大力倡导的清俭节约的作风。即便是在临终之际，仍不忘谆谆告诫家人：丧事要从简，绝不许厚葬。

晏子的这些言行举止，抑制了宫室上层的腐化堕落，避免了许多劳民伤财的事件，对于遏止和改变不良风气起到了积极作用。明代《青州府志》评价说："齐地汉以后尚俭倡廉，与晏子的移俗不无关系。"在晏子的节俭美德之外，那种与民为伍、体察民情的作风更加值得人们称赞。

郑国名相

◎ 子 产

子产(? —公元前522年),名侨,
字子产,又字子美,春秋时代郑国杰出
的政治家。出身于贵族家庭,少年时便
聪慧异常。自郑简公二十三年(公元前
543年)当国,先后执政二十余年,为郑
国的社会稳定和生产发展作出了杰出
贡献,因此在他去世的时候,孔子曾痛
哭流涕地说:"子产真是古代遗留下来
的一位仁爱之人啊!"

寄信于宣,选用贤人

被推许为"春秋第一人"的子产,其思想开明、富有才干,在担任郑国执政大夫二十余年间,采取了许多改革措施,把郑国治理得十分兴旺,可以说,子产开创了古代法治主义的新时代,不愧为杰出的政治家。子产辅政期间流传的故事很多,其中"铸刑鼎"、"不毁乡校"、"开放议政风气"、"选贤用人"、"宽猛相济"等治国大略,彪炳青史,流传于世。而人们所不知道的是,子产初显政才时,是在郑简公十七年。

郑简公十七年(公元前549年),晋国范宣子执政,诸侯朝见晋国时缴纳的贡品很重,郑国深为此事所苦。二月,郑简公去晋国,子产便托随行的子西带信给范宣子,劝他减轻盟国对盟主纳币的负担,这也是一篇著名的有声有色的外交文件,信中说:"……掌管国家和大夫家室事务的,不是为没有财货担忧,而是为没有美名担忧。诸侯的财货在晋国国君的宗室,诸侯就离心。如果您依赖这些财货,晋国人就会离心。诸侯离心,晋国就会垮台,晋国人离心,您的家室就会垮台,为什么执迷不悟呢?说到美名,它是传播德行的工具,德行是国家和家室的基础,有基础就不会垮台,您不也应当致力于这件事吗?有了德行就快乐,快乐就能长

范宣子

久……宁可让人说'您的确养活了我们'，而不能让人说'您榨取了我们来养活自己'吗?"范宣子看信后很受触动，便减轻了诸侯朝见的贡品。

"非无贿之患，而无令名之难"的说法值得商榷。民以食为天，让民众人人衣食无忧、平安度日才是最高的德行。

没有钱财如何做得到呢? 当然了，靠掠夺诸侯获得钱财，逼得诸侯造反，那可就不平安了。今天的富国，掠夺、榨取弱国太过头，还不知感恩回报。还使人认为自己为别人送去了美好的德行：人权、民主的观念! 以正义、救世主自居，俯视弱国、穷人，这样才会致使穷人与富国的矛盾尖锐得无法调和。

郑国在子产当政的这一段时间，人们安居乐业，经济发展忙度，政局十分稳定，他非常反对大国的强权制度，推行了与之相反的从法制到经济的一系列改革制度，使原本弱小的郑国慢慢地强大起来。而这一切主要归功于他的用人技巧，他能够清楚准确地判断出每一个人的才能，做到真正的人尽其才，物尽其用。公孙挥就是其中一个很好的例子。公孙挥游走过许多国家，对于各国的国情都非常熟悉，在处理国家大事时，子产便请教公孙挥，由他起草外交文书发挥他的特长；冯简子是一个头脑冷静，聪明机智，多谋善断的人，无论在任何情况下他都能够最快、最准、最冷静地判断事情，因此当子产遇见需要做大的决定时，都会去询问他的意见，多加参考；禅谌是一个谋略家，而他最擅长的则是野外的谋略，于是子产就常躬身相陪与禅谌到野外听他出谋划策，以增长自己的见识；子太叔是一个心细且精明不虚浮之人，许多重要政务，子产都会派他去办理，因此，子产在执政期间很少出现错误。而最重要的是，作为这个领导班子的子产实施的是民主决策，对于每件事都公平处理，因此受到下属的爱戴，凡大事多向子产请示汇报，从不自作主张处理公务，也绝不会徇私舞弊。所以在卫襄公访问郑国时一同前往的楚国北宫文子目睹子产如此这般处理政务时，对卫襄公说：郑国能做到这样，"其数世之福也"! 就连孔子对子产的评价也甚高："他具备君子之道的地方有四个方面：自我修养严肃认真；服侍君王恭敬谨慎；教养人民多用恩惠；役使百姓合乎道义。"因此在他去世的时候，孔子曾痛哭流涕地说："子产真是古代遗留下来的一位仁爱之人啊!"

子产治政,刚柔并济

郑国是一个小国,国力甚弱,要想在大国林立的空间求得生存,增强国家的实力刻不容缓。子产提倡振兴农业,兴修农事,同时征新税,以确保有足够的军费供应和给养。

新税征收伊始,民众怨声四起,沸沸扬扬,甚至有人扬言要杀死子产,朝中也有不少朝臣站出来表示反对。子产毫不理会,也不作过多的解释,而是耐心等待事态的发展。他说:"国家利益为重,必要时自然要牺牲个人利益,服从国家利益。做事应当有始有终,不能虎头蛇尾。有善始而无善终,那样必然一事无成,所以,我必须将这件事做完。"

新税照常征收,由于还采取了振兴农业的办法,很快农业发展,民众由怨到赞,众人心服。

此外,子产还在各地设乡校,由于乡校言论自由,有些对政治不满的人常把乡校作为论坛进行政治活动。有人担心长期下去会影响统治,建议取缔。子产说:"为什么毁掉?人们早晚干完活儿回来到这里聚一下,议论一下施政措施的好坏。他们喜欢的,我们就推行;他们讨厌的,我们就改正。这是我们的老师。为什么要毁掉它呢?我听说过尽力做好事以减少怨恨,没听说过依权仗势来防止怨恨。难道很快制止这些议论不容易吗?然而那样做就像堵塞河流一样:河水大决口造成的损害,伤害的人必然很多,我是挽救不了的;不如开个小口导流,我们听取这些议论后把它当做治病的良药。"建议取缔的人听后不无说道:"我现在才知道您确实可以成大事,小人确实没有才能。如果真的这样做,恐怕郑国真的就有了依靠,岂止是有利于我们这些臣子!"众人皆服,子产正确地采取了以柔克刚的做事之道。

以柔克刚,源于老子贵柔守雌的思想。老子把先天地而生的"道"作为万物的本源。"道"的特征便是贵柔主静，自然无为。它收敛光辉，不露锋芒，明显而似暗弱，前进反若后退。正是这样的"道"创造万物，蓄养万物。宇宙万物和社会人生也应体道而行，柔弱处下，虚静不争。从战略上讲，施"柔"术者，须有"柔"的表象，"刚"的骨子，惟其外柔，始能诱之，惟其内刚，始能制之。在外交上，"以柔克刚"就是巧于周旋。其要旨是：以大局为重，不为威胁利诱所动，耐心同强手保持接触和谈判。以己之两手对付彼之两手，"水来土掩，兵来将挡"。既与之合作，也不忘斗争，合作时保持高度警惕，斗争时注意有理有节，并斗之有度，斗而不破。善于择机，在较有利于自己的情况下求得妥协。

而子产在治政上，正是老子这种以柔克刚的道术：

首先，子产提出振兴农业，兴修农事，虽然新的征税给平民百姓们带来不少困扰，振兴农业也给文武百官带来了许多不便，使得上至文武百官，下到平民百姓都不同意他的做法，但他却并没有因受不了文武百官和平民百姓的挤压和怨声而停止，用武力镇压谁不听就杀，他采用"以柔克刚"的道术，对于文武百官和平民百姓的哀怨声不给予正面的回应，而是耐心的等待成就的到来，用事实说话，让事实证明他所做的并没有错。因此，所谓的以柔克刚，其实就是耐心、信心、恒心、毅力的比较。在这些方面，谁占了上风，谁就是真正的胜利者。而柔或刚，只是两者在比较时表现出来的表面形态。这里所谓的刚，不过是浮躁、虚张声势、经不起挫折的表现；而柔，则是虚怀若谷，是对自己充满信心，胜不骄、败不馁才有的表现。

其次，设立乡校。俗话说："得民心者得天下。"乡校在当时是朝廷与老百姓们之间的一条"电话线"，是朝廷们用来知道自己不足之处的场所。一般情况下，执政者听到百姓的褒奖自然踌躇满志，得意非常，可当他听到百姓的抨击，心里就不那么受用了，恼羞成怒，甚至于会对议论者进行政治迫害让他们闭嘴。所以，许多大臣都建议取缔乡校，然而子产却坚决要留下它，因为他深知"防民之口，甚于防川"。且看他是如何说的："其所善者，吾则行之；其所恶者，吾则改之。是吾师也。"对于百姓喜欢的，子产就坚决加以推行，对于百姓所讨厌的，子产一定要查清楚后再定夺，这充分说明子产已经认识到百姓对朝政的议论对治理国家有至关重要的作用。

纵观历史，手中有权就作威作福、防民之口的人有如过江之鲫，但像子产那样懂得疏导民怨，借鉴民意，从谏如流的人又有几个呢！这足以证明子产的英明。

一代忠臣

◎文 种

文种(? —公元前 467 年),字会、少禽,一作子禽,楚国郢(今湖北省江陵北)人。春秋末期著名的谋略家。越王勾践的谋臣,为勾践灭吴制定了七种方案,和范蠡一起为勾践最终打败吴王夫差立下赫赫功劳。灭吴后,自觉功高,不听从范蠡劝告继续留下为臣,却被勾践不容,受赐剑自刎而死。

会稽受困，文种出策

《史记·越王勾践世家》记载：三年，勾践闻吴王夫差日夜勒兵，且以报越，越欲先吴未发往伐之。范蠡谏曰："不可。臣闻兵者凶器也，战者逆德也，争者事之末也。阴谋逆德，好用凶器，试身于所末，上帝禁之，行者不利。"越王曰："吾已决之矣。"遂兴师。吴王闻之，悉发精兵击越，败之夫椒。越王乃以余兵五千人保栖于会稽。吴王追而围之。

越王谓范蠡曰："以不听子故至于此，为之奈何？"蠡对曰："持满者与天，定倾者与人，节事者以地。卑辞厚礼以遗之，不许，而身与之市。"勾践曰："诺。"乃令大夫种行成于吴，膝行顿首曰："君王亡臣勾践使陪臣种敢告下执事：勾践请为臣，妻为妾。"吴王将许之。子胥言于吴王曰："天以越赐吴，勿许也。"种还，以报勾践。勾践欲杀妻子，燔宝器，触战以死。种止勾践曰："吴太宰嚭贪，可诱以利，请间行言之。"于是勾践以美女宝器令种间献吴太宰嚭。嚭受，乃见大夫种于吴王。种顿首言曰："原大王赦勾践之罪，尽入其宝器。不幸不赦，勾践将尽杀其妻子，燔其宝器，悉五千人触战，必有当也。"嚭因说吴王曰："越以服为臣，若将赦之，此国之利也。"吴王将许之。子胥进谏曰："今不灭越，后必悔之。勾践贤君，种、蠡良臣，若反国，将为乱。"吴王弗听，卒赦越，罢兵而归。

俗话说："君子报仇十年不晚。"这是春秋战国时期时文种所奉行的信条。公元前494年，越王勾践听说吴王夫差日夜练兵，将要攻打越国，为父报仇。勾践本是一个好战之人，当他了解到这种情况时，就想先发制人，攻打吴国。范蠡和文种觉得时机还不成熟，这一战是输是赢没有半点把握，于是劝阻道："战争对于任何一个国家来说都是一件十分残酷的事情，无端斗杀更是违背德信，这是上天所忌讳的，更何况这场战争发起的不是时候，天时、地利、人和不占一项，应该慎之又慎，万万

勾践、范蠡和文种

不可轻举妄动。"勾践说："我已经决定了，不要再说了。"

于是，调动精兵三万人，北上攻吴，与吴兵战于夫椒(太湖中山名)。结果勾践大败而归，仅剩五千残兵，退守会稽山(今浙江中部，主峰在嵊县西北)，又被吴军团团围住。

勾践在无奈之下，只好求助范蠡和文种说："我不听先生之言，才落到如今的下场。能否请先生赐教，现在该如何？"

范蠡冷静进谏说："持满而不溢，则与天同道，上天是会保佑的；地能万物，人应该节用。这样才会受地之赐；扶危定倾，谦卑事之，则与人同道，人可动之。为今之计，只有卑词厚礼，贿赂吴国君臣；倘若不许，可屈身以事吴王，徐图转机，这是危难之时不得已之计。"勾践无奈，只好派大夫文种前往吴军大营请求议和。

文种初次到吴营并没有收到什么好的效果，因为伍子胥早就看出了文种的目的，于是从中极力地阻挠，说："大王，越国是上天赐给吴国的，机不可失，失不再来，如果你答应了文种的要求，就失去这次机会，失去这次机会，就很难再得到越国了。"

勾践得知了文种出使后的消息，痛不欲生，想要杀了自己的妻子毁掉自己的宫殿，然后与吴王决一死战，至少保住自己的名誉，免得自身受到侮辱。范蠡、文种劝阻了他。文种说："我在出使吴国时，发现权臣太宰伯嚭是一个贪财好色之图，是个可以利用的角色，只要我们给他多一点好处，相信还是有余地的。"勾践没有办法只好让文种带上美女、宝器到吴去买通伯嚭，使之转献吴王夫差，然后再派文种前去乞和。

俗话说："拿人手短，吃人嘴软。"拿了别人的好处，就要为别人办事，自古以来也正是因为有伯嚭这种小人当道，才使许多忠臣志士们抛头颅、洒热血也换不回君王的信任，而这里的忠臣就是伍子胥。

文种见到吴王，说道："大王如能放过勾践，越国使将送上大量的珍宝、美女，而且越国上下将会尊称您大王。倘若大王硬是不放过勾践，勾践将会杀尽自己的妻子，毁掉珍宝奇器，然后率领剩下的五千名士兵和大王决一死战。如若战争打起来大王必定会受到损失，杀掉一个勾践，反而毁掉整个越国人民的心，更多的稀世珍宝，还望大王三思。"

谗臣伯嚭也在一旁帮腔说："大王，臣觉得文种说的极是，越国已经降服为臣民，若能赦免越王，的确对吴国大有利，反之则对吴国有百害而无一利，可谓是损人不利己，何必为了一个勾践而毁掉你在越国人民心中的形象呢。"吴王听了文种和伯嚭的说辞非常动心，便要许和。这时，大臣伍子胥谏阻说："树德行善，莫如使之滋蔓；祛病除害，务必断根绝源。现今勾践为贤君，文种、范蠡为良臣，君臣同心，施德惠民，一旦返国，必为吴国大患。吴越两国水土相连，一旦结成世仇，兴亡成败不可不虑，如今既克越国，倘若使他复存，实在是违背天意，养寇留患。"吴王不听，终与越国讲和，罢兵而去。就这样勾践逃过一劫，去吴国当吴王夫差的奴仆。

在这里，文种本来是外来之客，但最后文种却说服了夫差放过勾践，这到底是为什么呢？经过反复的分析和推测，才发现文种之所以能够顺利地谈判成功是因为他掌握了敌人——伯嚭、吴王的弱点。

1. 伯嚭是个十足的小人，文种的成功就在于他成功利用了伯嚭这个小人，小人可以说是一个"双重间谍"，也可以称之为"墙头草随风倒，哪边有利哪边倒"。像伯嚭这样的人是最好打发的，因为他的弱点就是贪婪——金钱和美女，只要抓住了他的弱点，给他足够的金钱和美女，满足他的贪婪，那么想要把事办成就容易多了。

2. 掌握了吴王的弱点。吴王之所以能够打败越王勾践，争的是一口气，为父报仇，侮辱勾践。现在他打败了吴国，已经出了气，意在侮辱，而并非真的想杀勾践。而文种就是看透了吴王的这一点想法，才用珍宝和美女，再加上越国人民的服从，以及勾践的服从来当做和他谈判的筹码。大家都知道,高明的谈判家从来都不会因为一时的利益而放弃长远的利益,也不会因为眼前的一点侮辱而失去耐性,他们会以过人的耐力抓准敌人的弱点,满足敌人的欲望和条件,不断地和敌人周旋,模糊敌人的意愿,击破敌人的意志力,完成谈判,而文种正是因为满足了吴王的欲望和条件,才让吴王觉得占了便宜,从而答应了自己的要求,即使是忠臣伍子胥的劝告也不听。

本来夫差只要再进一步地攻击勾践,越国军队就会彻底地被击溃,占领越国。但经过文种这么一搅和,又使本来已经没有退路的勾践,重新获得了东山再起的机会,可见,文种对勾践复国作出了卓越的贡献!

鸟尽弓藏，下场凄凉

《史记·越王勾践世家》记载：范蠡遂去，自齐遗大夫种书曰："飞鸟尽，良弓藏；狡兔死，走狗烹。越王为人长颈鸟喙，可与共患难，不可与共乐。子何不去？"种见书，称病不朝。人或谗种且作乱，越王乃赐种剑曰："子教寡人伐吴七术，寡人用其三而败吴，其四在子，子为我从先王试之。"种遂自杀。

春秋末年，越王勾践在范蠡和文种的辅佐下，苦身劳力二十年，终于灭掉吴国，而且兵临中原，号令诸侯，成为霸主。灭吴之后，越国君臣设宴庆功，群臣皆乐，独有越王勾践面无喜色。机警聪慧的范蠡察微知著，立即识破了越王的心思：越王为雪会稽之耻，灭掉吴国，不惜卑身事下，愿与臣下同甘共苦，共度艰难。然而现在勾践已经大功告成了，他能与他的臣下们同甘吗？很明显不能。尤其是我与文种，位高权重，深得人心，他能放过吗？范蠡经过深思熟虑，认为大名之下难以久居。

于是，范蠡向勾践奏道："大王，臣听说：'君忧臣劳，君辱臣死'。当年大王在会稽被围受辱，臣本该赴死，之所以苟延残喘，只是图今日。如今旧耻已雪，越国已强，请求大王治臣当日之罪！"

勾践哈哈大笑，身子前倾，朗声道："上将军何出此言？若无将军，勾践焉有今日？我还要把这越国分一半给你呢，若不遵寡人，将身死名裂，妻子为戮！"

范蠡当然知道越王的所谓"共分越国"纯

范蠡

属虚语，而"身死名裂，妻子为戮"，越王是肯定做得出来的。于是他回答道："君行其法，我行其意。"事后，范蠡不辞而别，抛弃家业，带领家眷，驾一叶扁舟，出三江而入五湖。后来定居于陶，成为巨富。

范蠡临走之时，托人给大夫文种送了封信，信上说："你还记得吴王说过的一句话吗？他说'狡兔死，走狗烹，敌国破，谋臣亡。'越王勾践的为人你是知道的。他脖子长得很长，嘴巴像鸟嘴一样尖。他既能含垢忍辱，又忌妒别人的功劳。这种人，只能与他共患难不能与他共安乐。如果你不相信我的话，现在不赶快辞职引退，以后必定要遭他的毒手。"

然而，文种没有把范蠡的话放在心上，他并未离开。而后，事实果如范蠡所预料，勾践消灭吴国之后，不但不论功行赏，而且还与曾经一起患难过的旧臣们疏远了，连见面的机会都是越来越少。许多大臣看见如此情景纷纷辞职引退。文种虽然对范蠡说的话有几分相信，但不相信问题有这么严重，对勾践还存有幻想，便没有听范蠡的话，只是抱病不朝。

这时便有奸佞之臣诬陷文种自恃功高，对大王心怀不满，所以借故不朝，说不定会对大王心存异心。

勾践深深了解文种的才干，但他觉得自己先前为了打败吴国，在吴国受辱的那段时间，都是由文种代理国政，许多大臣和百姓对他都非常尊重，而现在自己已经灭了吴国，越国也已称霸，文种对自己已经没有用处了，如果还留着他，难保他不会篡位，万一造反作乱，是没有人能够制服得了的，最好还是将其杀死。于是，勾践整天冥思苦想，最终想出了一条杀死文种的计谋。

有一天，勾践亲自去探望文种，文种装作病得很严重的样子，勉强支撑着迎接越王。勾践解下身上的佩剑放在座位旁边，坐下来同文种谈话。谈了一阵之后，勾践对文种说："你教寡人伐吴七术，寡人才用了其三就把吴国打败了；剩下的其四在你那儿。不如，你去地下，跟着先王试试剩下的四招灵不灵，帮先王在九泉下称霸吧。"说完起身走了，走时有意将佩剑留了下来。

文种取过剑一看，只见剑匣上刻有"属镂"二字。这是吴王夫差赐伍子胥死时，用的那把刀，文种叹息道："我不听范蠡的劝告终于被勾践所杀，我是多么的愚蠢呀！"说完就用剑自杀了。有人对此事写道："悲哉文种，治国之杰，三术亡吴，一身殉越。"

　　文种是一个典型的迂腐的老夫子，他被"知遇之恩，非肝脑涂地无以为报也"的观念束缚太紧。当越王勾践兵败，远走他国为人质的时候，代替勾践治政，几乎是倾囊而出。在一个又一个的三百六十五个日子里，使原本国破民弱，缺少优势的国家慢慢地富裕起来，有了国家的根基。同时，他又想出各种办法帮助勾践和范蠡脱困。勾践回国后，他又向勾践进献了灭吴的"九术"，从此掀开了"十年生聚，十年教训，卧薪尝胆，复国沼吴"伟大事业波澜壮阔的一幕。

　　作为君与臣的关系，文种做到了肝脑涂地，一心为越国，不负勾践所托，越国慢慢地强盛起来，这时文种所献的七术仅用了三术，可见文种是何等的治国天才。但也正因为他过人的才能，才会使他遭到勾践的猜疑和忌妒，接受其悲剧的命运。

　　老子曾经说过，"功遂身退，天之道也"，也就是说"功成身退"，这是天的道，人要符合天的道，功业已经成了，就该引身后退，这是一种自然的规律，何况是皇帝。帝王视天下为其大产业，视谋臣猛将为替自己创业守业的工具。这是亘古不变的真理，作为谋臣猛将更应该清楚地认识到这一点。他们凭借自己非凡的本领，在帮助帝王达到了创业、守业的目的后，也就丧失了自身的价值，更何况是宁可忍辱负重也要完成霸业的勾践呢？他更不容许有任何人强过自己，不容许有人威胁到他的地位。

文种墓

　　当初，范蠡苦劝文种一定要功成身退。但文种爱国，更不相信勾践会是一个忘恩负义之人，于是就拿自己的生命赌勾践的品性，最终他看清了勾践的真面目，但也输掉了自己的生命！

　　天生聪明，算尽天下的文种，今番严重的失算，招至杀身之祸！

圣武宰相

◎伍子胥

伍子胥(?—公元前484年),名员,字子胥,原为楚国人。有谋略,具胆识。封于申地,故又称申胥。春秋末期吴国大夫,军事谋略家。伍子胥本为楚国人。性刚强,青少年时,即好文习武,勇而多谋。周景王二十三年(公元前522年),因遭楚太子少傅费无忌陷害,父、兄为楚平王所杀,被迫出逃吴国,发誓必倾覆楚国,以报杀亲之仇,其一生的坎坷经历就此拉开了序幕……

父兄被杀，子胥逃亡

在中国的春秋历史上，伍子胥是一个很独特的人物，其实沿着他的生命轨迹仔细研读下来，就会发现他的人生其实是一场大悲剧，而其性格中的诸多冲突，却为其人生添上了许多的传奇色彩。

《史记·伍子胥列传》记载：楚平王遂自取秦女而绝爱幸之……伍奢曰："尚为人仁，呼必来。员为人刚戾忍訽，能成大事，彼见来之并禽，其势必不来。"王不听，使人召二子曰："来，吾生汝父；不来，今杀奢也。"……到昭关，昭关欲执之。……伍胥既渡，解其剑曰："此剑直百金，以与父。"父曰："楚国之法，得伍胥者赐粟五万石，爵执珪，岂徒百金剑邪！"不受。伍胥未至吴而疾，止中道，乞食。至于吴，吴王僚方用事，公子光为将。伍胥乃因公子光以求见吴王。

伍子胥逃亡之前，伍家仕于楚国已三代以上，名声很好。楚平王有个太子叫建，楚平王派伍奢做他的太傅，费无忌做他的少傅。费无忌非常嫉恨伍奢，一直在寻找机会，来个斩草除根。

楚平王派费无忌到秦国为太子建迎亲。见秦女长的姣美，费无忌急忙赶回来报告平王说："这是个绝代美女，大王可以自己娶了他，再给太子另外娶个媳妇。"平王听从了他的意见，娶了秦女，后生子轸，另给太子建娶了媳妇。

无忌既以秦女献媚于平王，因离太子而事平王。无忌恐怕平王死而太子继位，杀害自己，便设法陷害太子建。建的母亲是蔡女，平王不宠爱她。平王也越来越疏远了太子建，派其守边地的城池。无忌不断向平王进谗，说太子因为秦女，对王怨愤，要王有些防备。还说太子居城内将兵，外交诸侯，就要作乱。平王就把建的太傅伍奢招来审问。伍奢知无忌进了谗言，便说："大王为什么为谗贼小臣而疏骨肉之亲？"无忌对平王说："王如不制止，将要被擒。"于是平王发怒，把伍奢囚禁起来，同时命令城父司马奋扬去杀太子建。奋扬派人提前告诉太子,于是太子建逃到宋国去了。

机会难得,无忌便对平王说:"伍奢有两个儿子,都是贤能,不杀,将是楚国的忧患。可以伍奢为质而召之。"平王就派使臣对伍奢说:"能把你两个儿子叫来,你就能活命,不然则死。"伍奢说:"伍尚为人慈温仁信,叫他,一定会来;伍员固执刚强,能成大事,他知道来了一块被擒,是不会来的。"平王不听,召公子,说:"来,吾生汝父;不来,今杀奢也。"伍尚说:"我能见父一面,虽死犹生。"伍尚接受逮捕后,使臣又要逮捕伍子胥,伍子胥拉满了弓,箭对准使者,使者不敢上前,伍子胥就逃跑了。伍奢听说子胥逃跑了,不由长叹:"楚国君臣将要苦于战火了。"伍尚来到楚都,楚平王就把伍员和伍奢一块杀死了。由于伍子胥没有上楚平王的当,所以楚平王决定在全国各地通缉伍子胥。

从父亲、兄长被杀那刻起,伍子胥就对楚平王怀恨在心,发誓必倾覆楚国,以报杀亲之仇。

伍子胥从楚国逃出来,经打听得知太子建在宋国,于是前往宋,打算辅助太子建从宋借兵夺回楚国政权。不巧宋国发生内乱,伍子胥又带着太子建、公子胜逃到郑国,想请郑国帮他们报仇。可是郑国国君郑定公没有同意。太子建报仇心切,竟勾结郑国的一些大臣想夺郑定公的权,被郑定公杀了。伍子胥只好带着公子胜逃出郑国,投奔吴国。

楚平王早就下令悬赏捉拿伍子胥,还叫人画了伍子胥的像,挂在楚国各地的城门口,嘱咐各地官吏盘查。

伍子胥带着公子胜逃出郑国后,白天躲藏,晚上赶路,来到吴楚两国交界的昭关(今安徽含山县北)。然而,关上的官吏盘查得很紧,伍子胥一时难以想到脱身之计。据说伍子胥一连几夜愁得睡不着觉,连头发也愁白了。即所谓"伍子胥过昭关,一夜愁白少年头"。幸亏他们遇到了一个好心人,叫东皋公,东皋公同情伍子胥,把他接到家中。东皋公有个朋友,模样有点像伍子胥。东皋公让他冒充伍子胥过关。守关的逮住了这个假伍子胥,而真伍子胥因为头发全白,面貌变了,守关的认不出来,就被他混出关去。

出了昭关,伍子胥二人行至吴江口,见河水茫茫,却无船渡,又担心后有追兵。正危急时,有个打鱼的的老头划着一只小船而来,把伍子胥渡过江去。过了大江,

伍子胥过昭关的古昭关

伍子胥感激万分,解下腰间佩剑赠给渔翁,说:"这宝剑价值百金,是我唯一的财产了,为报答您冒险渡我们过河的恩德,请收下吧。"渔翁说:"楚王为了追捕你,出了五万石粮食的赏金,还答应封告发人大夫的爵位,我不贪图这个赏金、爵位,难道会要你这宝剑吗?"

伍子胥连忙向老渔人赔礼,收了宝剑,辞别老渔人走了。

渔父救了伍子胥,伍子胥要给渔父价值百金的剑,然而渔父并不贪图什么。一方面说明伍子胥知恩图报,这或许是司马迁想要表达的;另一方面也说明,渔父是个十分善良的人,只想着救人,他的人格比伍子胥这个贵族子弟高尚得多。因为其前面联合晋国消灭郑国的丑行,可能他不是在知恩图报,而是把救他的命当成了交易,以为渔父贪图他身上佩带的宝剑,这个解释是可以说得通的。从渔父回答伍子胥的口气,明显看出他极为生气,认为伍子胥实在太小看人了。

为报父仇，掘墓鞭尸

伍子胥从楚国逃亡出来，就是为了有朝一日能成大业，颠覆楚国，报仇雪恨。而当他辅佐的吴王阖庐，率兵攻破楚国都城后，伍子胥最大的愿望就是找到楚平王的儿子楚昭王，以讨还血债，父债子还。然而，此时楚昭王已逃离都城，躲了起来。此时的伍子胥犹如攥紧了拳头，用尽全身气力猛地打出，击中的却是无形无体的空气一样，于是失望、愤怒之极。那该怎么办呢？伍子胥不得不掘开楚平王坟墓，鞭尸三百，以报父仇。

《史记·伍子胥列传》中记载：始伍员与申包胥为交，员之亡也，谓包胥曰："我必覆楚。"包胥曰："我必存之。"及吴兵入郢，伍子胥求昭王。既不得，乃掘楚平王墓，出其尸，鞭之三百，然后已。申包胥亡于山中，使人谓子胥曰："子之报雠，其以甚乎！吾闻之，人众者胜天，天定亦能破人。今子故平王之臣，亲北面而事之，今至于僇死人，此岂其无天道之极乎！"伍子胥曰："为我谢申包胥曰，吾日莫途远，吾故倒行而逆施之。"

伍子胥逃到吴国，吴国的公子光正想夺取王位。在伍子胥帮助下，公子光杀了吴王僚，自立为王。这就是吴王阖闾。

阖闾即位后，封伍子胥为大夫，协助其管理国家大事；又用了一位将军孙武，是个善于用兵的大军事家。为了巩固和扩大吴国的统治，伍子胥向吴王进以安君理民、强国兴霸之道，阖闾采纳了他的建议，委托伍子胥筑城郭，设守备，实仓廪，治兵库。自此，吴国的政治、经济和军事力量逐渐得到加强，阖闾图谋大举攻楚。

公元前506年，吴王阖闾以伍子胥为谋士，孙武为将，亲自率领大军，向楚国进攻，五战五捷，攻下了楚都郢，楚昭王仓皇出逃。

当初，伍子胥和申包胥原是至交，伍子胥逃跑时，对申包胥说："我一定要颠覆楚国，报杀父兄之仇。"申包胥则说："我一定要保存楚国。"等到吴兵攻进楚国郢都，伍子胥搜寻楚昭王，已经找不到了，就掘开楚平王的坟墓，拖出他的尸体，鞭打了三百下才停止，以泄心中杀父之恨。申包胥逃到山里，派人对伍子胥说："你这样报仇，太过分了！我听说，很多人一起努力，可以改变上天定下的命运，但如果上天愤怒了，也能够破坏人的谋略而使你一事无成。你原本是楚平王的臣子，亲自称臣侍奉过他。如今却弄到侮辱死人的地步，这难道不是伤天害理到极点了吗？"伍子胥则回话说："替我告诉申包胥说：我日暮途远，所以要倒行逆施。"

申包胥逃到秦国，向秦国求救。秦哀公没同意出兵。申包胥在秦国宫门外赖着不走，日日夜夜痛哭，竟哭了七天七夜。秦哀公终于被感动了，说："楚国虽然暴虐无道，但是有这样好的臣子，怎能眼看他们亡国！"接着，秦哀公便派大将子蒲和子虎常领兵车五百乘，去解救楚国于危难之中。吴，秦两军在稷相逢。结果是，秦军大胜吴王阖闾然后撤兵回去。

于是，历史上就上演了这样一幕：伍子胥把楚昭王赶跑了，不能父债子偿了，就干脆，把楚庄王的尸体从坟墓里挖出来，鞭尸三百下，才罢休。他这样做，就有点过分，损阴德了，人都死了，儿子也跑了，差不多就行了，还和尸体过不去，真是心狠手辣啊，非常之人行非常之事。

提起伍子胥这段，难免要想起蒲松龄的那副对联"有志者事竟成，破釜沉舟，百二秦关终属楚；苦心人天不负，卧薪尝胆，三千越甲可吞吴"。虽然说的不是伍子胥，但是，伍子胥比起越王勾践来说，同样都是报仇，但伍子胥却比勾践高尚得多了。

伍子胥掘墓鞭尸

掘墓鞭尸，在惩罚或是复仇的手段上可谓是登峰造极，但这一手段也未免太过于残忍，连一向主持公道的司马迁也发出了"怨毒之于人甚哉"的感叹。但是关于伍子胥鞭尸楚平王，还有另外的传说，《伍子胥变文》一书中作了具体的描述：

昭王弃城而走，遂被仵相擒身，返缚昭王。"你父坟陵，今在何处？"昭王启子胥曰:"我父平王,已从物化,负君之罪,命处黄泉,事既相当,身从脔割,父愆子替,何用尸骸?请快仇心,任从斧越(钺)。"昭王被考,吃苦不前,忍痛不胜,遂即道父墓所。子胥提得魏陵,脔割剜心肝,万斩一身,并诛九族。子婿唤昭,曰:"我父被杀,弃掷深江。"遂乃偃息停流,取得平王骸骨,并魏陵、昭帝,并悉总取心肝,行至江边,以祭父兄灵曰:"子胥深当不孝,父兄枉被诛见戮痛切奈何!此为势力不加,所以蹉跎年岁。今还杀伊父子,弃掷深江,奉祭父兄。惟神纳受。"子胥祭了,发声大哭,感得日月无光……由此可知,伍子胥是从楚平王的儿子楚昭王的嘴里得知楚平王坟墓的具体位置,并进行掘墓鞭尸的。

伍子胥实在是可钦可叹之人。对伍子胥鞭尸一事,也有人认为伍子胥是一引狼入室、卖国求荣的大卖国贼。可是,司马迁在《史记》中却赞他为"烈丈夫",认为"向令伍子胥从奢俱死,何异蝼蚁,弃小义,雪大耻,名垂于后世"。

鞠躬尽瘁，死之悲怆

吴国的辉煌，真可谓是昙花一现。阖庐的儿子夫差当政后，重用奸臣伯嚭，疏远伍子胥。而当时越王勾践正在卧薪尝胆，一心灭吴，吴国亡在旦夕。伍子胥敏锐地感觉到即将发生的亡国之祸，数次进谏，"越王为人能辛苦，今王不灭，后必悔之"。夫差不听，偏信奸臣伯嚭的谗言，竟然赐刀令伍子胥自刭。

《史记·伍子胥列传》记载：吴王赐伍子胥属镂之剑，曰："子以此死。"伍子胥仰天叹曰："嗟乎！谗臣嚭为乱矣，王乃反诛我……"乃告其舍人曰："必树吾墓上以梓，令可以为器；而抉吾眼县吴东门之上，以观越寇之入灭吴也。"乃自刭死。

公元前 496 年，赵王允常死，其子勾践即位。吴王阖闾趁越国刚刚遭到丧事，便发兵攻打越国。勾践统兵抗击来攻的吴军，吴越两国在檇李(今浙江嘉兴)地方，发生了一场大战。吴王阖闾满以为可以打赢，没想到却打了个败仗，自己又中箭受了重伤，再加上上了年纪，回到吴国，就咽了气。吴王阖闾临终之前告诫儿子夫差说："不要忘记报越国的仇。"

夫差是一个很有本事而且非常勇武的人，但有一个致命的弱点，那就是耳根软，有妇人之仁，喜阿谀奉承。由于刚刚当了国君，根基不稳，父仇未报，对伍子胥这样有分量的老臣自然很尊重。从伍子胥的性格来分析，他的大仇已报，人生的最后时光已经不多。唯一可以做的也就是以生命来报答吴国，即使是肝脑涂地也在所不惜。

在子胥的扶助下，夫差灭越国而以勾践为奴，意欲称霸天下。蒸蒸日上的吴国，有一胸怀天下的夫差，再加上有一个深谋远虑的子胥，称霸之期不久矣。然而，吴王对越国的处置让子胥如鱼鲠在喉，也就是此时伍子胥的偏执逐渐显示了出来。伍子胥认为国君的才能对国家的前途是至关重要的，却没有为自己考虑祸福，"只懂谋国不懂谋身"呀！他对夫差有恩，夫差是被他推荐才立为太子的，但有时的犯颜直谏甚至让夫差下不了台，在一个好大喜功，刚愎自用却又才能出众的国君手下当个忠臣并不是容易的事情。尤其是在夫差西破强楚、南降于越、北威齐晋、称霸中原后，两人的矛盾更是达到了顶峰。由此，君臣之间开始有分歧了，主要出现了三个分歧：

第一：夫差放臣服的越王勾践归国，这在伍子胥看来，无疑是放虎归山，吴越争霸数年，如今吴胜越败，不斩草除根势必会留下后患。

第二：英雄难过美人关，吴王宠信越女西施，子胥看出这是越国实施的美人计，以后就会离间君臣，使吴王大兴土木，导致兵乏民困者，西施当是罪魁祸首。

第三：吴王任命越国大夫，也就是号称天下第一谋士的范蠡为大夫。当时，子胥说了这样一句话：范蠡若真心归吴，乃吴之大福，否则，灭吴者必范蠡也。事实证明，他说的是千真万确。

吴越之间的争斗，最终归结于伍子胥和范蠡两个人之间的战争。吴王信任哪一方，决定着吴、越两国的命运。子胥进言痛陈利弊，吴王不听，子胥想杀勾践而不得，想杀西施也不得，他耿直的性格比不上范蠡的隐忍与耐力。当他咄咄逼人地要求夫差绝后患时，范蠡则不露痕迹地运筹帷幄。一个王者，坐得越高，越春风得意时，对于忠言往往越觉得刺耳，更何况伍子胥强硬的态度，而且还是要杀夫差的信臣爱妃。在夫差眼里，位高权重的伍子胥是在对王权的挑衅，至此君臣之间关系越走越远。

伍子胥认定自己的见解是对的，于是他坚持自己的灭越主张，始终不渝地抗争至死。在伍、范的斗智中，伍子胥逐渐处于下风，直至他将儿子送去齐国，为吴、齐交好，日后联手抗越做准备，这已是保护吴国的下下之策。然而，夫差却把这一切误认为是子胥通敌卖国，伍子胥的个人悲剧达到顶峰。他忠于吴王，到最后却落得吴王赐剑自刎的结局。

临死之前，伍子胥仰天叹道："唉！谗言小人伯嚭要作乱，大王反来杀我。"于是告诉他亲近的门客说："你们一定要在我的坟墓上种植梓树，让它长大能够做棺材。挖出我的眼珠悬挂在吴国都城的东门楼上，来观看越寇怎样进入都城，灭掉吴国。"语毕自刎而死。

伍子胥死不瞑目，至死希望夫差醒悟。

吴王听到那番话后,大发雷霆,就把伍子胥的尸体装进皮革袋子里,投进江中。吴国人同情他,就在江边给他修建了祠堂,命名叫胥山。

后来,果不出伍子胥所料,夫差争霸心切,于公元前482年率全国精锐部队北上黄池(今河南封丘西南)会盟,与晋争长。越王勾践伺机调集四万九千大军分两路,一路断吴归路,一路直捣吴都。又经笠泽之战(今苏州南)和对姑苏的长期围困,遂置吴国于死地。夫差派大臣去和越国谋和,越国不答应。夫差在自杀之前说:"吾无面目以见子胥也!"于是,夫差就用棉絮盖住自己的脸自杀了。

伍子胥凭他的职位以及在吴廷中的影响力,竟多番除勾践而不得,冒险往前走了一小步,即压下了北进的国策。正是这一小步,注定了他的悲剧,以三代老臣、相国之尊,无实罪而遭夫差赐死。伍子胥之死是悲壮的,他为吴国可谓殚精竭虑,几乎到了寝食不安的地步,但作为政治家,伍子胥也犯了经验主义的错误。首先,他低估了夫差北进中原的勃勃雄心;其次,他更高看了自己在吴廷的影响力。他想力挽狂澜,却不明白,一只积蓄了巨大能量的铁拳必须要砸出去!假如夫差战胜越国后,伍子胥紧促其北进,那"吴越之争"历史很有可能要改写了。

伍子胥是个极为有本事的人,吴国因其而兴,结果却死得那么悲惨,不得不让人深思。概括一下,主要有三方面原因:

1. 只懂直谏,不知"曲谏"。伍子胥与前任领导关系很好,阖闾了解他信任他,自然没问题。但是到了第二任领导夫差时,形势便已经发生了变化,伍子胥虽是元老,但能有几个君王喜欢劳苦功高而自己驾驭不了的老臣呢?而偏偏此时领导又作了几个错误的决定,伍子胥进谏,特别是最后的诤言,是那样痛快淋漓,那样不给夫差面子,那样声嘶力竭,那样绝望和决绝。夫差说,你这是逼着寡人杀人啊。

要知道,作为部下不懂得曲谏忠言,只会招致领导忌恨。而伍子胥就是只知道直谏,不知道"曲谏"之人。有时候,两点之间最近的距离并不是直线。曲线救国的道理,伍子胥显然是不懂的,这是伍子胥做人和做事之间发生了冲突。伍子胥成就了自己的一世英明,如他所言,历史记住了他的英名。可是,他辅佐的吴国最终还是失败了。

2. 没有搞好和领导之间的关系。伯嚭之所以那般受宠,就是因为他会搞好和吴王之间的关系,会顺从、迎合。虽然他接受了外国的贿赂,但吴王却依然对其信任有加;他的阿谀奉承对吴王是相当有用的,如果无人卑躬屈膝、舐疽舐痔,只会让吴王兴趣索然。要知道,只要你能把领导服侍得舒服,你就能"狐假虎威",得风得雨。当然,领导也不是不喜欢忠臣,只是小人更能让他快活,让他找到作为领导的快感。

3. 不懂得如何与小人相处。伍子胥性格刚烈,复仇心强烈。鞭尸三百,就是伍子胥发明的,必欲置对手于死地,就是伍子胥的使命。伍子胥由于树敌太多,在其死后,越国的文种大臣拍手称快。小人永远都是不会绝种的,并且散布广泛,几乎每一个人都会遇到。如果你不幸与小人共事,千万不要心慈手软,必须阻止小人前进的步伐。因为小人一旦当权,将会为害无穷。就像费无忌和伯嚭一样,残害忠良,足以亡国。在小人面前,联合起正义的力量以防止其得势。如不能阻挡,最消极的办法就是不要得罪他。而伍子胥却时时处处与小人"作对",不是明摆着找死吗?

尽管如此,伍子胥也是值得称赞的。他年轻时叛国复仇,最后为了吴国而自杀,被浮尸江中,屈原的《九章·悲回风》中有这样一句话:"浮江淮而入海兮,从子胥而自适。"由此可见,伍子胥的江湖地位非同小可。

一直以来,伍子胥都是历代颂扬的忠义样板,因为孔夫子有三讳:"为尊者讳耻,为贤者讳过,为亲者讳疾。"有点儿党同伐异的味道,所以,虽然伍子胥在复仇过程中使用的权力过于阴暗,但已彻底被他的光芒所掩盖。

善谋丞相

◎范雎

范雎，字叔，战国时魏国人。早年家境贫寒，后出使齐国为魏中大夫须贾所诬，历经磨难后辗转入秦。公元前266年出任秦相，辅佐秦昭王。他上承孝公、商鞅变法图强之志，下开秦皇、李斯统一帝业，是秦国历史上继往开来的一代名相，也是我国古代在政治、外交等方面极有建树的谋略家。

能言善辩，游说秦国

《史记·范雎蔡泽列传》记载：须贾为魏昭王使于齐，范雎从。齐襄王闻雎辩口，乃使人赐雎金十斤及牛酒，雎辞谢不敢受。须贾知之，大怒，以为雎持魏国阴事告齐，故得此馈。既归，心怒雎，以告魏相。魏齐大怒，使舍人笞击雎，折胁摺齿。雎详死，即卷以箦，置厕中。雎从箦中谓守者曰："公能出我，我必厚谢公。"守者乃请出弃箦中死人。魏齐醉，曰："可矣。"范雎得出，更名姓曰张禄……王来而宦者怒，逐之，曰："王至！"范雎缪为曰："秦安得王？秦独有太后、穰侯耳。"欲以感怒昭王。

范雎是一位充满矛盾的历史人物。他一方面小肚鸡肠，"每饭之德必赏，睚眦之怨必报"；另一方面，他又富于深谋远虑，能够忍辱负重，终成大事。他一方面对过去的恩怨耿耿于怀，设计仇杀；另一方面，却又具有战略眼光，提出了"远交近攻"的战略方针。事实证明，"远交近攻"的战略方针是行之有效的，秦国就是在这一方针指引下一步步强盛起来，一步步完成连横大业的。从这个角度看，说范雎是秦国霸业的奠基人，并不为过。范雎事秦纯粹出于偶然，并没有必然性。

范雎是魏国中大夫须贾的门客。一次，范雎随须贾出使齐国，齐王听说范雎辩才无碍，很想结交他，赐给范雎十斤黄金和肉食酒馔，范雎婉言谢绝。须贾知道后大怒，认为范雎把魏国的情报提供给了齐王，齐王才会这么优待他。回国后须贾把这件事告诉了相国魏齐。魏齐派人把范雎抓起来，让人用棍棒抽打，最后打落了门牙，打折了肋骨。任范雎百般解释求饶，魏齐终是不依，欲将他活活打死。范雎为了免死脱生，相继采用了两条计策，其一是佯装死去，迷惑魏齐。魏齐对范雎是不打死决不罢休，范雎看到这一点后即用此计，让魏齐要达到的目的在表面上实现，以此来遏止魏齐的摧残手段。范雎既无法改变魏齐的致死目的，又无力制止魏齐的致死手段，那么，佯死一计就成了他自我保护的最后一着。范雎相继的第二条逃生之计是贿赂守卒，争取协助。守卒乃奉命守尸，彼此无仇，范雎对其诱之以利，遂将其化作自己暗中的帮手。由于此计的实施，才使自己脱离虎窟，实现逃生。

范雎逃出后，投奔了一个叫郑安平的人，郑安平把范雎藏匿了起来，更名为张禄，以躲避魏齐的追捕。

当时的秦国国君是已上任三十多年的秦始皇的太爷爷——昭襄王，但实际上他没有实权，主要实权都在宣太后和穰侯魏冉手中。提起魏冉，他既忠心又能干，是当时秦国的定海神针，历任要职，也是他把昭襄王扶上宝座，消灭了所有抢夺王位的对手。在宣太后的支持下，他把内政外攻搞得虎虎生风，特别是白起，是他一手提拔起来的战神，当时权倾朝野，威震六国。

按说不用自己操心国事，有人搞得很好，是很好的福气。但是，昭襄王已不想再过这样的日子，对权力的渴望越来越大，已不满足于做配角的昭襄王想做导演来主宰剧情了。就在这个时候，范雎出现了。

范雎见秦王

范雎来到秦国，在王稽的安排下，去见秦王。从此，改变了战国时代的政治格局。他故意在宫中走错地方，候在秦王经过的地方。果然，秦王来了，太监驱逐不相干的人，看见范雎道："快滚开，大王来了！"范雎故意大声道："什么，秦国还有大王吗？"正在争吵的时候，秦昭襄王到了，只听见范雎还在那嘟囔："只听说秦国有太后、穰侯，哪儿有什么大王？"这句话正中秦王的心病，于是秦王屏退众人，极其恭谨地请求指教，连问三次，范雎只是"嗯嗯啊啊"地应付两下。秦王道："先生硬是不赐教寡人吗?"

范雎表示歉意说:"不敢如此啊。我听说当初吕尚和文王相遇时,身为渔夫在渭阳河边钓鱼。那时,他们很陌生。后来,吕尚一进言,就被尊为太师,和文王同车回去,这是因为他谈得很深入的缘故。所以文王终因吕尚而建立了功业,拥有了天下。假如文王因与吕尚关系生疏,不和他深谈,周朝就不可能有天子的圣德,而文王、武王就不可能成为帝王了。"

在这里,范雎故意把秦昭王与古代的圣贤相提并论,既满足了秦昭王的虚荣心,又激励他礼贤下士。范雎还以吕尚自夸,将自己置于贤相之位。昭王却之,即等于自贬到桀、纣行列,这无疑可以让对方就范。

接下来二人之间的谈话自然而然就顺着他的意思进行了。范雎说道:"现在我是寄居旅途的臣子,与大王关系疏远,而所想要陈诉的事,都是纠正中君偏差错失的事,而且还会关系到君王的骨肉,我虽然愿效愚忠,却不知大王心意如何,所以大王三问而不敢作答。我并非有所畏惧而不说,即使知道今天说了,明天就会被杀死,也在所不辞。大王真能按照我的计谋去做,死不足成为臣子的祸殃;流亡不足成为臣子的忧虑;浑身涂漆像生癞疮,披头散发装作发狂,不足成为臣子的耻辱。五帝是天下的圣人,但终究要死;三王是天下的仁人,但终究要死;五霸是天下的贤人,但终究要死;乌获是天下的大力士,但终究要死;孟贲、夏育是天下的勇士,但终究要死。这是人人都不可避免的,这是自然界的必然规律。如果能够稍补益于秦国,这就是我最大的愿望,我还有什么可顾虑的呢? 伍子胥当年逃亡时,晚上出行,白天躲藏,到了凌水,吃不上饭饿着肚皮,双膝跪地,双手爬行,在吴市讨饭度日,但终于帮助阖庐复兴了吴国,使吴王阖庐建立了霸业。如果我能与伍子胥一样能呈献计谋,即使遭到囚禁,终身不再出狱,只要能实现我的计谋,我还有什么可忧虑的呢? 当初殷韩的箕子,楚国的接舆,漆身为癞,披发为狂,却终究无益于殷、楚。如果使我与箕子、接舆有同样的遭遇,也漆身为癞,只要有益于圣明的君王,这就是我最大的光荣,我又有什么可感到耻辱的呢? 我所担心的是我死了以后,天下人见到我尽忠但身败,因此而闭口不言、裹足不前,没有人敢投奔秦国了。"这番慷慨悲壮之词使范雎更进一层,先是披肝沥胆,以情来感召秦王,接着说以利害,以杀贤误国震慑昭王,给自己的人身和地位争取了更大的安全系数。

经过充分的铺垫之后,范雎才道出实质问题,一下点出了秦国的弊端隐患:"大王上怕太后的威严,下受奸臣的伪装迷惑,居深宫之中,左右不离师傅呵护,终身受到蒙蔽,没有人帮助鉴别奸邪,大则王室覆灭,小则自身陷于孤单危险的境地。这是臣最恐惧的。"

事实上,范雎的上述之弊端虽确有之,但不是治理秦国的当务之急。范雎之所以要大论此事,意在用"强干弱枝"来迎合昭王。同时,也借以推翻范雎将来立足秦廷的政敌,从而确立自己在泰国的地位。只要确定了地位,别的都可以顺理成章,范雎的良苦用心,由此可见一般。

秦昭王推心置腹地说道:"秦国偏僻遥远,寡人又笨拙而不贤明,先生竟能光临此地,这是上天让寡人打扰先生,从而使先王的宗庙得以保存啊。寡人能够受到先生的指导,这是上天宠幸先生而不抛弃我啊。先生怎么说这样的话呢!事不论大小,上至太后,下至大臣,都希望先生教导寡人,不要怀疑寡人。"范雎拜了两拜,秦王也拜了两拜。

下面的一席话,更是具有改写历史的重大意义,奠定了范雎在历史上的地位。

秦昭襄王很诚恳地说:"我诚恳地请先生指教。不管牵涉到谁,上至太后,下至朝廷百官,先生尽管直说。"

范雎游说秦王说:"凭借着秦国的广阔疆域,士兵的骁勇善战,对付诸侯是轻而易举的事情。然而闭关自守十五年,不敢出兵去崤山以东的地方,这说明穰侯治理上存在着问题,而大王的策略也有一些失误的地方。"

秦昭襄王说:"希望先生指出我失策的地方。"

范雎说:"穰侯越过韩、魏两国去攻打齐国,这个计策不好。大王现在不如攻打邻近的诸侯,交好远方的国家,这样得到的领土就不容易丢失。现在韩、魏两国,地处中原,是天下的枢纽。大王要想夺取天下,就必须亲近韩、魏,以此威胁楚国和赵国。楚、赵两国一定会依附大王。楚国、赵国依附我们,齐国心里必然恐慌,像这样的话,韩、魏两国当然能攥在手心里了。"

秦王点头称是:"你分析得太好了!"

当下,秦昭襄王就拜范雎为客卿,并且按照他的计策,把韩国、魏国作为主要的进攻目标。过了几年,秦昭襄王把相国穰侯撤了职,又不让太后参与朝政,正式拜范雎为丞相。

至此,范雎得志,忠心辅佐秦昭王实现成功统一之大志。

成在智谋，败于私心

《史记·范雎蔡泽列传》记载：后五年，昭王用应侯谋，纵反间卖赵，赵以其故，令马服子代廉颇将。秦大破赵于长平，遂围邯郸。

范雎不仅是一位政治家，更是一位杰出的军事家。公元前260年，秦军大举北进，进攻赵国。赵国老将廉颇率兵迎敌，秦、赵两军相持于长平。秦兵虽然勇武善战，怎奈廉颇行军持重，坚筑营垒，等待时机与变化，迟迟不与秦兵决战。就这样，两军相持近两年，仍难分胜负。秦国君臣将士个个焦躁万分，却又束手无策。秦昭王问计于范雎："廉颇智多，知秦军强而不轻易出战。秦兵道远难以持久，战事如此久拖不决，我军必将深陷泥淖，无力自拔，为之奈何？"范雎早已清醒地认识到问题的严重性，作为一名谋略家，他很快找到了问题的症结。他对赵国文臣武将的优劣了如指掌，深知只有除掉廉颇才会有所转机。于是，他沉吟片刻，向昭王献了一个有名的"反间计"。

范雎暗地里派人从便道进入赵都邯郸，用重金贿赂赵王的近臣，散步谣言说："秦军最怕的是赵将赵奢之子赵括，年轻有为且精通兵法，如若为将，恐难胜之。而廉颇老且怯，屡战屡败，现已不敢出战，又为秦兵所迫，不日即将出降。"赵王听了之后，偏听偏信。忙派人向廉颇催战，而廉颇依旧"坚壁"之谋，不肯出战。赵王对廉颇先前损兵折将本已不满，今派人催战，却又固守不战，又不能驱敌于国门之外。于是轻信流言，顿时大起疑心，不辨真伪，匆忙拜赵括为上将，赐以黄金彩帛，增调二十万精兵，持节前往以代廉颇。

赵括虽为名将赵奢之子，却也精通兵书，但仅限于纸上谈兵，呆板拘泥不知变通，而且骄傲自大。赵奢在死前曾上书告诫赵王，不要使他儿子为主将，可惜赵王没有听进去。

赵括到长平前线后，尽改廉颇往日约束，易置将校，调换防位，一时弄得全军上下人心浮动，紊乱不堪。秦国范雎得知这一消息后，知道赵国已入圈套，于是便暗中派武安君白起为主将，火速驰往长平，并约令军中："有敢泄露武安君为将者斩！"

说起白起，他可谓是战国时期无与伦比的久经沙场的老将，能征善战、智勇双全。论帅才，赵括远不能与之相比；论兵力，赵军绝难与秦兵抗衡。范雎之所以秘行其事，目的就是使敌主松懈其志，以图出奇制胜。两军交战，白起佯败，赵括喜出望外，率兵穷追不舍，结果被秦军左右包抄，断了粮草，陷入重围。秦昭王闻报，亲自来到长平附近；尽发农家壮丁，分路掠夺赵人粮草；遏绝救兵。赵军被围困达四十六天，粮草断绝，士兵自相杀食，惨不忍睹。迫不得已，赵括把全军分为四队，轮番突围，均被秦军乱箭击退，赵括也中箭身亡。长平一战，秦军大获全胜，坑杀四十万赵兵。此次战役，秦军先后消灭赵军四十五万，大大挫伤了雄踞北方的赵国的元气，使赵国从此一蹶不振。虽曾有赵国名士毛遂自荐，赴楚征援，又有魏国信陵君窃符救赵，也只能是争一时之生存，无法挽回赵国败亡的厄运。长平之战，在秦国历史上具有划时代的意义。而战后的秦国则是更加强大，雄视天下。

赵军长平大败，与范雎离间之计不无关系，他故意散布虚假情报，又买通赵国权臣巧言进谏，泄露给赵王，以至于后来换下久经沙场的老将廉颇，起用只会纸上谈兵的赵括，导致后来赵军惨败，也使赵国遭受了一次最沉痛的打击。

长平之战之所以全胜，可以说是范雎的功劳，因为正是他用反间计，使赵王临阵换掉名将廉颇，代之以只会纸上谈兵的赵括，从而获胜。

范雎为秦国的统一大业作出了杰出的贡献。然而"金无足赤，人无完人"，范雎由于其坎坷的经历和个人性格，也暴露出一些缺点。范雎是一个十分自私的人，为了一己私利犯了许多不可饶恕的罪过。他入主秦国进说秦王废太后，逐穰侯，安知他不是想坐穰侯的位置。其实这些还不算什么，所谓"人不为己，天诛地灭"，为了达成自己的抱负，这也许只是范雎的一种手段。

范雎犯的第一个错误就是以权谋私，这与他早年所蒙受的无辜迫害有一定联系。我们知道，范雎是曾被魏中大夫须贾所诬，受到相国魏齐的迫害，后来逃到秦国。范雎得志后，就利用职权报私仇，先廷辱须贾、后计杀魏齐，对王稽与郑安平他却非常关心。在他的精心安排下，王稽被任命为河东太守、郑安平被任命为将军，他还安排郑安平接替白起率兵攻赵，结果不但被赵国打得大败，郑安平还率两万士兵投降了赵国。

范雎所犯的最大罪过就是妒杀白起，这就是纯粹的嫉贤妒能了，这一缺陷，导致了范雎执政后期秦在军事上的一系列失利。战役之后，正当白起欲乘胜追击，一举灭掉赵国时，范雎却嫉贤妒能，害怕白起的功劳超过自己，于是，说服秦昭王收兵。白起获知范雎暗中作梗后，就与之结怨。后来，在范雎的挑拨下，秦昭王先将白起贬为士卒，随后又令其自杀。

白起

公元前257年，范雎廷辱须贾、智赚魏齐、妒杀白起后便遣亲将郑安平率兵进攻赵国。魏国信陵君无忌大破秦军于邯郸城下，郑安平率两万士卒降赵。依照秦法"任人而所任不善者，各以其罪罪之"。范雎当株连降敌大罪，受三族连坐之治。秦昭王念其功大，法外施仁，不但没有治范雎的罪，反而加赐食物，慰勉范雎。谁知，事隔仅两年，即公元前255年，范雎的另一亲信王稽，身为河东太守却与诸侯私通，事败后被赐以弃市重刑。

追根究底，一切都源于私心。对于范雎，太史公是这样评价的："一饭之德必偿，睚眦之怨必报。"或许范雎就是这样一个人，他既有功于秦国，同时也做了一些不可饶恕的事。

功成身退,荐贤而终

范雎犯了那么多不可饶恕的罪过,尽管秦昭王仍未追究其责任,但范雎却深深感到了害怕,因为白起之死与王稽、郑安平的被提拔重用,都是他一手策划的。此后,他经过再三考虑,不得不放弃荣华与权力,称病辞去相位,退出政治舞台。而其中有一个起决定性作用的人,那就是蔡泽。其实,在决定让位之前,范雎一点让位的动机也没有。士人蔡泽来自燕国,所谓士人就是平头百姓。战国时期出了很多了不起的士人,像苏秦、张仪、孙膑等都是。

当然,范雎在让出相位时,郑重地向秦王推举了蔡泽。蔡泽从此完成了自己由平民到宰相的路。历史往往就是如此,有时候一个言论一项举措就能改变其命运。

《史记·范雎蔡泽列传》记载:昭王欲以激励应侯。应侯惧,不知所出。蔡泽闻之,往入秦也……使人宣言以感怒应侯曰:"燕客蔡泽,天下雄俊弘辩智士也。彼一见秦王,秦王必困君而夺君之位。"应侯闻,曰:"五帝三代之事,百家之说,吾既知之,众口之辩,吾皆摧之,是恶能困我而夺我位乎?"使人召蔡泽……蔡泽复曰:"富贵显荣,成理万物,使各得其所;性命寿长,终其天年而不夭伤;天下继其统,守其业,传之无穷;名实纯粹,泽流千里,世世称之而无绝,与天地终始:岂道德之符而圣人所谓吉祥善事者与?"应侯曰:"然。"……范雎免相,昭王新说蔡泽计划,遂拜为秦相。

范雎接连涉嫌,秦昭王虽未深究,然范雎心中自是别样滋味,言行举止格外小心谨慎。一天,秦昭王临朝兴叹:"现今武安君既死,郑安平、王稽等或叛或降,外多强敌而内无良将,吾恐楚国铁剑利而将士勇,倡优拙而思虑远,借以图秦,实堪忧虑!"范雎听出弦外之音,情知失宠,地位岌岌可危,且惭且惧,不得不思谋退身之计。于是,借病退避,闲居家中,不肯上朝。

当蔡泽听说范雎的手下犯了重罪,马上意识到正在鼎盛时期的范雎已开始有了隐患。深明盛极则衰道理的他,知道自己说服权臣、飞黄腾达的机会终于来临。于是,蔡泽来到秦国。此人其貌不扬,且身无分文,然其才华出众,尤其擅长辩才。他曾广游列国,屡以其学干政,但是始终无人赏识他。此时获悉范雎失意,于是急忙赶至相府。如同当年范雎语激昭王一般,他扬言:"燕客蔡泽,为天下雄辩之士。如果他受到秦王接见,必可夺取范雎相位。"应侯范雎听说后,很想见识见识这位口出狂言大语者。于是,他召见了蔡泽,傲然问道:"先生有何术竟能夺我相位?"蔡泽很镇静地回答道:"唉!您的见识多么的落后啊!众所周知,君明反直为举国犬福,父慈子孝、夫信妻贞为一家大幸。然而,比干忠正却不能存于殷,申生孝敬却不能完于晋。原因何在?性命和功名都能获得的人,是上等人;功名可以被后人效法,牺牲了性命的人,是下等的人;功名蒙受耻辱,并丧失了性命的人,是下下等人。"讲到这里,范雎连连称是。蔡泽把范雎的这一举动看在眼里,认为有机会了,接着说:"商鞅、吴起、文种诸人,竭力尽忠,功高盖世,然而却惨遭诛戮,不得身名俱全,甚为可悲。现以君侯而论,声名功绩不如上述三子,然而禄位贵盛、私家富厚却有过之而无不及。再看秦王信君侯,又不如秦孝公信商鞅、楚悼王信吴起、越王勾践信文种。当此之时,尚不知进退之术,我诚恐君祸患深于商鞅等人。君岂不知:一年四季,运转不息,无功者来,成功者去,这是十分简单的道理;日中则移,月满则亏,物盛则衰,这是天地常数;进退盈缩,与时变化,这是圣人大道。可惜凡夫俗子,惑于私利,以致昏聩不悟。正如鸿鹄、犀、象,所居之处本远离险地,但为香饵引诱,终不:免于死。书中有言:成功之下,不可久处。君侯相秦,计不下坐席,谋不出廊庙,坐制诸侯,利施三川,以实宜阳;决羊肠之险,塞太行之道,斩断三秦通途,令六国不得合纵;栈道千里通于蜀汉,使天下皆畏秦。秦之欲已得,君之功至极,正当秦国分劝之时,却不思退避,则有商鞅、吴起、文种之祸。君何不让归相印,择贤者而授之。"

蔡泽论人事、谈安危,句句动人,字字惊心。范雎到底是位智者,一点即通。最终,被蔡泽所说服。

一天,范雎向秦王进言道:"臣结识了一位关东的贤者,名叫蔡泽。此人能言善辩,博古通今,能力远在微臣之上,能够更好地辅佐您治理国家。为此,臣冒昧地向您荐举此人代替臣之相位。"秦昭王五十二年,范雎称病辞去相位,不久死于其封地应城。

范雎只是听了蔡泽一番建议，就决定卸下官服，在那个时代，实属大气。

尽管他也难以避免政治品格上的瑕疵，但仍不失为秦国历史上的名相。在他相秦的十余年，对秦国的历史发展起到了继往开来的推动作用，给中华民族的外交奇计宝库增添了光彩。他的退出，也算是功成身退了。

在辅佐秦昭王时，他的作用主要表现在两方面：

第一：在秦国推行"远交近攻"的方针，从而事半功倍，驾驭了复杂的局势；

第二：帮助秦昭王独揽大权，政出一门，为专权打下了基础。当时，范雎是这样劝说秦王的：诗曰："木实繁者披其枝，披其枝者伤其心；大其都者危其国，尊其臣者卑其主。"可以说，如果没有范雎这个人物的出现，历史或许就是另一番景象。真是如此的话，也许秦昭王仍是谄弱无力的君王，更别说统一诸侯国了，权力尽失也不是不可能。范雎改变了一切，甚至也改变了历史的进程。范雎呼风唤雨，如鱼得水，从他进谏秦王杀死头号功臣白起就可以看出，他在秦国的权力非常之大。范雎替赵国人报了白起坑杀四十万赵国降卒的深仇大恨。六国的人杀死原先的头号敌人，而且是不费吹灰之力，也幽默得可以。

秦国之所以能吞并六国，靠的就是吞并方针，这正是六国之一的魏国人——范雎所制定的。由此可见，六国——至少是魏国，实乃自掘坟墓。有暴秦虎视眈眈，危若累卵，六国仍继续着他们的窝里斗，直到把一流人才赶到敌人那里去。从这一点看，七国归于统一，实在是早晚的事。当时，对于诸侯国来说，让他们和平相处、相安无事，几乎是不可能的。试想一下，如果当年没有范雎被须贾、魏齐陷害之事，魏国重用范雎，魏国或许还有强于一时的可能性，但要改写历史是绝对不可能的。

正所谓："顺之者昌，逆之者亡。"范雎相于秦，正好顺乎中国政治的大形势，所以才被写上了重重的一笔。

法家代表

◎ 商 鞅

商鞅(公元前 390 年—公元前 338 年),战国时期政治家,法家代表人物,本名公孙鞅,卫国(今河南濮阳)人,也叫卫鞅,后来在秦国被封为商君,因而又叫商鞅。商鞅是战国时没落贵族的后裔。在秦国当丞相十年,他一生的主要活动和贡献,是在秦国实行变法,历史上称之为"商鞅变法"。

舌战旧派，取信于君

《史记·商君列传》记载：公孙鞅闻秦孝公下令国中求贤者，将修缪公之业，东复侵地，乃遂西入秦，因孝公宠臣景监以求见孝公……孝公既用卫鞅，鞅欲变法，恐天下议己……甘龙曰："不然。圣人不易民而教，知者不变法而治。因民而教，不劳而成功；缘法而治者，吏习而民安之。"卫鞅曰："龙之所言，世俗之言也。常人安于故俗，学者溺于所闻。以此两者居官守法可也，非所与论于法之外也。三代不同礼而王，五伯不同法而霸。智者作法，愚者制焉；贤者更礼，不肖者拘焉。"……以卫鞅为左庶长，卒定变法之令。

商鞅年轻时深受李悝等法家思想影响，很想干一番事业，然而卫国极为弱小，不是他施展才干的地方，他便跑到魏国，在魏惠王的相国公叔痤手下做了一名门客。不过，公叔痤很快便发现卫鞅是个人才，于是便想把他推荐给魏王。

一次，公叔痤病了，魏惠王亲自来探问病情。公叔痤乘机对魏惠王说："公孙鞅年少有奇才，可任用为相。"魏惠王听了，并未做声。公叔痤见状知道魏王不肯重用公孙鞅，于是又对魏王说："大王如果不用公孙鞅，就把他杀掉，千万不要让他跑到其他国家去，不然后患无穷。"魏王答应了他，然后就起身回宫了。

魏惠王刚走，公叔痤就马上命人找商鞅来，告诉他说："刚才我向大王推举你，不过我看大王并没有任用你的意思。于是，我让大王把你杀掉，大王答应了。你必须立即离开魏国。"

商鞅不以为然，笑着说："大王既然没有听您的话重用我，又怎么会听您的话杀了我呢？"于是，他哪儿都没有去。

不出商鞅所料，魏惠王离开后，对左右说："公叔痤真是病糊涂了，一会儿让我重用公孙鞅，一会儿又让我杀掉他。这不是荒唐透顶吗？"

当时，秦国比较落后，秦孝公为了使秦国称霸，决心征召有才能的人。他在求贤诏令中说："不管是本国人，还是外国人，只要能献出奇计良策使秦国强盛者，就封他做高官，赏他大片土地。"

当时，公叔痤已经去世，商鞅知道魏惠王一定不会重用自己，当他听说秦孝公招纳贤才的消息后，就决定到秦国去。

到了秦国以后，商鞅通过秦孝公的亲信景监的介绍，与秦孝公面谈了三次。

商鞅第一次见到秦孝公时，向他大讲尧舜禹的仁义，要求秦孝公学习他们，行帝王之道。秦孝公根本听不进去，直打瞌睡。第二次见秦孝公时，商鞅把第一次的话重复了一遍。此时秦孝公显得很不耐烦，生气地对商鞅说："你怎么这么迂腐？我如何能重用你啊？"第三次会面时，因为商鞅已经摸清了秦孝公急于称雄于世的思想，大讲富国强兵之道，他说："一个国家想要富有，必须注重农业；要强大，必须奖励将士；要把国家治理好，必须有赏有罚。有了重赏，百姓就能拼命；有了重罚，百姓就不敢犯法。有赏有罚，朝廷才有威信，一切改革也就容易进行了。"秦孝公听得津津有味，一连和商鞅谈了好几天，并决定重用商鞅，变法图强。秦孝公要任用商鞅实施变法的消息传开后，秦国贵族认为侵犯了他们的利益，均表示强烈反对。秦孝公于是把大臣们召集在一起，让他们辩论。

商鞅说："有独到见解，作法高明的人，总会受到世俗常人的讥笑和反对。愚笨的人在事情发生后还不知为什么，而聪明的人却能做出正确的预见。一般人不能和他去商量革新和创造，只能让他们坐享其成。做大事业的人，用不着跟一般人商量。只要能使国富民强，就不必按旧制度去办，也没有必要遵守老规矩。"秦孝公觉得商鞅讲得非常有道理。

然而，贵族甘龙却反对说："我听说圣贤之人不用改变民众的习俗来推行教化，明智的人不改变原来的制度来治理国家。依据旧制度治理国家，官吏熟悉，百姓安定。如果不按老规矩办事，随意变动旧法，天下的人就会议论，甚至会引起混乱。"他要秦孝公好好考虑考虑，不能轻举妄动。

商鞅立刻反驳说："一般的人安于现状，书呆子只会墨守成规。让这两种人做官，只能是照章办事，无所作为。三代不同礼，都成了王业；五霸不同法，也都成了霸业。聪明人立法，愚笨的人只能受法的管制；贤明人根据情况变更礼俗，不贤之人只能受礼俗的约束。"商鞅要秦孝公坚定变法的信心。

另一贵族杜挚也反对变法,他说:"没有百倍的好处,不必变法;没有十倍的功效,不用更换旧的东西。遵守旧法没有错,依照旧礼不会出偏差。"希望秦孝公维持现状,不必变法。

商鞅针锋相对批驳道:"过去的帝王并不是走同一条路,该仿效哪个帝王?成汤与周武王,他们并没遵循古代的制度,不是兴旺发达起来了吗?夏桀和商纣王,没有改变旧有的制度,不照样灭亡了吗?如今,想要使国家富强起来,怎能不变法呢?"

商鞅滔滔不绝,说得大臣们个个哑口无言。秦孝公听他讲得头头是道,大加赞赏,并深有省悟地说:"鄙野小巷的人少见多怪,孤陋寡闻的夫子才喜欢无谓的争论。愚人高兴的,正是明智人感到可怜的;狂妄人称快的,正是贤能人所担心的。拘泥于世俗的那一套议论,我不再想听了。"

通过这场舌战,以杜挚、甘龙为代表的守旧阵失败了,也更加坚定了秦孝公变法的决心。

公布新法，立木取信

《史记·商君列传》中记载：令既具，未布，恐民之不信，已乃立三丈之木于国都市南门，募民有能徙置北门者予十金。民怪之，莫敢徙。复曰："能徙者予五十金"。有一人徙之，辄予五十金，以明不欺。卒下令。鞅新令行于民期年，秦民之国都言初令之不便者以千数。于是太子犯法。卫鞅曰："法之不行，自上犯之。"太子，君嗣也，不可施刑，刑其傅公子虔，黥其师公孙贾。明日，秦人皆趋令。

秦孝公下定决心变法，任命商鞅为左庶长，掌握军政大权，开始进行一系列重大改革。

商鞅从小受法家思想的影响，以至于在秦国主持变法时，从实际出发，全照搬李悝的主张。譬如，耕战政策，当时有很多政治家都在各诸侯国实行过，但只有秦国有显著的效果。其中主要原因，就是商鞅从秦国的实际情况出发，制定出奖励军功等一系列具体的行之有效的政策。所以，他的改革十分有成效。据《史记》记载，商鞅在秦国推行改革十年后，"秦民大悦，道不拾遗，山无盗贼，家给人足。民勇于公战，怯于私斗，乡邑大治"。

商鞅制定了一系列的新法，怕百姓不信任他，不按照新法令去做，就先叫人在国都南门外立了一根三丈长的木头，下命令说："谁能把这根木头扛到北门去，就赏十两黄金。"

不一会，南门口围了一大堆人，议论纷纷。有的说："这根木头谁都拿得动，哪儿用得着十两赏金？"有的说："这大概是左庶长成心开玩笑吧。"有的甚至还说："谁知木杆子里藏着什么货色。就凭这根三丈长的木杆，扛着走这么点路，就赏十两黄金？说不定会引来什么麻烦，大家千万不要没事找事！"大伙儿你瞧我，我瞧你，就是没有一个敢上去扛木头。商鞅听说没有人肯扛木杆，就把赏金提到五十两。没有想到赏金越高,看热闹的人越觉得不近情理,仍旧没人敢去扛。

正在大家疑神疑鬼的时候,从人群中跑出一个小伙子,说:"我来试试。"说着,便把木头扛起来就走。大家闪开一条道,嘻嘻哈哈地跟在小伙子身后向北门跑去,把木杆送到北门,大家又陪小伙子回到城南门。小伙子一到,商鞅就对他说:"你听从朝廷命令,是个奉公守法的好公民。"立即命人赏给了他五十两黄金,一分也没少。看热闹的人一见他真得了赏,都后悔自己刚才没扛,错过了机会。

这件事立刻传开了,一下子轰动了秦国。老百姓都说:"左庶长的命令不含糊。"商鞅知道命令已经起了作用,就把他起草的新法令公布了出去。

新法公布之后,受到许多人的拥护,也有说新法不好的,遭到了旧贵族的反对更是预料中的事。这时候太子触犯了法令,破坏了新法,他以为商鞅不能对他怎么样。商鞅对秦孝公说:"法令行不通,主要的阻力来自于那些自恃位高的大贵族,必须对他们进行惩罚,新法才能起到作用。"秦孝公同意了他的做法。

但太子是国君的继承人,不能施刑,于是商鞅就对太子的两个老师进行严厉的处罚。人们看到商鞅执法不徇私情,再也没有人敢不遵守新法了。新法施行后,秦国百姓从新法中得到了好处,都开始喜欢新法。商鞅因变法有功,公元前352年被提升为大良造。

在变法期间,秦国迁都咸阳。咸阳北靠高原,南临渭河,交通便利,物产丰富。特别是通往函谷关,这对秦向东方发展极为方便。迁都咸阳,很明显地反映了秦国要向更大规模发展的雄心壮志。

商鞅的变法,不但沉重地打击了旧贵族的势力,还促进了封建经济的发展,巩固了封建统治。新法施行十年后,秦国道不拾遗,山林之中也没有强盗,乡村城市安定繁荣。秦国当初抱怨说新法不好的百姓,都来夸奖新法好。从此以后,百姓中再也没有人敢议论新法。经过多年的努力,秦国国力日益强盛起来,逐步发展成为一个强国。

一直以来,秦国最大的威胁就是魏国。因为当时的魏国是战国七雄中的头号强国,而秦国力量比较弱,黄河以西大片土地一直都是在魏国的掌控之下。商鞅变法之后,秦国兵强马壮,准备收复失地。公元前340年,齐、赵两国再次向魏进攻,魏国形势危急。商鞅认为这是个难得的好机会,于是率兵攻打魏国。魏国派公子昂为将,领兵抵抗秦军。就秦、魏当时的兵力而言,秦国想迅速取胜,还具有相当大的困难。于是，商鞅给公子印写了一封信，叙谈在魏国的旧情，愿意罢兵和好，并约公子印前来饮酒。当时魏国正处于几面受敌的境地，对于商鞅的邀请公子印深信不疑，于是前去会面。会面之后，正当饮酒时，早已埋伏好的秦兵一拥而上，将公子印抓起来了。秦军趁势将魏军打败，取得了一次巨大的胜利。魏国对外连年作战，国内空虚，只好把黄河以西大部土地割给秦国讲和。这时魏惠王想起公叔痤病重时向他推荐商鞅为相之事，非常后悔说："我真恨自己当初为什么不听公叔痤的话。"

商鞅打败魏军之后，秦孝公封给他十五座城池，称他为"商君"。

商鞅变法的确实现了秦国的富国强兵。史书评价："商君治秦，法令至行，公平无私，罚不讳强大，奖不私亲近。"因此，"变法之后，道不拾遗，民不妄取，兵革强大"。用今天的话说，商鞅变法有利于生产力的提高，有利于人民生活水平的提高，同时也提高了综合国力。不可否认，商鞅变法为秦王朝统一中国奠定了全面的基础。商鞅的变法适应历史的潮流，推动了历史的前进。所以"商君死"而"法未败"，不像以后的王安石诸人，人死而法废。

变法失败，惨遭车裂

《史记·商君列传》记载：后五月而秦孝公卒，太子立。公子虔之徒告商君欲反，发吏捕商君。商君亡至关下，欲舍客舍。客人不知其是商君也，曰："商君之法，舍人无验者坐之。"商君喟然叹曰："嗟乎，为法之敝一至此哉！"去之魏。魏人怨其欺公子卬而破魏师，弗受。商君欲之他国。魏人曰："商君，秦之贼。秦强而贼入魏，弗归，不可。"遂内秦。商君既复入秦，走商邑，与其徒属发邑兵北出击郑。秦发兵攻商君，杀之于郑黾池。秦惠王车裂商君以徇，曰："莫如商鞅反者！"遂灭商君之家。

商鞅在推行新法的过程中，曾遭遇各种各样的困难。但他敢于同旧势力做斗争，为维护封建统治而丝毫不为所动。

商鞅采取暴力手段，镇压奴隶主贵族的反抗，因而遭到旧势力的反对。在商鞅相秦十年后，有个名叫赵良的人，代表贵族集团去见商鞅。开始时，赵良劝说商鞅让位，后来又劝商鞅取消残酷的刑罚，到了最后威胁商鞅，说他不遵守旧制，早晚会失败的。而且还凶狠地对商鞅说："孝公一旦死了，秦国想收拾你的人难道还少吗？你的末日快到了！"商鞅掌握秦国的军政大权，独断专行，因而同地主阶级内部的一些代表人物也发生过利害冲突，积怨甚多。对于这种处境，商鞅本人也非常害怕，因此每次出门，都要有武装卫士的保卫。后来，秦孝公病重，曾打算把君位让给商鞅，商鞅没有接受。公元前338年，秦孝公病死，太子驷即位，这就是秦惠文王。秦惠文王从前违反新法，被商鞅定了罪，一直怀恨在心。他一上台，商鞅肯定是在劫难逃。秦惠文王和那些反对商鞅的旧势力串通一气，捏造罪名，硬说商鞅阴谋造反，并派兵四处捉拿商鞅。商鞅得知这一消息后，不得不逃跑。

他在路上要求住店时，因没有任何凭证，店主不敢收留，并对他说："商君的法令规定：旅店留宿没有证件的人就要判刑。你没有证件，我怎么敢让你住宿啊！"

商鞅不由地叹了一口气说："唉！没想到我订的法令竟害到了自己头上了！"成语"作茧自缚"由此而来。

商鞅无奈之下，又跑到魏国。以前，商鞅曾率领秦军打败过魏国，所以魏国对他早已是恨之入骨，不肯收留他。还有人说："商鞅是秦国的罪犯。秦国这么强大，它是罪犯逃到了魏国，魏国不把他送回秦国，秦国就会攻打我们啊！"于是，魏国人把商鞅送回了秦国境内。而商鞅被送回秦国后，回到自己在秦国的封地商邑，在那里组织了一些人马，准备抵抗秦军，但寡不敌众，被秦军杀死了。商鞅死后，秦惠文王还不肯罢休，又把商鞅的四肢和脑袋用绳子拴在了五匹马身上，当众五马分尸。他还告诫众人说："谁敢反叛国家，就是商鞅这个下场！"接着，他又下令把商鞅满门抄斩。

秦惠文王及公子虔等人杀死商鞅，实际上是地主阶级内部的矛盾，而并非是新旧两种势力的斗争。因此，商鞅死后，秦国的改革并未停止，封建制继续发展，并不断加强。

春秋战国，是我国奴隶制向封建制过渡的社会大变革时期。改革旧的制度，改变旧的不适合生产力发展的一切旧的上层建筑，这是时代的潮流，也是历史发展的必然趋势。在这个动荡的时代里，商鞅作为新兴地主阶级的代表人物，敢于蔑视传统的势力和旧的习俗，积极投身于这场封建制改革运动之中，并使封建制度在秦国取得胜利，其历史功绩是应当予以肯定的。

可以说，如果没有商鞅的变法，秦国根本不足以抵抗六国；如果没有商鞅的变法，当然就没有张仪的捭阖纵横；如果没有商鞅的变法，就更不可能有白起与赵国在长平对峙三年而胜之的壮举。然而，就是这样一个人，最后的下场竟是被诬变法谋反，无奈起兵自卫而后战败身亡，最后尸身还被车裂示众，一代英才就这样含屈而死。

提及世人对商鞅及其变法的评价，自是褒贬不一。有人说，变法后"民以殷盛，国以富强，百姓乐用，诸侯亲服"，也有人批评商鞅"相秦不以百姓为事"、"残伤民以峻刑"，更有甚者替商鞅不值，说他如果不一味坚持变法，或许他还可以过他的小日子，安稳地度过一生，也不至于落个惨遭车裂的下场。

其实，商鞅悲剧的发生也是自己造成的。

第一，性格缺陷：狂傲张扬、不甘平淡的性格。改革固然可以协助君主成就霸业，可以实现自己高官厚禄的期望，但是，狂傲张扬，历来是仕途的阻碍。商鞅舌战群臣何等慷慨激昂，一改"刑不上大夫"何等声势，领兵攻下大片疆土何等显赫！但最终依然只是统治者手中的棋子！如果小卒子过河，就不知道自己姓什么了，那么离死也就不远了，商鞅惨烈如此。三国时期杨修那么聪慧，最终不也逃不了厄运？

第二，商鞅自己倡导的残酷暴刑；推行连坐法而刑及无辜，而致其死"秦人不怜"；变法本身已经让他失去了群众基础。

第三，仅仅依靠权势，没有作必要沟通。即使曾经与甘龙、杜挚等要臣作过沟通，但也都演化为激烈的舌战，火药味十足，想不得罪人都难。

第四，依法家治国，无情寡义，最后众叛亲离。孝公病死，商鞅也就失去了唯一的依靠。

第五，愚民政策和文化专制。愚民政策只是当时时事的一剂强心剂，他短视也好，狭隘也罢，在确实起到作用的同时也注定了他的悲哀，注定了他只能是统治者功成名就之时调整政策的牺牲品。另外，商鞅采用简单粗暴的政治手段来处理意识形态方面的问题，焚烧《诗》、《书》，他认为：君主要想称雄天下，首先必须驯服自己统治下的人民，人民"朴则弱，淫则强；弱则轨，淫则越志；弱则有用，越志则强"。他所说的"淫"就是指人民有知识。人民有了学问，不利于统治阶级对思想的控制。为了弱民，就必须禁《诗》、《书》、废学问，他认为，只有"国去言民则朴，民朴则不淫"，如此才能培养出只服从命令而不问是非的好百姓和好士兵。商鞅提出禁止儒生、大臣、诸大夫游学、游仕，闭塞人们获得知识和信息的途径，让人民愚昧无知。在他的倡导下，秦人只会变成"木头人"。

对于变法，人们是服之从之，非心服口服也，仅畏惧严刑酷法而已。这就好比是河水与河堤之间的关系，河水拘于河堤之形内，不服而畏惧，一旦堤不足以挡水，水则蔓延矣。民犹如水，导以利则可以造福国家，导之不利则蔓滥成灾。所以，当他被判处车裂之刑押到刑场时，围观群众眼神中的冷漠恰成佐证。

第六，令人恐惧的变革推行方式以及利益调整过程中的利益失衡。

不管怎样，商鞅的变法适应了历史潮流，推动了历史的前进，所以"商君死"而"法未败"。就古代中国的进程而言，商鞅的死只是个历史的个人悲剧，但他变法带来的成效却是世人有目共睹的。战国历史造就了商鞅这个雄才，也许他注定为变法而生,也为变法而死,注定在我国历史上写下这一辉煌而凝重、灿烂而壮烈的一页;他本人的性格不容他安逸,他的血管中流动着激情澎湃的血液,他不允许自己退而求生,中国历史亦不允许他这么做。

精于谋国,拙于谋身,深谙治国之道的卫鞅,抓住了战国末期生产关系已不适应生产力发展这一根本矛盾,在没有危及上层建筑的范围内进行了适当的调整,使得生产力在一定程度上得到了释放和发展,使得秦国在短短的几年内就民众兵坚,诸侯畏惧,为秦一统天下打下了坚实的基础。从这一层面上讲,商鞅确实是一个杰出的政治家,卓绝的眼光,犀利的思想,敏锐的洞察力,着实让人佩服。大概是天妒英才,抑或是造物主在创造人类时太吝啬,给了商鞅敏锐的政治嗅觉,深远的洞察力,却没有给他谋身安家的能力。虽然此能力相对于彼能力而言低微了些。

商鞅只知孝公是君,只知法令至尊,却没有看清法令的推行终究靠的是君主呀!在那个一言定乾坤的时代,法怎能大于君呢?更何况,君总有驾鹤西去的那一天,储君总有登基的那一刻。只知待君而不知善待储君,那不是自绝后路吗?或许,商鞅严惩太子之师时,根本没有想到这一层;也或许凭他的睿智,他想到了这一点,只是法令面前,不徇私情,使得他不得不这样做;也或许他以君子之心度小人之腹吧,商鞅以为储君就应该有储君的气度,太子之师就应该有太子之师的胸襟。新装天下者,不拘小节,不谋私利,不及小仇。当时商鞅持何种心态,后人不得而知,只知结果却是商鞅死于谗言死于惠公之手。他的死于法及太子之时不徇私情,种下个人的恩怨有莫大关系。由此可知,精于谋国的商鞅是多么拙于谋身呀!

商鞅最终还是无奈、屈辱地死去了,也许他是欣慰的,因为在他的最后一眼中是逐渐兴盛的秦国,而他留给后人的却是无限地叹息和遗憾。那些毫无建树而阴险毒辣的腐朽旧贵族还苟活于人世,而那极富责任感、不畏权贵的伟大变法者,却是永远地沉淀、消失在秦国的历史里了。

乱世贤臣

◎ 淳于髡

淳于髡,战国时期齐国(今黄县)人。齐国赘婿,齐威王用为客卿。他学无所主,博闻强记,能言善辩。他多次用隐言微语的方式讽谏威王,居安思危,革新朝政。还多次以特使身份,周旋于诸侯之间,不辱国格,不负君命⋯⋯

国家危机，一鸣惊人

《史记·滑稽列传》记载：淳于髡者，齐之赘婿也。长不满七尺，滑稽多辩，数使诸侯，未尝屈辱。齐威王之时喜隐，好为淫乐长夜之饮，沉湎不治，委政卿大夫。百官荒乱，诸侯并侵，国且危亡，在于旦暮，左右莫敢谏。淳于髡说之以隐曰："国中有大鸟，止王之庭，三年不蜚又不鸣，不知此鸟何也？"王曰："此鸟不飞则已，一飞冲天；不鸣则已，一鸣惊人。"于是乃朝诸县令长七十二人，赏一人，诛一人，奋兵而出。诸侯震惊，皆还齐侵地。威行三十六年。

淳于髡是一个其貌不扬的人，再加上个子又非常低，只好入赘做了齐国的倒插门女婿。古代的赘婿，不同于后代倒插门的养老女婿，而是农奴主为自己的女奴所招的男奴配偶，这是一种没有人身自由的贱民。故太史公说："淳于髡者，齐之赘婿也。然而人不可貌相，海水不可斗量。淳于髡的口才很好，是个提意见高手，他常常用一些有趣的隐语，来规劝君主，使君王不但不生气，而且乐于接受。"

齐威王是一个很有才智的君主，但自从即位后，却沉迷于酒色，置国家大事于不顾，每日只知饮酒作乐，把一切正事都交给大臣去办理，自己则不闻不问。因此，当时朝政非常混乱，再加上各国的诸侯也都趁机来侵犯，一时齐国濒临生死存亡的境地。虽然，齐国的一些爱国之人都很担心，但是，却都因为畏惧齐王，所以无人敢出言劝谏。

实际上，齐威王是个聪明之人，他喜好说些隐语，以表现自己的智慧，虽然他不喜欢听别人的劝告，但如果劝告得法，他还是会接受的。当淳于髡得知此消息后，便想了一个办法，准备寻找机会劝告齐威王。

有一天，淳于髡见到了齐威王，就对他说："大王，我有一个谜语想请您猜一猜：齐国有只大鸟，住在大王的宫廷中，已经整整三年了，可是它既不振翅飞翔，也不发生鸣叫,大王您说它是只什么鸟?"

齐威王本就是聪明人,所以他一听淳于髡的这些话就知道淳于髡是在讽刺自己,像那只大鸟一样,身为一国之尊,却毫无作为,只知道享乐。然而,他也不是一个昏庸的君王,于是沉吟了一会儿之后便毅然决定要改过,振作起来,做一番轰轰烈烈的事,因此他对淳于髡说:"别看这只鸟三年不飞,一飞就能冲天;别瞧这只鸟三年不鸣,一鸣就能惊人!"

淳于髡听后,明白了齐威王的意思,便笑着说:"多谢大王英明的指点。如今大臣们正等大鸟一飞冲天,一鸣惊人呢。"

从此,齐威王一反常态,不再沉迷于饮酒作乐,开始整顿齐国。首先他召见全国的官吏,尽忠负责的,就给予奖励;那些腐败无能的,则加以惩罚。结果全国上下,很快就振作起来,处处充满蓬勃的朝气。另外,他还着手整顿军事,扩大武力,奠定国家的威望。各国诸侯听到这个消息后都很震惊,不但不敢再来侵犯,甚至还把原先侵占的土地,都归还给齐国。

后来,人们便把"一鸣惊人"这个成语用来比喻一个人如有不平凡的才能,只要他能好好地运用,一旦发挥出来,往往有惊人的作为。

刚直不阿,敢于直谏

《史记·滑稽列传》记载:威王八年,楚大发兵加齐。齐王使淳于髡之赵请救兵,赍金百斤,车马十驷。淳于髡仰天大笑,冠缨索绝。王曰:"先生少之乎?"髡曰:"何敢!"王曰:"笑岂有说乎?"髡曰:"今者臣从东方来,见道旁有禳田者,操一豚蹄,酒一盂,祝曰:'瓯窭满篝,污邪满车,五谷蕃熟,穰穰满家。'臣见其所持者狭而所欲者奢,故笑之。"于是齐威王乃益赍黄金千溢,白璧十双,车马百驷。髡辞而行,至赵。赵王与之精兵十万,革车千乘。楚闻之,夜引兵而去。

威王大悦,置酒后宫,召髡赐之酒。问曰:"先生能饮几何而醉?"对曰:"臣饮一斗亦醉,一石亦醉。"威王曰:"先生饮一斗而醉,恶能饮一石哉!其说可得闻乎?"髡曰:"赐酒大王之前,执法在旁,御史在后,髡恐惧俯伏而饮,不过一斗径醉矣……日暮酒阑,合尊促坐,男女同席,履舄交错,杯盘狼藉,堂上烛灭,主人留髡而送客,罗襦襟解,微闻芗泽,当此之时,髡心最欢,能饮一石。故曰酒极则乱,乐极则悲;万事尽然,言不可极,极之而衰。"以讽谏焉。

齐威王八年,楚国大举发兵来犯。齐国君臣研究决定请赵国发兵,共同抵抗楚国的侵略。齐威王派淳于髡出使赵国,说服他们出兵增援。齐威王给淳于髡置办了一百两黄金和十辆四匹马的车子,作为觐见赵王的礼物。淳于髡见状仰天大笑,连帽子上的缨子都笑断了。

齐威王问道:"你是嫌礼物太少了吗?"

淳于髡回答说:"不敢。"

齐威王又问:"那你笑什么?"

淳于髡强忍住笑声,回答说:"今天我从东方来时,看见路旁有个种田人在祈祷。他拿着一个猪蹄、一盅酒祈祷说:'高地上打下的粮食装满篝笼,低田里打下的粮食装满大车；五谷繁茂丰熟，粮食堆满粮仓。'我见他拿的祭品很少，而所祈求的东西却太多，所以笑起来了。"

齐威王被他恰当而委婉的比喻说服了。于是重新置办礼物，又增加了一千两黄金，十对白璧，一百辆四匹马拉的车子。淳于髡这才动身上路。

淳于髡到赵国，觐见了赵王。献上了丰厚的礼品，施展了他雄辩的才能，说服赵王发了十万精兵和千辆战车来援助齐国。楚国听到这个消息后，就连夜撤兵回国了。

楚军撤走后，齐威王非常高兴，宴请淳于髡。酒酣耳热，齐威王问淳于髡："先生喝多少酒才醉？"淳于髡对答说："臣喝一斗也醉，喝一石也醉。"齐威王一听糊涂了，便问说："先生喝一斗就醉了，怎么还能喝一石呢？你倒是说说看。"

淳于髡鉴于齐威王爱好整夜地喝酒，耽误了朝政，就借题发挥，阐述了一个"言不可极，极之而衰"的大道理。于是他乘着酒兴，说起了他的酒经。

"如果大王当面赏酒给我喝，执法官站在一旁，御史官站在背后，我战战兢兢，低头伏地而喝，喝下一斗就会醉了。如果父母有贵客来我家，我恭敬地陪酒敬客，应酬举杯，喝不到两斗也会醉了。如果有朋自远方来，相见倾吐衷肠，畅叙友谊，那就要喝上个五六斗才会醉。如果是乡里之间的宴会，有男有女，随便杂坐，三两为伴。猜拳行令，男女握手也不受罚，互相注目也不禁止，自由自在，开怀畅饮。这样，我就是喝到八斗也只会有二三分醉意。如果到了晚上，宴会差不多了，大家撤了桌子促膝而坐，男女都同坐在一个坐席上，靴鞋错杂，杯盘狼藉。等到堂上的蜡烛烧尽了，主人送走客人而单单留下我，解开罗衫衣襟，微微能闻到香汗的气息。这时，我欢乐之极，忘乎所以，要喝到十斗才会醉。"说到这里，淳于髡郑重其事地总结说："所以说，酒喝得太多了就会出乱子，乐极则生悲。世间所有的事情都是这样，盛极则衰。"他以小见大，借喝酒引发出了一个"做什么事情都要掌握一个度，超过了极限就要向坏的方面转化"的大道理。

齐威王听后，感慨地说："讲得好啊！"于是戒掉了通宵达旦饮酒的坏习惯。并且把淳于髡作为诸侯主客来尊重，即使是国王宗室宴会，也时时请淳于髡作陪。

在《战国策·齐策》中，多次记载了淳于髡智谏齐宣王的史实。齐宣王要进攻魏国，淳于髡仅用了一个犬兔相争、农夫得利的简单而生动的寓言故事，说服齐宣王取消了伐魏的计划。《史记·孟子荀卿列传》载：淳于髡见梁惠王，针对梁惠王视而不理的行为,采取欲扬先抑,以"始终一言不发"对之,故意造成悬念,引起对方的注意和不满,令其思索,迫其自责。淳于髡开始的"一言不发"与后来的"三日三夜无倦"的长谈,形成了强烈对比。

谈到淳于髡的性格时,司马迁用了四个字:"承意观色。"这是褒奖,不是贬词。意指善于察言观色、揣摸君主的心理活动,然后采取行动,以达最佳劝谏之效。这里边透露着淳于髡的机警和灵活。我们还应看到,而且理应重视他性格的另一方面:刚直不阿,对君主敢于犯颜直谏。

在《史记》中,太史公多次写淳于髡向齐威王直谏、谲谏、讽谏、巧谏,一方面写他关心国事,另一方面突出了他的聪慧、机智与人格魅力。赞美了像淳于髡这样一些为国为民敢于进谏的人,并为他们立传扬名,这是非常有意义的。与那些害怕得罪君王权贵而不敢进谏的人,为了私利而阿谀逢迎、拍马溜须之徒相比,他的人格是何等的高尚啊!

机智幽默，滑稽善辩

诸多史料记载证明，淳于髡得以名扬千古并不是因为他的学术思想，而是靠他的滑稽善辩。所以，司马迁作传时把他放进了滑稽列传中，而在《孟荀列传》中又把他喻为"炙毂过"，与"谈天衍，雕龙奭"并列。《史记索隐》引崔浩语："滑稽，流酒器也。转注吐酒，终日不已。言出口成章，词不穷竭，若滑稽之吐酒。"《史记集解》引刘向《别录》云："'过'字作'輠'。輠者，车之盛膏器也。炙之虽尽，犹有余流者。言淳于髡智不尽如炙輠也。"一个流酒器，一个盛膏器，都是比喻淳于髡多智善辩的。

淳于髡诙谐幽默，善于开玩笑，在君王面前，即使是在异国之君面前，也能把严肃的话题当笑话说，把大事化小，小事化了，令人佩服其能言善辩、机智应对之才。

《史记·滑稽列传》记载：昔者，齐王使淳于髡献鹄于楚。出邑门，道飞其鹄，徒揭空笼，造诈成辞，往见楚王曰："齐王使臣来献鹄，过于水上，不忍鹄之渴也，出而饮之，去我飞亡。吾欲刺腹绞颈而死，恐人之谓吾王以鸟兽之故而令士自伤杀也。鹄，毛物，多相类者，吾欲买而代之，是不信而欺王也。欲赴佗国奔亡，痛吾两主使不通。故来服过，叩头受罪大王。"楚王曰："善，齐王有信士若此哉！"厚赐之，财倍鹄在也。

后来，齐国为了与楚国修好，齐王又派淳于髡出使楚国。齐王投楚王所好，让淳于髡带去一只鹄鸟作为赠送楚王的礼物，淳于髡深知楚王崇尚信义，决定用计打动楚王。然而，途中失鹄，以空空两手难见楚王，且定然误了使命；空笼回国又有负命之罪，难免要受到处罚。经过认真思考，淳于髡索性带上一套辩辞去见楚王。淳于髡围绕鹄飞和人作了辩辞，且对其原因作了极富韬略的解释。他抓住君

王喜欢忠信之臣的特点,在解释的过程中从四方面尽把自己衬托成难得的忠臣信士:

第一,鹄鸟飞了,那是由于自己"不忍鹄之渴",其言外之意是"我以诚信之心待鹄,鹄有负于我,我无负于鹄",这说明淳于髡的仁;

第二,失鹄负君命而不自杀,并非是怕死,而是"恐人议吾王",言外之意是"忠臣不怕死,只怕因为自己之死给君王造成不良影响",这说明淳于髡的忠勇;

第三,失鹄鸟之礼而不另购,并非难以购到,而是考虑到私买顶替之物,"是不信而欺吾王也",言外之意是"廉士不怕破费,只怕忠信不立",这就说明了淳于髡的信;

第四,前后为难而不逃奔其他国家,并非无处可逃,而是要实现两国君王的通使之任,这说明淳于髡的诚。

通过上述四个方面,淳于髡向楚王暗示了他有几种解脱过失的方法,只是那几种方法有违忠信的要求,他不屑采取而已。他虽丢失鹄鸟空手前来,但他是个彻底的忠信之士。楚王听过淳于髡的解释,被他的这种少有的忠信精神所感动,不仅没有怪罪他,反而重赏了他。

当然,淳于髡有时也会在一些没有多大意义的形式主义上与人展开辩论。比如他与孟子的"男女授受不亲"之辩即属此类。淳于髡说:"男女授受不亲,这是礼制所规定的吗?"孟子答:"当然是礼制规定的。"淳于髡:"假使嫂嫂掉在水里,做小叔的看见了,能不能用手去拉她呢?"孟子说:"嫂嫂掉在水里而不去拉她,那简直变成了没有人心的豺狼了。男女授受不亲,这是正常的礼制。嫂嫂掉在水里用手去拉她,这是一时变通的方法。"

"礼"与"权"本是原则性与灵活性的辩证统一,而淳于髡的发难似乎是一种故意找碴或文字游戏。

有时,淳于髡甚至以伶牙俐齿文过饰非。有一次,齐国要攻打魏国,魏国用"宝璧二双,文马二驷",向淳于髡行贿,请他劝谏齐王的军事行动。他照此办理并且奏了效。事后,有人向齐王检举了他的受贿行为,齐王责问他,他却从容地回答道:"伐魏之事便,魏虽刺髡,于王何益?若诚不便,魏虽封髡,于王何损?且夫王无伐与国之诽,魏无见亡之危,百姓无被兵之患,髡有璧马之宝,于王何伤乎?"他竟以三寸不烂之舌把贪污受贿,私通邻国的罪行说成对齐王、魏王以及两国人民的功劳。

这无疑是一种狡辩,然而这仅仅是淳于髡的白玉微瑕,他的辩才更多的是用于国计民生。

这位为国为民的滑稽大师最终也得以长寿善终。他死后,"诸弟子三千人为衰绖",足以说明他生前是何等受人们的爱戴。他的家乡将"髡林夕照"列为古茌平县八景之一,明显看出是对这位先贤的无比崇敬并以此为豪。旧志载,"髡林即旧日淳于髡的墓林,夕照之下,此处烟雾缭绕,郁郁苍苍,其慨颇盛,故列为胜景"。

勇敢机智

◎ 蔺相如

蔺相如，战国时赵国大臣。赵惠文王时，秦向赵强索"和氏璧"，宦官缪贤推荐手下门客蔺相如出使。他奉命带璧入秦，当廷力争，完璧归赵，出色地完成了出使秦国的使命。从此从众臣中脱颖而出，被封为上卿。他用他那勇敢机智和宽容谦让的性格为历史增添了彩色，使他做人更成功，做事更精通，令后人铭记在心。

完璧归赵,不辱使命

《史记·廉颇蔺相如列传》中写道:"赵惠文王时,得楚和氏璧……宦者令缪贤曰:'臣舍人蔺相如可使。'……秦王坐章台见相如,相如奉璧奏秦王。秦王大喜,传以示美人及左右,左右皆呼万岁。相如视秦王无意偿赵城,乃前曰:'璧有瑕,请指示王。'王授璧,相如因持璧却立,倚柱,怒发上冲冠……相如既归,赵王以为贤大夫使不辱于诸侯,拜相如为上大夫。秦亦不以城予赵,赵亦终不予秦璧。"

赵惠文王时期,偶然得一宝玉。这块宝玉相传为春秋时楚国人卞和在山中发现,原为一块玉璞,先后献给厉王、武王,玉工都说是块石头,国王恼怒,卞和分别被砍去左右脚,楚文王继位,卞和抱着玉璞在山中哭泣。文王知道后,叫人剖开玉璞,果然得到一块稀世美玉,因此取名"和氏璧"。

秦昭王(公元前307年—公元前251年)于赵惠文王十六年(公元前283年)派人给赵王送去一封信,表示愿意用十五座城池交换和氏璧。这明摆着是强国对弱国进行的一场政治讹诈。一块璧玉,无论多么宝贵,也不能与十五座城池相抵质,强秦只不过是借机试探赵之虚实而已。消息传来,赵惠文王一下子拿不定主意,十分为难,于是就把大将军廉颇及其他大臣招来商量对策:如果把和氏璧送给秦国,那十五座秦城恐怕是不可能得到,白白地受骗;如果不给,秦强赵弱,又怕秦国出兵攻打赵国。左右为难,想找一个去秦国的使者,可又没有合适的人选。

这时,宦官头目缪贤走出来说:"我有个家臣,叫蔺相如,此人智勇双全,不如派他到秦国去。"赵王问:"你怎么知道他可以呢?"缪贤就告诉赵王说:"臣以前冒犯了大王,怕大王治罪,私下打算逃亡到燕国去,我的门客相如阻拦我说:'你怎么知道燕王会接纳你呢?'我告诉他:'我曾经跟随大王在边境上与燕王相会。当时燕王曾私下握住我的手表示愿意和我交个朋友。因此,我决定到燕国去投靠燕王。'蔺相如听了说：'赵国强，燕国弱，而你受宠于赵王，所以燕王想要和您结交。现在您是逃出赵国奔到燕国，燕国怕赵国，在这种形势下燕王必定不敢收留您，而且还会把您捆绑起来送回赵国。您不如脱掉上衣，露出肩背，伏在斧刃之下请求治罪，这样也许侥幸被赦免。'臣听从了他的劝告，大王果然开恩赦免了为臣。为臣私下认为这人是个勇士，有智谋，派他出使应该很合适。"于是赵王立即派人把蔺相如招来，问道："现在秦王要用十五座城邑来换和氏璧，可以答应吗？"蔺相如说："秦国强赵国弱，我们不能不答应。"赵王又问："要是秦王得了璧，却不肯把城交给赵国，又该怎么办呢？"蔺相如说："确实如此，但秦国用十五座城来换和氏璧，如果赵国不答应，那就是我们理亏，秦国也正好有借口攻打赵国；要是赵国把璧送到秦国，而秦国不肯把城交给赵国，那么就是秦国理亏。比较一下，我认为最好还是答应秦国，把璧玉送过去，让秦国负不讲道理的责任。"停了一会儿，接着说："我想大王现在可能没有适当的人选吧，我倒愿意出使秦国，假如秦国真的把城邑交给赵国，我就把宝玉留在秦国；如果秦国不交城邑，我一定把宝玉完完整整地带回来。"

赵王于是就派遣蔺相如带好和氏璧，向西出使秦国，并最终"完璧归赵"。其中，蔺相如主要运用了以下四个计谋：

1. 以璧上有个瑕疵为由，取回玉璧，充分显示了蔺相如"随机应变"的机智。

蔺相如将和氏璧交给秦王以后，秦王双手捧璧、赞不绝口，却绝口不提以城换璧之事。见此情景，蔺相如发现，秦王果真是只想要璧，不想换城，如果将这一想法如实说出，或者上前强行抢夺，结果必然是不但宝玉拿不走，甚至还会引起两国争战，因此蔺相如随机应变，以"璧上有瑕疵让我指给您看"为由，轻而易举地把和氏璧"夺"回了自己手里，真可谓是机智之举。

完璧归赵

2. 以撞璧为由，保护玉璧，显示了蔺相如"以攻为守"的才智。

蔺相如从秦王手中拿回和氏璧后，如果不采取进一步的保护措施，那么，在凶狠狡诈的秦王面前,在猛将云集的秦宫中,要想护住重新取回的和氏璧是非常难的。

在这关键时刻,蔺相如急中生智,充分利用秦王对和氏璧的酷爱,作了一个"就和璧一块撞碎在柱子上"的虚假动作,他深知秦昭王正想得到此宝,又玩兴正浓,不管怎样都不会让送到眼前的宝璧碎于堂前,必然会阻止撞璧,并为此而暂时答应他的条件。蔺相如这种"以攻为守"的策略,表面看来是要撞璧,实际上是为了护住价值连城的和氏璧,同时也为完璧归赵做准备。这以"撞"为"护",以"攻"为"守"的策略,蔺相如算是用到家了。

3. 借举行典礼为借口,把和氏璧送回赵国,显示出了蔺相如"见机行事"的智能。

蔺相如早已看透秦王妄想骗取和氏璧的险恶用心,知道秦王毫无诚意以诚换璧,所以,当秦王让人拿出地图,欲把十五座城指给他看的时候,他一点也不为之所动,而是见机行事,想出了一个好计策。以举行盛大典礼为托辞来拖延时间,从而为派人化装送回和氏璧,赢得送回和氏璧的宝贵时间。

这也是至关重要的一步,如果蔺相如不能想出这个举行典礼的借口,赵国人就没有足够的时间送回和氏璧。没有时间,和氏璧仍然有重新落入秦王之手的可能。为了真正达到完璧归赵的目的,蔺相如步步为营,见机行事,其过人才智不得不令人叹服。

4. 以理服人,最终保全自身,实乃"先发制人"的智能之举。

典礼当天,蔺相如面对强大的秦王,毫不畏惧,胸有成竹,大大方方地主动出击:"今日之势,秦国强赵国弱,大王派使者到赵国要宝璧,赵国立即就把宝璧送来。如今凭您秦国的强大,先把十五座城邑割让给赵国,赵国怎么会留下宝璧而得罪大王呢?我知道欺骗大王之罪应被诛杀,我已不存生还赵国之望,现在就请大王把我放在油锅里烹死吧,这样也能使诸侯知道秦国为了一块宝璧的缘故而诛杀赵国的使者,大王的威名也能传播四方了。"由于蔺相如对国家利益、无价之宝等方方面面都考虑得周密谨慎,所以,他在秦王面前有理有据、句句包含真诚的慷慨陈词,令秦国众人心服口服,更说得秦王理屈词穷,无言以对,只好完成大礼,客客气气地送蔺相如回国。

渑池之会,捍卫国威

"完璧归赵"后,秦国多次攻打赵国,结果都是以秦胜赵败结束。在这种形势下,秦王提出要在两国边境地区会面,很显然秦王不怀好意。因而赵王不敢应邀前往。蔺相如出于对赵国威信的考虑,指出"王不行,示赵弱且怯也",终于赵王赴会。

《史记·廉颇蔺相如列传》记载:秦王使使者告赵王,欲与王为好会于西河外渑池。赵王畏秦,欲毋行。秦王饮酒酣,曰:"寡人窃闻赵王好音,请奏瑟。"赵王鼓瑟。秦御史前书曰"某年月日,秦王与赵王会饮,令赵王鼓瑟"。蔺相如前曰:"赵王窃闻秦王善为秦声,请奏盆缻秦王,以相娱乐。"秦王怒,不许。……相如曰:"五步之内,相如请得以颈血溅大王矣!"……相如顾召赵御史书曰"某年月日,秦王为赵王击缻"。秦之群臣曰:"请以赵十五城为秦王寿"。蔺相如亦曰:"请以秦之咸阳为赵王寿。"秦王竟酒,终不能加胜于赵。赵亦盛设兵以待秦,秦不敢动。

蔺相如完璧归赵后,秦国给赵国出了新的难题,提出邀赵王在秦国河内与秦王会盟修好。

蔺相如心里很清楚,这次的秦赵盟约只是秦国分化山东六国的一次邦交谋划而已,更确切地说,是秦国在山东六国孤立赵国的谋划。秦国是要借这次会盟,将赵国变成与秦国同等的超强战国,使其余战国将赵国也看成与秦国同样雄心勃勃要统一天下的强敌,进而不敢靠拢赵国,如此秦国就能全力削弱赵国的实力了。唯其如此,这种盟约便既不会有重大的实际约定,最终也不能信以为真。对于这次会盟,赵国是非去不可。说到底,赵国需要时间,而时间的核心,便是没有秦国这般强敌所能引发的举国大战。当然,蔺相如也明白,与秦国会盟可能会让他在山东战国中变成孤家寡人,然而赵国依然得跨出这一步,特别在秦国主动示好的情势下更不能拒绝。其重要原因就在于:秦国实力强,如果因激怒它而发动一大战,赵国就可能有倾覆之危,山东五国之弱,即便一时孤立,赵国也完全挺得过去。这便是邦交,唯以利害为根本,两害相权取其轻。

既然不能退让,那就只有接招了。在与秦国特使王稽会晤磋商时,蔺相如提出秦赵会盟当在第三国居中地,否则有失公允。王稽倒是毫不为难,马上就同意蔺相如的意见了,把韩国的河外渑池定为会见地。

当时,廉颇带领大军把赵王送到边境,临别时对赵王说:"大王出兵之后,估计来回路程及会见的礼节完毕,前后不会超过三十天。若是过了这个日期大王还未归来,请允许我们立太子为王,以断绝秦国扣留大王要挟赵国的念头。"赵王答应了。廉颇还在边境上布置了大量的军队,防备秦国的进攻。

赵王到了渑池与秦王相会。席上,饮酒正酣之里,秦王对赵王说道:"我听说您喜欢弹瑟,请弹一曲给我听听。"赵惠文王不好推辞,只好勉强弹一个曲儿。

赵王一曲弹毕,秦昭王就说:"古董老乐,无甚稀奇,但赵王为本王奏乐,倒是值得记下。"便问王稽:"记下了吗?"随行史官捧一卷竹简高声念诵:"秦王二十八年八月十五,王与赵王会饮,令赵王彭瑟。"

赵惠文王听后气得直发抖,嘴里却说不出话来。蔺相如见状很不高兴,上前对秦王说:"赵王听说秦王擅长秦国的音乐,现在我奉献盆缶,请秦王敲敲以相娱乐。"秦王听了勃然大怒,不肯答应。蔺相如捧着盆缶上前,跪着献给秦王。秦王还是不肯敲。蔺相如说:"现在我离大王只有五步,如果大王不答应,我拼着一死,也要溅你一身血。"意思是要和秦王拼命。

秦王的侍卫们要杀蔺相如,蔺相如瞪起眼睛,大声呵斥他们,吓得那些人直向后退。秦王心里很不高兴,只得勉强在缶上敲了几下。蔺相如回头叫赵国的史官,也把这件事情记下来:"某年某月某日,在渑池会上,秦王为赵王击缻。"

秦国的群臣认为秦王没有占便宜,就说:"请赵王送十五座城给秦王作为献礼。"蔺相如也不示弱回道:"请秦王把国都咸阳(今陕西咸阳县东)送给赵王作为献礼。"

秦昭襄王眼看这个局面十分紧张。他事先已探知赵国派大军驻扎在临近地方,真的动起武来,恐怕也得不到便宜,就喝住秦国大臣,说:"今天是两国君王欢会的日子,诸位不必多说。"

这一个回合,又是在蔺相如的拼命精神下,与秦国打了个平手。

负荆请罪，团结一致

《史记·廉颇蔺相如列传》记载：既罢归国，以相如功大，拜为上卿，位在廉颇之右。廉颇曰："我为赵将，有攻城野战之大功……我见相如，必辱之。"相如闻，不肯与会……相如曰："夫以秦王之威，而相如廷叱之，辱其群臣，相如虽驽，独畏廉将军哉？顾吾念之，强秦之所以不敢加兵于赵者，徒以吾两人在也。今两虎共斗，其势不俱生。吾所以为此者，以先国家之急而后私雠也。"廉颇闻之，肉袒负荆，因宾客至蔺相如门谢罪……卒相与驩，为刎颈之交。

在渑池会上，蔺相如立了大功，被赵王封为上卿，职位比廉颇高。廉颇知道蔺相如位居其上后，言辞无礼，不满情绪溢于言表。他想：自己英勇善战，战绩赫赫，战无不胜，攻无不克，这都是大家知道的呀！为什么我不能升官？蔺相如有什么了不起？倒爬到我头上来了。廉颇越想越不服气，怒气冲冲地说："我碰到了蔺相如，一定要给他点颜色看看。"

蔺相如听到这些话，不愿和廉颇争位次先后，便处处留意，避让廉颇，上朝时假称有病，以便回避。蔺相如还吩咐他手下的人，叫他们以后碰着廉颇手下的人，千万要让着点儿，不要和他们争吵。

有一次，蔺相如乘车外出，远远望见廉颇的车子迎面而来，急忙叫手下人把车赶到小巷里避开。

廉颇手下的人，看见上卿见到自己的主人像老鼠见了猫似的，更加得意忘形，见了蔺相如手下的人，就嘲笑他们。相如手下的人便以为相如害怕廉颇，非常气愤，就跟蔺相如说："我们远离家乡，投奔到您的门下，是因为敬仰您为人富于正义，勇敢不屈。如今您和廉颇的职位相同，廉颇公开说出那些令人难堪的话，您却怕得躲闪回避，实在太胆怯了。这样的事平常人也感到羞愧，何况是身为将相的人！我

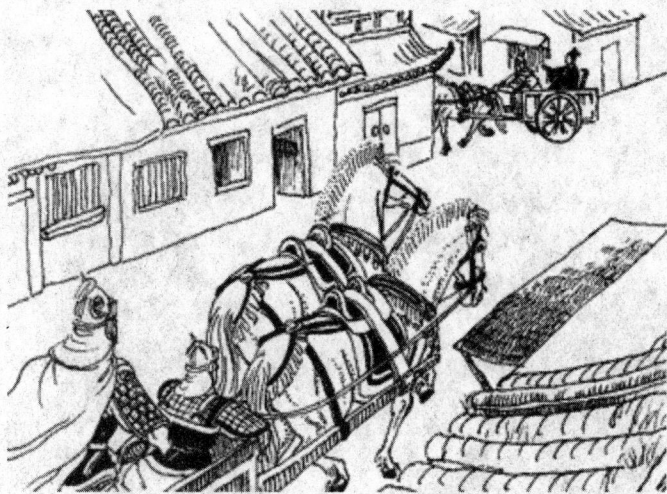

蔺相如避廉颇

们的气量小，只好跟您告辞了。"

蔺相如挽留他们，说："各位看廉将军跟秦王哪一个厉害？"大家都说秦王厉害。蔺相如说："大家想想，秦王的威势这样强大，我蔺相如却在朝廷上当众呵斥他，使秦国的满朝文武都蒙受耻辱。秦王我都不怕，廉将军又有什么可怕的呢？所以我想，强暴的秦国之所以不敢出兵侵犯赵国，就因为有我和廉将军在的缘故。如果我和廉将军两人不能和睦相处，互相攻击，像老虎一样相斗，结果必定有一虎受伤，秦国便会趁机侵略赵国。我对廉将军的忍辱退让，是出于先国家之急而后私仇啊。"

众人听了蔺相如的话后，都为之感叹。后来，这些话传到了廉颇的耳朵里，廉颇静下心来默默地想：为了给自己争一口气，不顾国家的利益，真不应该。蔺相如虽没持刀作战，但他的唇枪舌剑，同样为赵国挽回了尊严。更何况蔺相如在"完璧归赵"和"渑池之会"中，都是以性命逼秦王，置个人生死于不顾。

他想通了，于是解衣露背，负着荆条，到蔺相如家请罪。他见到蔺相如后，"扑通"一声跪倒在地，诚恳地说道："蔺兄啊，之前我为了自己，竟不顾国家的利益，我真自私！请您原谅我以前的过错吧！"蔺相如连忙到廉颇面前，用手扶起他："廉兄，快起来！"蔺相如见廉颇态度真诚，便亲自解下他背上的荆杖，请他坐下，两人坦诚畅叙。从此誓同生死，成为至交。这两个人一文一武，共同努力，同心协力的

负荆请罪

保卫着赵国,使强秦不敢犯境。这就是两千年来一直为人们交口称颂的"将相和"的故事。

一心为国,病榻劝王

《史记·廉颇蔺相如列传》记载:后四年,赵惠文王卒,子孝成王立。七年,秦与赵兵相距长平,时赵奢已死,而蔺相如病笃,赵使廉颇将攻秦,秦数败赵军,赵军固壁不战。秦数挑战,廉颇不肯。赵王信秦之间。秦之间言曰:"秦之所恶,独畏马服君赵奢之子赵括为将耳。"赵王因以括为将,代廉颇。蔺相如曰:"王以名使括,若胶柱而鼓瑟耳。括徒能读其父书传,不知合变也。"赵王不听,遂将之。

因为蔺相如完璧归赵,抢走了秦王的既得利益;渑池之会,又驳了秦王的面子。秦王当然不满,于是就决定攻打赵国。

公元前262年,秦军大举进攻赵国,两军在长平对垒,战云密布。当时赵奢已死,蔺相如重病,赵国只好派老将廉颇坐镇。初战,赵军稍有失利。但是廉颇毕竟在沙场上拼搏多年,经验老到,他根据敌强己弱、初战失得的形势,决定采取坚守营垒以待秦兵进攻的战略。

本来胜利在望,然而赵王中秦军的离间计,准备撤回廉颇,任用赵括。这时已病笃的蔺相如闻讯匆忙赶至王宫,劝赵王说:"大王不能仅凭名声来重用赵括,他只知读其父的兵书战策,不知战争的变化变通。"但昏庸的赵王听不进蔺相如规劝,执意撤回廉颇,任命赵括为大将。

忧国忧民的蔺相如不顾病情,自告奋勇愿协助赵括抵抗秦军。于是在前不见头后不见尾的四十万赵军中多了一辆马车,车上躺着气息奄奄的蔺相如。当行军到北平一带时,长途颠簸已使蔺相如气若游丝,自知不久于世的蔺相如叫来赵括千叮咛万嘱咐:"秦将王龁才能平平,却连续击败我国名将廉颇,足见秦军之强大。故与秦军交战,宜在坚守,避其锐气,切不可贸然出击战。"并安排后事:"我本此地人,死后就将我葬在故土吧!"说罢撒手西去。

赵括到了前线，立马摆出一副整军经武的架势，改变战略，撤换将官，一时弄得军心惶惶、人心涣散，四十万兵将全军覆没。最后，赵国得到魏国信陵君率军相救，才没有亡国。

有人说，赵括之所以只会纸上谈兵，还是由于蔺相如不给赵括机会。蔺相如作为一个朝廷重臣，掌握着选拔人才的重任。对于笔试、面试成绩都非常优秀的赵括，正碰上赵国天天打仗这么一个美好的时代，然而蔺相如却从来不给他领兵出征的实践机会。他当然只会纸上谈兵了。而到了生死攸关时刻才让赵括出场，又怎能不败。

其实，这也不过是一些人的片面理解。如果赵括当时能够听从蔺相如的遗言，最后也不会败得那么惨。

对于蔺相如之死，历史上没有完整的文字记载。民间有两种传说：一说"渑池会"之后，秦欲出兵攻赵，赵王便以太子郚作为秦国人质，以求和平。赵王怜惜太子怜，派相如赴秦地服侍。不料太子在秦得急症而亡，相如因此获罪，被处极刑。另一说则是上面所叙述的。《史记》可信度高，看来病死的可能性比较大。

蔺相如心中"只知有国，不知有己"，是出自一颗赤诚的爱国心，一片激昂的爱国情。于是留下了这样一句千古名言，"以先国家之急而后私仇也"，至今仍响彻大江南北，震撼着炎黄子孙的心。

在《史记·廉颇蔺相如列传》中，描写的人物有很多，除了廉、蔺两人之外，还有赵奢、李牧等名将，太史公在文章末尾加入评论，凡六十七字，字字千金，全部是表彰蔺相如的："知死必勇，非死者难也，处死者难。方蔺相如引璧睨柱，及叱秦王左右，势不过诛，然士或怯懦而不敢发。相如一奋其气，威信敌国；退而让颇，名重泰山。其处智勇，可谓兼之矣！"可见蔺相如的历史地位之高。

游说专家

◎ 苏 秦

苏秦(？—公元前 284 年)字季子，东洛阳(今河南省洛阳市)乘轩里人，是战策士，纵横家。出身寒门，却少有大志。传他随鬼谷子学游说术，"东事师于齐，习之于鬼谷先生"。(《史记》)学成之苏秦曾先后游说周、秦、赵等国。

苏秦推动合纵，初为功名富贵，实际挥了巧妙的外交才能，其捭阖阴阳，以为进之术，深得鬼谷先生真传，亦近道之说；其说诸王主要说辞并不离利害二因势利导，配以机智，打动诸王，其法与兵家相合，因此称苏秦为战国时代成的谋略家与纵横学说之集大成者。

连横说秦,初露锋芒

《史记·苏秦列传》记载:乃西至秦,秦孝公卒,说惠王曰:"秦四塞之国……"秦王曰:"毛羽未成,不可以高蜚;文理未明,不可以并兼。"方诛商鞅,疾辩士,弗用。

乃东之赵。赵肃侯令其弟成为相,号奉阳君。奉阳君弗说之。

去游燕,岁余而后得见。说燕文侯曰:"燕东有朝鲜、辽东,北有林胡、楼烦,西有云中、九原,南有呼沱、易水,地方二千余里……是故原大王与赵从亲,天下为一,则燕国必无患矣。"

一、怀才不遇

苏秦想要在东周和秦国施展抱负,结果却都没被录用。当时,苏秦的家里,老母在堂;一个哥哥两个弟弟,大哥老早就去世了,还有一寡嫂在,本来一家人团聚,自然欢喜。可是过了几天,苏秦想要出游列国,母亲、嫂嫂、妻子却都竭力地反对,劝他说:"你看咱们当地人,种庄稼的种庄稼、不种庄稼的做生意,人家都想着养家糊口,你怎么会想到要出去靠耍嘴皮子而换来容华富贵呢? 那不是要把实实在在的工作扔掉,去追求没影的事业吗? 如果不行,那不是白白浪费精神吗? 你到时难道就不会后悔吗?"两个弟弟也劝说:"哥如果真的擅长游说之术,怎么不去游说周王呢? 如果在本乡就能出名,又何必去那么远的地方呢?"

苏秦看全家都不支持他,只好求见近在洛阳的周显王,向显王奏以强国之术。显王虽留他住下,可显王左右的臣属都知道苏秦出身农贾之家,怀疑他是在纸上谈兵,没什么真本事,都不肯保举他。

苏秦在显王府上住了一年多,明白进取无望,于是回家把家产都变卖了,得钱后做了几件貂皮制的衣服。他穿上华贵的衣服,带了一百斤黄金,来到了秦国,上书给秦惠王说："大王您的国家，西边有巴、蜀、汉中的丰富物产，北边有来自胡人地区的兽皮和代地产的马匹，南边则有巫山、黔中作为屏障，东边又有崤山、函谷关等坚固要塞。秦国真是田地肥沃，人民富足；有万辆战车，有百万雄师；沃野千里，储藏丰富；地势险要，能攻易守。这正是天府之国，也是可以称雄天下的国家。以大王您的贤能，秦国众多的人口，战车及骑兵等武器的巨大作用，兵法及谋略的应用之妙，足可以吞并诸侯，据有天下，自称皇帝，统治四海。希望大王您能听听我的意见。"

苏秦讲了这么一通大道理，秦惠王的回答却是客气而又冷淡，其主要原因大概是由于他刚刚杀了商鞅，不太喜欢外国人，又加上时机还不太成熟，或是苏秦只讲一些大而无用的道理，却无具体方案。秦惠王回信说："我倒听说诅楚文过，毛羽不丰满的鸟儿，就不能飞得很远；法令不完备的国家，不能够随便惩罚别人；道德修养不够深厚的君主，也不能教导役使别人；政治法令没有理顺的君主，也不能随便去号令大臣。现在先生您不远千里来到秦廷上教导我，我十分感激，不过还是等秦国具备了条件再听您的意见吧！"就这样，苏秦被秦王赶了出来。

苏秦接连上了十多次书，在秦国住了一年多，秦王始终没被说动，看着带的盘缠已花完了，身上的貂皮裘衣也穿破了，没办法的他只好把车马和仆人都卖掉，挑着个破担子又回到家乡。"败家子"回家，母亲骂他；妻子正织布，看到他回来，气得连织布机都不肯下，懒得理他；他饥饿难忍，只好求嫂嫂给自己做点饭吃，嫂嫂不热不冷地说家里没柴烧，也不肯给他做饭。可见苏秦这一次的失败让本来就不支持他的亲人对他的成见是多么的大。苏秦看到这种情况，长叹道："妻子不把我当丈夫，嫂嫂不把我当小叔，父母不把我当儿子，这都是我的不好啊！"虽然家人这样对他，但是他仍然不放弃到各国游说的理想。

要想成功，就要不言放弃，苏秦就是如此。苏秦家人那样对待他，但他并没有心灰意冷，反而觉得自己之所以没有说动秦王，一定是因为自己的能力不够，自己的想法还有不足之处，觉得自己还需要学习。所以他把自己关在家里，更加勤奋地学习。在一年多的时间里，苏秦在家里苦苦想了好久，仔细研究天下大势和君王们的心理，想疲倦想睡觉的时候就用铁锥狠狠地扎自己的大腿，扎得血肉模糊的；有时候太累了，就扑在案头上打瞌睡。为了不让自己打瞌睡，他就拿根绳子一头吊在房梁上，一头吊住自己的头发，如果他脑袋一往案头上扑，那根绳子就把他揪住。

这么脑袋一顿，头发一揪，就把他揪醒了。他刻苦攻读有关兵法、医学、经济和法令等方面的书籍，对当时各国的具体形势作了充分的研究。当时，列国之中，齐、楚、燕、韩、赵、魏、秦最为强盛，而七国之中又首推秦国最强。于是，苏秦经过反复思考，初步形成了一个促成六国结盟以共同对抗秦国的战略思想，即"合纵"。出于对自己新战略思想的自信，苏秦再次离开家乡，到各国游说。谁知他这一去，中国历史上便多了一位一流的"纵横家"，从而改变了历史。

二、初露锋芒

公元前333年，苏秦再次出发，进行游说。这次他改变了策略，先去了七国中最小的燕国。苏秦进言道："燕国东有朝鲜和辽东，北有林胡和楼烦，西有云中和九原，南有滹沱河和易水，国土纵横两千多里，战士有好几十万，战车六百辆，战马六千多匹，储存的粮食也足够几年之用。南面可从碣石山、雁门山输入丰富的物资，北边可以种植枣栗获得很大利益。即使人民不种地，光是枣栗的收入也就够富了。这真是天然的宝库啊！"

接着，苏秦又向燕王陈述了燕国与其他国家结盟的必要性：燕国之所以能够安乐无事，不受到强秦的侵犯，是因为南面有赵国作屏障。秦要攻燕，必须经过赵而跋涉千里，赵要攻燕，不需百里即抵燕都。赵之所以不攻打燕国，全因为强秦在后面牵制，而燕却正好可以利用这个机会与赵国结盟，共同抵抗强秦，防患于未然。所谓"夫不忧百里之患而重千里之外，计无过于此者"。

说到这一点谁都清楚，并没什么可大惊小怪的。让我们跟燕文侯一起听他往下说："倘若秦攻燕，就要逾云中、九原，过代郡、上谷，战线数千里，即便攻占燕都，秦国也会担心难以固守。而倘若是赵攻燕，号令一出，不出十天便会集结数十万军队进驻东垣，进而渡滹沱、涉易水，不出五天便可直抵燕都。因此，秦攻燕是千里之外作战，而赵攻燕是百里之内作战。倘若大王不忧百里之患而重千里之外，依我看没有比这更失策的了。"

苏秦指出联赵抗秦方为上策，这一说正中燕文侯下怀。燕国只要跟赵结盟，天塌下来也是赵国先顶着，他又何乐而不为呢？只是燕国太弱了，要攀上像齐国这样的强国谈何容易！如今这苏秦自告奋勇说要去赵国游说，他当然乐得做个顺水人情。燕文侯当即赐给苏秦车马、金银、布帛，资助他去赵国。

苏秦来到赵国后，便直接以燕国使者的身份晋见赵肃侯。他洋洋洒洒地分析了一大通国际局势，紧接着又使出了他的杀手锏："天下还没有哪个国家像赵国这样被秦国视为心腹之患，可它为什么没有全面进攻赵国呢？"听到这样的话，哪个国君会不竖起耳朵听他说下去呢？

苏秦接着又说："秦国正是担心韩和魏从后面暗算。因此，韩和魏就是赵国南面的屏障。而秦国的战略意图就是逐步吞食韩和魏，一旦它们屈服称臣，秦国就没有了韩和魏的窥伺，到时候赵国的灾难就降临了。这也正是我为您担心的。"

话说到这里，赵肃侯肯定已经在频频点头了——这些何尝不是他所担心的呢？因此，苏秦的结论便是顺理成章的：韩、魏、齐、楚、燕、赵六国合纵结盟。任何一国受到秦国攻击，其他五国必须全力相救，哪一国坐视不理或背弃盟约，五国便一起讨伐他。

至此，苏秦可谓是"不鸣则已，一鸣惊人"。单凭自己那三寸不烂之舌，竟促成了前所未有的六国同盟，他的身价也随之提升百倍。

刘勰在《文心雕龙》里评价纵横家时说："一人之辩，重于九鼎之室；三寸之舌，强于百万之师。"这句话用在鼎盛时期的苏秦身上，一点也不为过。

苏秦的高明之处不仅仅在于他口若悬河的辩才，也不在于他对国际战略形势的谙熟，关键是他能够准确地捕捉到诸侯内心深处的恐惧和他们真正的需要，所以联盟成功了。

合纵"始末",平息"内乱"

《史记·苏秦列传》记载:初,苏秦之燕,贷人百钱为资,乃得富贵,以百金偿之。遍报诸所尝见德者。其从者有一人独未得报,乃前自言。苏秦曰:"我非忘子。子之与我至燕,再三欲去我易水之上,方是时,我困,故望子深。"

苏秦既约六国联盟,归赵,赵肃侯封为武安君,乃投从约书于秦。秦兵不敢窥函谷关十五年。

苏秦凭着自己的三寸不烂之舌,促成了前所未有的六国同盟。六国国君于赵国洹水(今河南境内)之上,歃血为盟,合纵抗秦。封苏秦为"从约长",佩六国相印。并派人将六国盟约之事向秦国通报。

秦国得知六国合纵抗秦之后非常吃惊。之后,秦惠文王采纳了大臣们的建议,用软硬兼施的方法引起六国之间相互猜疑,以拆散合纵。首先派人去最近的魏国,归还了从魏国夺来的几座城池,然后又派人去最远的燕国,将女儿嫁给了燕国太子。于是,魏、燕两国同秦国和好起来。赵侯得知之后,责问苏秦为何会出现这种情况。苏秦十分惶恐,立刻出发,去平息这场同盟中的"内乱"。

苏秦又来到燕国。由于燕王让位给大臣子之,引起太子平和将军市被的叛乱。六国合纵,本来就是从各自的利益出发,所以根基不深。秦国派犀首出使齐国、魏国,一起征伐赵国,以此来破坏六国合纵,苏秦离开赵国,合纵瓦解了。齐国趁燕国办丧事之机攻燕,连克城池十余座。燕王便以齐国归还城池为条件,命苏秦以"从约长"的身份出使齐国。如若齐国归还城池,燕国便同秦国断绝来往。

苏秦去齐,晋见齐威王,先行祝贺之礼,接着又行哀悼之礼。齐威王不解,问其原因。苏秦道,人饿得再厉害也不会去吃有毒的乌头籽,吃得越多,死得也就越快。燕和秦是联姻之国,齐国占领燕国的城池就等于与强秦结下了仇怨。难道这不像饥饿之人去吃乌头籽一样吗？齐国实在是大难即将临头。齐威王听了之后大惊，忙向苏秦请教解危之法。于是苏秦就建议齐威王归还从燕国夺来的城池，这样燕王喜欢，秦王也一定会高兴。齐威王觉得苏秦说得很有道理，也非常高兴，很快就归还燕国旧地。苏秦回到燕国。受到燕昭王的重用。

在苏秦眼里，把黑的说成白的，把对的说成错的，把牛说成马，把东施说成西施，这些都是轻而易举就能做到的。他能把六个国王，外加六个智囊团，说得跟着他滴溜溜地转，对于个人的逻辑思维能力、历史掌故知识、临场反应速度、说话气势和措辞方法、事前情报工作等，都有超级严格的要求。放到今天，这本是一个团队的任务，是一项成千上万人协作也不一定能完成的工作，而这个不可能完成的任务，苏秦仅靠自己一张嘴就办到了，可想而知，这需要一颗多么聪明的脑袋啊。就这样一个人，握住了六个国家的大印，挥臂一呼，六国皆应，搞得强秦那么多年不敢用兵。虽然那时并不是一个宣扬个人英雄主义的社会，但我们不得不承认那的的确确是苏秦一个人的功劳！

投奔齐国,惨遭车裂

《史记·苏秦列传》记载:易王母,文侯夫人也,与苏秦私通。燕王知之,而事之加厚。苏秦恐诛,乃说燕王曰:"臣居燕不能使燕重,而在齐则燕必重。"燕王曰:"唯先生之所为。"于是苏秦详为得罪于燕而亡走齐,齐宣王以为客卿。

破敝齐宣王卒,愍王即位……于是如其言,而杀苏秦者果自出,齐王因而诛之。燕闻之曰:"甚矣,齐之为苏生报仇也!"

燕国既是苏秦的发迹地,也算是他的温柔乡。燕易王的母亲,就是燕文侯的夫人,与苏秦私通。后来此事被燕王得知道了。但奇怪的是,燕王不但没有杀他,反而对他礼遇有加。燕王这样的对待苏秦,使苏秦感到深深的恐惧和不安。

苏秦为什么对燕特别优待呢?

我们知道,苏秦先仕于燕,他是从燕国出道,虽然掌六国相印,毕竟六国各怀鬼胎,全依靠他们是不行的。苏秦的主要活动是,离间齐、赵关系,以减轻齐对燕的压力。又和赵李兑共同联合五国以攻秦,后来他又离燕至齐,受到闵王的重用,但苏秦仍忠于燕,为燕效劳。他所采取的策略是劝齐攻宋,以转移齐对燕的注意力。于是燕昭王派乐毅突然出兵以攻齐,齐因措手不及而败于燕。苏秦与燕谋齐的活动至此而败露,齐处以车裂之刑,这在战国晚期是轰动一时的事件,在许多当时人著述中都有反映,如山东银雀山出土的竹简本《孙子兵法·用间》中说道:"燕之兴也,苏秦在齐";《吕氏春秋·知度》也说:"齐用苏秦而天下知其亡。"这些记载表明,当时的战国人都知道苏秦为燕而仕齐,最后使齐亡而兴燕,然而他自己也付出了惨重的代价。

当时,苏秦怕被杀,心生一计,于是就去见燕王,说:"我留在燕国却不能使燕国的国势强盛,如果在齐国,一定能使燕国强盛。"燕王同意了说:"一切听任先生去做吧。"苏秦于是又设计了一个与燕王决裂的假象,随后流亡到了齐国。齐宣王便任用他为客卿。

苏秦在齐国当了客卿,为了削弱齐国国力搞了一连串动作。齐宣王去世后,湣王继位,苏秦就劝说湣王把葬礼办得铺张隆重,用来表明自己的孝道,其后又煽动齐湣王高地建筑宫室,大规模地开辟园林,以表明自己得志。如此,不但得到了齐湣王的宠信,又在无形中削弱了齐国国力、回报了燕国,其实苏秦打算使齐国破败,从而有利于燕国。燕易王去世,燕哙登基做了国君。

然而,居心叵测的苏秦即使能瞒过年轻的君主,也瞒不过那些老谋深算的齐国大夫们。此后,那些齐国大夫中有许多人和苏秦争夺国君的宠信,因为没有苏秦受宠,从而派人刺杀苏秦,苏秦当时没死,带着致命的伤逃跑了。齐王派人捉拿凶手,然而却没有抓到。苏秦快要死了,便对齐王说:"我马上就要死了,请您在人口集中的街市上把我五马分尸示众,就说:'苏秦为了燕国在齐国谋乱',这样做,相信一定会抓到刺杀我的凶手。"说完之后苏秦就死了。齐王按照苏秦的话做了,在最显眼的地方把他五马分尸,又把苏秦说的话当场散布。没多久,那个刺杀苏秦的凶手果然自动出来了,齐王当即就把他杀了。燕王听到这个消息说:"齐国为苏先生报仇,做法也太过分啦。"

其实,造就苏秦的并不只是他个人的辩才、权谋与胆识,还在于整个天下的"时势"。一旦时移势易,曾经显赫一时的苏秦便无可避免地走上风雨飘摇的末路。但是,直到他生命的最后一刻,苏秦仍然保持着纵横家的英雄本色。

他遇刺后负伤而逃,直到他死时,刺客依然没有落网。因此,苏秦临死前的遗言,成了他一生中最后一个成功的谋略。

苏秦临死之时,仍不忘借别人的手替自己报仇,这就是搞谋略之人的厉害之处。也许,这个刺客到死也不明白:自己明明是为国除奸的英雄,为何会死在齐王的铡刀之下吧?

张仪曾说过:"如果苏秦在,他绝对不说什么,因为比不过,苏秦一死,张仪的时代就来临了。"

雄辩六国

◎张 仪

张仪,生年不详,死于公元前309年。魏国贵族的后代,曾经与鬼谷子学过纵横术,是战国时期著名的政治家,外交家和谋略家。战国时,众国林立,诸侯争霸,割据战争连续不断。各诸侯国在外交和军事上,大都采取"合纵连横"的策略。或"合纵","合众弱以攻一强",防止强国的吞并,或"事一强以攻众弱";"连横",以此来兼并土地。张仪正是作为杰出的纵横家出现在战国的政治舞台上,在很大程度上影响了列国兼并战争形势的变化。

楚国受辱，秦王重用

《史记·张仪列传》记载：尝从张仪已学游说诸侯。尝从楚相饮，已而楚相亡璧，门下意张仪，曰："仪贫无行，必此盗相君之璧。"共执张仪，掠笞数百，不服，释之。其妻曰："嘻！子毋读书游说，安得此辱乎？"张仪谓其妻曰："视吾舌尚在不？"其妻笑曰："舌在也。"仪曰："足矣。"

苏秦已说赵王而得相约从亲，然恐秦之攻诸侯……张仪曰："嗟乎，此在吾术中而不悟，吾不及苏君明矣！吾又新用，安能谋赵乎？为吾谢苏君，苏君之时，仪何敢言。且苏君在，仪宁渠能乎！"张仪既相秦，为文檄告楚相曰："始吾从若饮，我不盗而璧，若笞我。若善守汝国，我顾且盗而城！"

张仪游说诸侯之时，有一次，他在楚相令尹那里赴宴饮酒。席散后，令尹发现自己身上佩戴的玉璧不见了，相府的幕客们都认为是张仪做的。他们说："张仪这个人，家里很穷，品德也不怎么好，肯定是他偷相国玉璧的！"于是众人把张仪捉住，打了他几百竹板。张仪是强忍着痛死活都不承认，大家也拿他没有办法，只好把他给放了。回到家里，张仪的老婆叹着气对满身是伤的张仪说："唉！你如果不去读书游说，又怎会遭到这般侮辱呢？"张仪对妻子说："你看看我的舌头还在吗？"妻子禁不住笑着回答："舌头当然还在。"张仪说："只要有舌头在，这就够了。"可见，张仪对自己的舌头是多么看重。如果战国时代有保险公司的话，那么张仪一定会为自己的舌头投下重保。但是，谁也不会想到，就是这件事情，使得楚国在接下来的日子里不得安生。其后，张仪就凭借这张三寸不烂之舌，巧施纵横之术助秦国统一天下。

与此同时，张仪的同窗苏秦也在游说六国，合纵抗秦，大获成功。苏秦佩六国相印，以三寸不烂之舌左右天下政局，正处于春风得意之时。这一年秦国派兵打败魏国，魏国不得已割地求和。苏秦料到，赵国作为合纵抗秦的盟主，势必要被视为眼中钉,列为首要进攻的目标。如果秦国对赵用兵,肯定会惊散刚刚建立的列国合纵,便想派人游说秦惠王,让其暂时不要出兵。赵国尽管有许多文臣武将,名士游客,但苏秦筛来选去,觉得没有一个人适合的。忽然他想起了同窗张仪。他了解张仪的为人,请将不如激将,于是他叫来手下叮咛嘱咐了一番,便打发他去了。

苏秦既不亲自前往,也不堂而皇之地遣使邀请,而是让手下人乔装打扮,暗示张仪说:"当初,先生与苏秦交谊至深,现今苏秦仕途亨通,您为何不前去见他,让他帮您实现愿望呢。"张仪想想也是,毕竟自己和苏秦是同窗好友,他也不可能不管他,于是张仪千辛万苦,满怀希望地来到赵国,呈上名帖,请求会见苏秦。苏秦就告诫手下的人不给张仪通报,直到第五天,看门的才给他通报,那人回来说:"今天相国很忙,他说请您留下,改日去请您。"张仪只好又回到客店,耐心等待。度日如年地又熬过了几天,苏秦才接见了他。尽管先前的冷漠已使张仪料到,此番接见肯定也不会怎么隆重和热情,但实际情况竟比他的预料还要糟糕。张仪整整衣冠,擦着袖子,上了台阶。只见苏秦孤傲地坐在堂上,见张仪进来,动也不动。张仪忍气吞声地向苏秦作了一个揖,却见苏秦慢条斯理地对他说:"多年不见,你好哇?"说着,指着下面的一张桌子,让他坐在堂下,赐给他奴隶吃的饭菜,还屡次责备他说:"凭着你的才能,却让自己穷困潦倒到这样的地步。难道我不能推荐您让你富贵吗?只是你不值得录用罢了。"说完就把张仪打发走了。

张仪本以为两人是同窗好友,自己远道来求他,一定会受益匪浅,不料毫无所得,却空受一番羞辱。聪敏过人的张仪,万万没想到自己会落入他的圈套,一时怒火中烧,生气地说道:"季子(苏秦的字)!我以为我们是同窗,才不远千里地来找你。想不到你根本没把我放在眼里,连同学的情义都没有!你……你……你真是太过分了!"说完,拔腿就走。

张仪决定弃赵而去,投奔他邦。去哪儿呢?张仪细想列国形势,其他诸侯皆不足成事,又考虑到诸侯中没有谁值得侍奉的,只有秦国能侵扰赵国,于是就去秦国了。在他看来,投奔秦国,小则可以打击赵国,借彼一洗私冤;大则可倚此一展宏图,实现自己终生的政治抱负。于是,他毅然就道,西行入秦,投奔秦惠王。

张仪走后,没多长时间,苏秦对他身边亲近的人说:"张仪是天下最有才能的人,我大概也比不上他啊。如今,幸亏我比他先受重用,而能够掌握秦国权力的,也只有张仪才可以了,然而,他又很穷,根本没有进身之阶,我担心他为满足小的利益而不能成就大的功业,所以把他招来羞辱他,用来激发他的意志,你替我暗中侍奉他。"

西行之路,关山重重,千里迢迢,张仪又囊中羞涩,想去秦国,想见秦王,真可谓"山重水复疑无路"。然而,张仪居然时来运转,刚踏上征程就遇见了一位慧眼识英雄的好心人。看得出,这位好心人是个家缠万贯的富豪,可对张仪就像忠实的奴仆对待高贵的主人一样,伴他同行同宿,代为支付一切费用,使他一帆风顺地到了秦国。要见秦王,一定得有人引荐。可是,张仪根本没有这笔可作敲门砖的资财。于是,这位令张仪感恩不尽的好心人再一次慷慨解囊,不惜金银,帮他在朝廷内外频繁活动。终于,这位好心人的金银财宝,为他铺就了走向秦王宫殿的辉煌之路。当时秦惠王正后悔失去了苏秦,见张仪能言善辩,足智多谋,立刻拜为客卿,参与谋划军国大事。

这时,帮助张仪的人要走了,张仪对他说:"你帮助我见到了秦王,我还没有报答你呢。"帮助他的人这时才说出是苏秦故意激怒他,为的是让张仪今后有更好的发展。张仪听后,对苏秦的感激之情就如同滔滔江水,延绵不绝;如同黄河泛滥,一发不可收。并立刻向苏秦表示忠心,说:"只要在苏先生当权之时,我绝对不打赵国的主意。况且如果苏先生当政,我张仪哪有这个能力呢!"

当然,张仪之所以"不打赵国的主意",并不是为了报恩,而是另有打算。尽管苏秦对自己有恩,却并不妨碍他实现自己的目标:最大限度地猎取富贵,实现自己的人生价值。因此,当他知道逼他赴秦是苏秦的巧计安排,从心底里对苏秦感激过,佩服过。但是,那时他的羽翼未丰,要想左右秦王的决策并不那么容易,故而发誓要报答苏秦,但当他一步一步登上秦国的权力顶峰,做了秦的相国时,便派人告诉楚国的相国说:"当初我跟从你共饮,我没有偷你的璧,你打我。你好好守着你的国家,我就要偷走你的城!"从此,他就再也顾不上同窗情义了,也不再按苏秦的指挥办事了。既然秦国重用了他,他就打定主意要在秦国干出一番事业。

他仔细分析过天下形势后了解到:当今天下秦国强,六国弱。假若秦国能善于利用自己的优势,就很有可能统一天下。但苏秦推行的合纵战略如果真的得到巩固,认真实施,那对秦国无疑是一个严重威胁。所以当务之急就是拆散六国联盟,对山东各国采取各个击破的方针,威胁与利诱并举,这就是连横主义。

至此,张仪开始了拆散合纵,推行连横的行动!

饰身相魏，计破合纵

之所以要连横，最主要的目的就是拆散齐楚联盟，就是要孤立对秦国争霸造成影响的国家，并首先选择了魏国。为了更好地完成使命，张仪先决定去魏国当相国。

《史记·张仪列传》记载："苴蜀相攻击，各来告急于秦。秦惠王欲发兵以伐蜀，以为道险狭难至，而韩又来侵秦……臣闻争名者于朝，争利者于市。今三川、周室，天下之朝市也，而王不争焉，顾争于戎翟，去王业远矣。"……哀王于是乃倍从约而因仪请成于秦。张仪归，复相秦。三岁而魏复背秦为从。秦攻魏，取曲沃。明年，魏复事秦。

军事上的胜利并没有使秦惠王忘乎所以，六国诸侯联盟所造成的威胁，使他惶恐不安，梦寐以求地想要拆散六国联盟。

一天，秦惠王向大臣们询问拆散联盟的良策。有一位大臣进谏道："联盟是赵国开头的，大王应先攻打赵国。谁去救赵国，咱们就打谁。六国诸侯无一不惧怕我们秦国，恐怕都会各揣心事不去救援赵国。这样一来，六国联盟自然就拆散了。"

众臣全部赞同。只要秦惠王一点头，就可以马上攻打赵国了。

"我看不能这样做。"张仪急忙站出来反对。他早就料到秦国众臣会提出此议，当然也做好了力排众议的准备。他说："六国刚订立联盟不久，彼此无隙，硬拆焉能拆散？现今，诸侯之地五倍于秦，诸侯之兵十倍于秦，如若我们发兵进攻赵国，韩、楚、魏、齐、燕一起联合起来攻打我们，敌众我寡，后果将不堪设想。"

张仪这句话说到秦惠王的心里，他正担心会出现这种局面，急忙问道："依你的意见呢？"张仪胸有成竹地说："硬拆不如软拆。依我之见，不需大动干戈，只要设法让他们相互猜疑，拆散他们的联盟便指日可待了。而离秦国最近的是魏国，最远的是燕国,不妨先从这一远一近入手。把从魏国拿来的城邑退还他几座,魏国准会感激大王。另外,只要大王把女儿许配给燕国太子,和燕国成了亲戚。这样,秦国就不再是孤立的了,而且六国也会彼此暗存戒心,联盟也会随之瓦解。"接着,张仪提出了一条总的战略方针:进攻与政治怀柔两手策略交替使用,集中力量打击近邻的魏、韩两国。

惠王觉得张仪说得非常有理,便依张仪计策行事。其后不久,秦国便主动将占据的焦、曲沃二地归还于魏,并派公子繇出质于魏,谋求和好。

这一打一拉,弄得魏国且喜且惧。趁此时机,张仪又前往其国,游说魏惠王:"秦国对魏国如此宽厚,魏国可不能失礼呀!"魏王慑于秦国强大的军事力量,又感谢秦国归还土地,来使通好,便迷迷糊糊地钻入瓮中,把上郡、少梁十五县献给了秦,以感谢秦王。

占有全部河西之地后,秦国在战略上占据了极为有利的地位。它的西面和北面不再有强敌;南有秦岭,使它与巴蜀和楚国相隔;东依黄河、函谷关一线天险,可将各诸侯国拒之关外。张仪此举,既帮助了赵国,又拆散了联盟,使秦国名利双收,既多得了别国土地,又落了个睦邻友好的美名。同年,秦惠王仿照东方诸国的制度,设置相国之职,由张仪担任。仅短短的一年多时间,张仪便名声大振,凭借其出色的辩才和足智多谋,成为秦国历史上第一个做相国的人。

公元前325年,张仪亲自为将,率兵攻占魏国的陕地,却把当地民众归还于魏,用的又是且打且拉的策略。

两年后,张仪鉴于魏国竭力拉拢齐国的对抗秦国的行动,建议秦国采用"连横"策略。于是,张仪亲自和齐、楚大臣在桑地相会,交好齐、楚,迫使魏臣服于秦。只是他的这一策略被由秦入魏的公孙衍识破,公孙衍为此发动了韩、魏、赵、燕、中山等五国共同称王的运动,即所谓"五国相王",互相结盟以对抗秦、齐、楚。但由于这五国的统治者各怀异心,四分五裂,根本没有形成一个真正的联盟。就在当年,楚国派兵在襄陵打败魏国,夺取了魏的八个邑。

张仪在秦国做了六年宰相,有一天却突然被免了职。几天后他摇身一变,居然成了魏国的宰相。可见弱国岂止无外交啊,简直无内政嘛!张仪当魏相不做别的事,成天就游说魏襄王西面事秦,做诸侯的表率。可见他当初被"免职"纯粹就是个阴谋。不,是个大阴谋。

张仪对天下大势洞若观火，又对魏国内政了如指掌，再凭借他那巧舌利口，向魏惠王展开了凌厉的攻势。他能够成功说服惠王主要分为四点：

第一，纵论魏国兵微将寡，地无险助，又四面受敌，既不能战，也不能守。

第二，合纵抗秦是画饼充饥，难于成事，"亲兄弟之间都有争夺钱财的人，六国君主却要依靠苏秦欺诈虚伪的谋略，实难成事。这是很明显的"。

第三，阐述背秦之害："大王不交好于秦国，秦王若下令进攻魏国河西之地，占据卷、衍、燕、酸枣等地，劫卫取阳晋，那么，赵国不能南下，魏国就无法北上，魏国不能北上那合纵就会因此而受阻。合纵一旦受阻，那大王的国家就会危在旦夕了。秦国挟持韩国而进攻魏国，韩国惧怕秦国，秦、韩联合为一体，魏国势力很快灭亡。这是我之所以替大王忧虑的原因啊！"

第四，他又大谈联秦之利："基于上述原因，替大王考虑，魏国不如和秦国交好。如果大王与秦交好，那么楚、韩两国一定不敢轻举妄动；没有了楚、韩两国的忧患，大王自可高枕无忧，不必再担心国家安危了。况且，秦国真正要削弱的是楚国，而能够使楚国削弱的也只有魏国。楚国虽然有富强辽阔之名，实际上非常空虚；楚国的士卒虽然众多，但却不堪一击。调动魏国全部兵力进攻楚国，一定会大获全胜。与楚国绝交有利于魏国，削弱楚国而迎合秦国，既可退祸于楚，又能安邦定国，这是大好事啊。大王如果不听从我的忠告，一旦秦兵东伐魏国，到那时候一切就晚了。"

张仪趁势再说魏惠王："六国合纵表面上看像是兄弟，可就算亲兄弟为了争夺家产也要大打出手，何况诸侯间的矛盾呢？今大王如不事秦，秦国出兵河东，先切断赵、魏的联系。而韩国素来畏惧秦国，绝不敢出手相救。如此魏国孤危，亡可立待。"魏惠王无奈，只好背叛纵约，与秦盟和。

张仪滔滔不绝，言语间时而语含珠玑，时而夸大其辞，虚声恫吓，直说得魏惠王真伪难辨，将信将疑，犹豫不决。如此数年，魏国的对外方针一直都是举棋不定。这就为秦国的发展及其分头打击关东诸侯争取了时间。

公元前319年，随着秦国势力的不断扩大，张仪作为秦国间谍的面目暴露无遗。魏国驱逐了张仪，拜公孙衍为相。张仪不辱使命，重新又回到秦国。第二年，公孙衍联合赵、韩、齐、燕、楚合纵抗秦，推举楚怀王为纵约长。这是六国第二次大规模的合纵活动。但是，由于各国利害的不同，因此态度也不一样：楚、燕并不热心此举，不肯出兵与秦作战；齐国更是隔岸观火，坐收渔人之利。只有魏、韩、赵三国由于历史上和地理上的亲密关系,出师同秦国交兵。结果,函谷关一战,秦军大败三国联军。然后,秦国派"智囊"樗里疾率兵攻打魏、韩、赵三国,大败联军于修鱼,俘虏韩将军申差,斩首八万。"五国伐秦"之举虽喧嚷一时,但仍以失败告终。

张仪功成,继续回秦做其宰相。

不可否认,张仪对于先秦历史的发展作出了重大贡献,有人视纵横学派为不能登大雅之堂的末流,而非议张仪为"诈人"。其实,历代封建统治者往往袭用其诈,而饰之以堂堂正正之名。

巧骗楚王，就计连横

在与六国的邦交纵横之中，张仪做得最绝的莫过于"诳楚"一事了。秦惠文王更元十二年（前313年），他想攻伐齐国，但忧虑齐、楚结成联盟，便派张仪入楚游说楚怀王。张仪利诱楚怀王从而达到了目的。

《史记·张仪列传》记载：秦欲伐齐，齐楚从亲，于是张仪往相楚。楚怀王闻张仪来，虚上舍而自馆之。曰："此僻陋之国，子何以教之？"仪说楚王曰："大王诚能听臣，闭关绝约于齐，臣请献商于之地六百里，使秦女得为大王箕帚之妾，秦楚娶妇嫁女，长为兄弟之国。此北弱齐而西益秦也，计无便此者。"楚王大说而许之……楚又复益发兵而袭秦，至蓝田，大战，楚大败，于是楚割两城以与秦平。

一欺楚王，齐楚成仇

秦惠文王更元八年（前317年），张仪再次任秦相国。秦惠文王更元十二年（前313年），秦惠王想攻伐齐国，但忧虑齐、楚结成联盟，便派张仪入楚游说楚怀王。张仪利诱楚怀王说，"楚诚能绝齐，秦愿献商于之地六百里"。楚怀王听信此言，与齐断绝关系，并派人入秦受地，张仪对楚使说："仪与王约六里，不闻六百里。"楚国的使臣返回楚国，把张仪的话告诉了楚怀王，楚怀王一怒之下，兴兵攻打秦国。秦惠文王更元十三年（前314年），秦兵大败楚军于丹阳（今豫西南丹水之北），虏楚将屈丐等七十多人，攻占了楚的汉中，取地六百里，置汉中郡（今陕西汉中东）。这样秦国的巴蜀与汉中连成一片，既排除了楚国对秦国本土的威胁，也使秦国的疆土更加扩大，国力更加强盛。《史记·张仪列传》中说："三晋多权变之士，夫言纵横强秦者大抵皆三晋之人也。"无疑张仪是其中最杰出的一个。

齐楚反目成仇，楚国元气大伤，更助长了秦国征服天下的勃勃雄心。周赧王四年(公元前 311 年),为推行连横策略,张仪建议秦惠王主动割让汉中郡一半的地方给楚国,以求两国重归于好。然而,楚怀王不愿受地,却愿生得张仪以泄往日之恨。这可让秦惠王着实感到有些为难。谁知张仪听到这个消息后,竟自告奋勇,欣然请命。

二欺楚怀王,就计连横

楚怀王一见张仪,怒不可遏,马上把他打入死牢,择日行刑,并要亲自辱而杀之。

一切都在张仪的意料之中。他求人找来早已收买的楚大夫靳尚,付与一条锦囊妙计。靳尚依计先见楚怀王,奏道:"大王拘捕张仪,一旦得罪秦王,失掉盟国欢心,天下必轻大王。愿大王再三思量。"怀王听了之后,开始犹像不决起来。靳尚连忙又去见郑袖,煞有介事地说:"秦王非常喜欢张仪,打算用六县土地和绝色女子把他赎回。楚王看重土地,势必宠幸秦女。到那时,夫人专宠的地位恐怕要保不住了! 为今之计,不如劝说大王,放掉张仪了事。"郑袖觉得涉身利害,急忙去向楚王求情,日夜撒娇,搬弄口舌,说道:"从来人臣各为其主。如果大王杀死张仪,秦国必会攻打楚国。那我们岂不是损失很大?"然而,楚怀王始终无动于衷。郑袖见屡屡劝说不见其效,最后只好以离君而去为要挟,说:"大王如此一意孤行,秦王一定会派大军攻楚。妾请求母子一同迁往江南,免做秦国砧上鱼肉。"说完,痛哭不已。楚王经不过妇人的百般纠缠,细想,要杀张仪也只不过是想解恨而已,如因贪图一时之痛快而导致秦楚大战,确实得不偿失。于是,怀王便下令赦免了张仪,尔后又像上次一样厚待张仪。

张仪乘机进说楚怀王:"倡导合纵者无异于驱群羊攻猛虎,两不相敌十分明显。如今大王不交欢于秦,秦国劫韩挟魏而攻楚,则楚国就一定会有危险。秦从巴、蜀备船输粟,从岷江而下,不到十天便可抵达楚国西境扞关。扞关闻警,则楚国东部只得退保城池,黔中、巫郡即难为大王所有。秦举兵出武关,则楚国北境隔绝。秦攻楚,可在三个月以内告捷;而诸国救楚,最少也要半年以上才能奏效。期待弱国的救援,而忘掉强秦的危害,这是大王最应该担忧的。大王若能听我愚计,我可使秦、楚为兄弟之国,不相互攻打。"楚怀王听了十分高兴,加上被先前的战败吓破了胆,终于接受了张仪的建议,背离了合纵。为了对秦表示友好,还答应不要汉中的土地。

张仪从楚国回来后，又顺道去了韩国，因他熟知各国要害所在，他对韩王说："韩国地小人少，秦国的地大人广，如果双方交战，韩国肯定打不过秦国。因此，只有两国建立友好联盟，韩国才不受秦、楚的夹击。"他见韩王默不作声，继续说道："秦国的目标是削弱楚国，而能够消灭楚国的只有韩国，这并不是说韩国比楚国更强大，而是地理位置比其优越。只要大王西面事秦而攻楚，秦王一定会高兴。这样韩国就可以得土地，而又使楚国的怨恨都集中到秦国身上。"韩襄王觉得张仪说得很有道理，又慑于秦国强大的军事力量，只好听从了张仪的建议。

张仪归报秦惠王，秦惠王见张仪不用一兵一卒就能使楚国放弃了土地而又和自己加盟，同时又拉拢了韩国，非常高兴。为了表彰张仪的功绩，秦王封其五个县的土地，并赐号"武信君"。其后，张仪又东说齐王，西说赵王，北说燕王。张仪凭着他的口舌之才，游说东方诸国，使他们都互相猜疑，彼此钩心斗角，而又都与秦国友好，从而使秦国实现了操纵六国的目的。至此，张仪的连横策略取得了卓越的成效。

张仪是一个善于信口雌黄的说客，他向楚王大开"空头支票"，可真是害苦了楚王。那么，楚王为什么屡屡相信它呢？剖析一个深层原因，我们就会得出结论，因为楚王害怕强大的秦国。张仪这个大骗子，身上却笼罩着强秦的光环，楚王不敢与秦国翻脸，所以对张仪的许诺总是往好的方面想，宁可信其有，这其实是一种姑息的态度。

张仪可以称得上是策神，而他所用之策略，也可以说是口舌之间的兵法。

当然，中国历史一直是"合久必分，分久必合"，或者说"合纵"与"连衡"的优与劣，不是策士就能决定得了的。但不可否认，其游说的策功是可圈可点的。

巧施连环，避祸于魏

《史记·张仪列传》记载：仪归报，未至咸阳而秦惠王卒，武王立。武王自为太子时不说张仪，及即位，群臣多谗张仪曰："无信，左右卖国以取容。秦必复用之，恐为天下笑。"诸侯闻张仪有郤武王，皆畔衡，复合从。

秦武王元年，群臣日夜恶张仪未已，而齐让又至。张仪惧诛，乃因谓秦武王曰："仪有愚计，原效之。"王曰："奈何？""……今仪入梁，王果伐之，是王内罢国而外伐与国，广邻敌以内自临，而信仪于秦王也。此臣之所谓'讬仪'也。"齐王曰："善。"乃使解兵。

张仪游说东方诸国大功告成，怀揣着六国连横的盟约从燕国启程回秦国，而在此时，秦惠王驾崩。张仪顿时如冷水浇头，万分沮丧。他深知，新立的秦武王打从当太子的时候起就看他不顺眼。秦武王登基后，秦国的大臣们乘机夜以继日地诋毁张仪。各国诸侯听说张仪与武王不睦，都感到连横亲秦之举前途黯淡，又都背叛连横之约，纷纷实行合纵外交。

秦国众臣便借机深入诋毁张仪，把诸侯疏秦之举全归罪于张仪一人。齐国也在此时落井下石，特派使臣前来责备张仪。内攻外扰，步步紧逼，大有不杀张仪誓不罢休之势。苏秦和张仪这对难兄难弟不愧是师出同门，不但命运极其相似，连应对之策也如出一辙。他对秦武王说："大王，最近一段时间，东方各国均无战事，友善相处。依臣看来，这对我们秦国是非常不利的。因为，只有东方各国兵戎相见，战火不断，我们秦国才可以乘机割得更多的土地。"

秦武王继位以来，一心想扩大疆域，以显示其大有作为，只是苦于没有可行的良策。今见张仪提及，知其有打算；顿时来了兴致，忙问："依你的意见呢？"

张仪说："替秦国着想的话，东方各国有大乱，大王才能扩张。现在听说齐王非常憎恨我，我张仪所在的国家，它一定会攻打。所以希望让我这个不成器的人到魏国去，齐国一定攻打魏国。待魏齐交战，大王趁机攻韩国、进三川、屯兵函谷、进逼周京，周朝定会献出祭器。大王就能挟持天子，掌握地图和户籍，成就帝王大业。"

秦王信以为真，不胜欢喜，立即表示赞同，并且出动了三十辆兵车，隆重地送张仪去魏国。

我们无从得知张仪此次献计赴魏，是抱着一个什么样的目的。但有一点是肯定的，他在秦国已不能立足，留下来必定凶多吉少。

魏国是他的故乡，也就自然成了他首选的避难所。但是，明知魏国已经国势日蹙，而他一去则齐国必犯，他张仪这是何苦呢？这不是加速自己的灭亡吗？张仪毕竟是谋略家，他早就计算好了一切。

张仪一到魏国，齐国果然兴师伐魏。魏襄王惊恐不安，觉得因张仪而使得魏国无端受害，实在不值得。有意让张仪离魏归秦，又觉此话不好开口。正在焦灼万分、左右为难之际，张仪不请自到，主动拜见魏王说："大王不必忧虑，让我去退却齐军。"魏王将信将疑，见张仪如此胸有成竹，又对退兵之计如此讳莫如深，尽管心里惴惴不安，但只是不宜深问，便道："退却齐军之事，全靠先生了。"

原来，张仪早已派出了家臣冯喜。让他先赴楚国，待齐国对魏发兵的时候，冯喜已经以楚国使臣的身份出现在了齐王的面前。

冯喜对齐王说："大王您明明憎恨张仪，可我却不明白，您为了能让他稳稳当当地寄身秦国而做得这么周到。"齐王一听就觉得诧异了："我恨他，他到哪我就打哪，他现在已经离开秦国到了魏国，我因而攻魏，天下还有哪里能让他寄身吗？"

冯喜说："这恰恰就让张仪可以在秦国安身了。"接着冯喜就把张仪当时对秦王说的话一五一十全都说给了齐王听。最后冯喜说："张仪这个'挟天子以令诸侯'的策略一旦成功，就完全取得了秦王的信任，这就是大王出兵致使张仪得以长久在秦安身的原因啊。"

齐王恍然大悟：自己出兵就正中张仪之计，遂了他的心愿。于是齐王立刻退兵。

魏王忽闻齐国偃旗息鼓，自行撤兵，当然是不胜惊喜，对张仪越发宠信百倍。甚至还让他担任了相国。然而，张仪相魏仅一年，便于公元前309年死于魏国。至此，一代纵横家张仪的历史画上了句号。

张仪凭借高超的智谋和说辩之术,瓦解了苏秦生前所创的六国合纵。《孟子·滕文公下》景春曰:"公孙衍、张仪岂不诚大丈夫哉!一怒而诸侯惧,安居而天下息。"由此也可以看出张仪在当时所造成的巨大影响。张仪死后,六国虽又出现背离连横而恢复合纵的情况,但合纵却已无法持久和巩固。而张仪所创之连横,则成为后来秦灭六国、统一天下的基本战略。

张仪在国运垂危的魏国,无非是谋求自己的生存而已,决不会对魏国的兴亡有回天之力。这可以说是他政治、外交生涯的尾声。

作为纵横家的杰出人物,张仪把纵横家不拘一格为国谋利的本质演绎得淋漓尽致,把邦交艺术推向了一个新的巅峰。毫不夸张地说,张仪就是一位伟大的英雄!

阴谋连篇

◎李 园

　　李园，虽出身平民，但却很富有心
计。当他听到楚王为没有子嗣而焦急
的消息后，便设谋把自己的亲妹妹献给
楚王……由此，历史上又一重大阴谋，
拉开了一角。

野心飞腾，卖妹求荣

《史记·春申君列传》记载：楚考烈王无子，春申君患之，求妇人宜子者进之，甚众，卒无子。赵人李园持其女弟，欲进之楚王，闻其不宜子，恐久毋宠。李园求事春申君为舍人，已而谒归，故失期。还谒，春申君问之状，对曰："齐王使使求臣之女弟，与其使者饮，故失期。"春申君曰："娉入乎？"对曰："未也。"春申君曰："可得见乎？"曰："可。"

楚王没有儿子，非常着急，相国春申君也为此忧心忡忡，生怕楚王一旦去世，君位虚悬，会给国家带来动乱。于是，他命手下人到处寻找有"宜子"之相的女子，然后送到宫中，希望能早日有个子嗣。好立为太子，谁知送进去不少女子，却没有一个生下男孩。

赵国有一个叫李园的人，虽然是平民出身，诡计却不少。当他听到楚王为没有子嗣而焦急的消息后，便想把自己漂亮的妹妹献给楚王，以便攀龙附凤，改变自己的命运。

李园心想，楚王后宫佳丽成百上千，为什么凡受楚王临幸的美女都只生女不生男呢？种瓜得瓜，种豆得豆，这事只能怪楚王。如果妹妹在入宫前就能怀上身孕，起码生男生女的机会各占一半，不会像楚王那样只生女不生男。

如何让妹妹暗结珠胎后再献给楚王呢？李园想出了一条妙计。

楚国的春申君，与同一时期齐国的孟尝君、魏国的信陵君、赵国的平原君一起被称为战国四大公子。他们的共同特点是礼贤下士，广收天下奇才异能之人。只要有一技之长，哪怕是鸡鸣狗盗之徒也在收养之列，以备急需时为之效命。

在四大公子之中，春申君黄歇为楚王的相国，官高位重，权倾朝野，正为楚王物色有"宜子"之相的美女。李园第一步便想成为春申君的食客。想到这里他便来到

春申君

楚国,等待时机好接近春申君。

一天,李园以其能说会道的特长,去求见春申君。在高谈阔论的同时,他又大讲在赵国如何不得平原君的重用,表现出怀才不遇、满腹牢骚的悲愤心情。说着说着,他突然话锋一转又大吹特吹春申君礼贤下士的美德和遍选天下能人奇士的传闻,他又编造一些各国名士都准备纷纷前来投奔春申君门下的谎话,把春申君说得如在云里雾里之中,当即决定收李园为门客。

李园当上春申君的门客以后,挖空心思,想尽办法尽量在春申君面前加以表现。由于他为人机敏,又工于心计,所以,在春申君鞍前马后地侍奉了不久,就深得春申君的赏识。

李园虽然其貌不扬,却城府极深,野心颇大。当时,黄歇门下的荀况也是赵国人,很有才能,颇得黄歇的赏识。黄歇攻灭鲁国时,让荀况担任了兰陵令。李园对此非常忌妒,总想找机会中伤、排挤荀况。荀况治理兰陵很有功绩,得到当地人士的敬仰,连楚王都十分赞许他的能力。李园了解黄歇的为人,知道他对自己在楚国的地位很敏感,就借机对黄歇说:"历史上商汤以亳(今河南商邱县)作为根据地,周武王以削(今陕西西安市西南)作为根据地,他们都凭着不足百里的地盘夺取了天下。现在,荀子是天下的贤人,如果您给他百里之地的权势,这对您将很不利。您看怎么办?"黄歇考虑到荀况在楚国的名望确实很高,于是就派人婉言辞退了他。荀况离开楚国后去了赵国,赵国任命他为上卿。朱英获悉这件事,焦虑地问黄歇:"从前伊尹离开夏朝,去了殷地(商朝发祥地),因此殷人称王而夏朝灭亡;管仲离开鲁国去了齐国,因此鲁国衰弱而齐国强盛。凡是贤人所在的地方,君主必定尊贵,国家必定兴盛。你辞退了荀况,难道是想楚国衰弱、赵国强盛吗?"黄歇闻言大惊,赶忙派人到赵国召请荀况。荀况认为黄歇独断专行,图谋私利,不是可以长期追随的人,就回信谢绝了。黄歇虽然失去了荀况,却并没有因此责怨李园,反而将他看成了心腹。

一天,春申君下朝回来,一副心事重重、烦躁不安的样子。这一切早已被李园看在眼里。李园既讨好又关切地问道:"相国,下朝回来为何这么不高兴,还愁眉不展的,是不是有什么难解之事?为相国排忧解难乃在下分内之事,如无不便,不妨说给在下听听,也许在下能尽一点绵薄之力。"于是,春申君便把楚王无子的事说了一遍。李园听后不觉大喜,只是敷衍几句了事,表面上却不动声色,其实他就要开始他的计划了。

没过多久,李园向春申君请假,说是家里有事要回家看望。这是再正常不过的事了,春申君就批准了。当他再度回到楚国时,故意多延误了几天才回来。春申君在闲聊时问起他延误的原因。李园装作很委屈的样子说:"唉!这都是因为我妹妹的缘故。我有个妹妹,虽然不是远近闻名的美女,但长得颇有姿色,不知怎么却被齐王知道了,便派人聘我妹妹入宫当王妃。因为与使臣周旋,所以延误了一些日子,还望相国不要见怪。"这些都是李园的诱饵,在他与其他食客的闲谈中,也早已知道春申君好色,说他妹妹很有姿色。其实说白了就是说给春申君听的,以此为诱饵,好让春申君上钩。所以就设下了这样一计。

李园借助齐王这面"镜子",来显示他妹妹的美貌,然后说齐王看上了他妹妹,既然是齐王看上的,那么肯定真的长得不错,要不齐王怎么会要呢,想到这里,春申君动心了。便想把这个美女据为己有。于是,他摆出一副关怀体贴下人的样子说:"对,这种事确实要慎重才行。可以让我见见你妹妹吗?也好帮你出出主意。"

李园假装很高兴地说:"那实在太好了,下人的妹妹就是您的丫头,相国大人这么关照小人的妹妹。这也是小人三生有幸啊。"

李园见春申君完全上钩了，便把妹妹接来。春申君见她个头高挑，婀娜多姿，明眸皓齿，粉脸桃面，不禁馋涎欲滴。当即就留下她作侍女。这天夜里，便占有了她。

李园要献其妹于春申君，如果他主动提出，又怕掉了妹妹身价，于是他置花不献，借镜照花，编造了齐王求婚之事，借齐王抬高妹妹身价。但若向春申君无故说出齐王求婚的事，害怕春申君觉得自己是在自夸自己的妹妹漂亮，于是他故意归假超期，引诱春申君追问自己。为鲜花的出手重重地渲染色彩，同时也使自己在计策实施中处于被动的角色，以消除对方对自己的戒备心。慕李园妹妹之色，春申君果然入伙为助，可是他本人却不知道自己已经掉入一个大圈套里。

兄妹联手，申君上钩

《史记·春申君列传》记载：于是李园乃进其女弟，即幸于春申君。知其有身，李园乃与其女弟谋。园女弟承间以说春申君曰："楚王之贵幸君，虽兄弟不如也。今君相楚二十余年，而王无子，即百岁后将更立兄弟，则楚更立君后，亦各贵其故所亲，君又安得长有宠乎？非徒然也，君贵用事久，多失礼于王兄弟，兄弟诚立，祸且及身，何以保相印江东之封乎？今妾自知有身矣，而人莫知。妾幸君未久，诚以君之重而进妾于楚王，王必幸妾；妾赖天有子男，则是君之子为王也，楚国尽可得，孰与身临不测之罪乎？"春申君大然之，乃出李园女弟，谨舍而言之楚王。楚王召入幸之，遂生子男，立为太子，以李园女弟为王后。楚王贵李园，园用事。

李园把妹妹献给春申君后，并立即得到春申君的宠幸。李园的妹妹侍奉春申君后不久就怀上了身孕。李园就同他妹妹商量了进一步的打算，一起谋划入宫的事。李园的妹妹找了个机会劝说春申君道："楚王宠信您，就算是兄弟也不过如此了。但是，您在楚国已经任相二十余年了，而楚王到现还没有子嗣继承他的位子，如果楚王一旦驾崩，必将立其兄弟为王。那时他的兄弟必将用亲信的人为相。您还能保住这荣华富贵吗？况且，这些年来您执掌朝政，贵盛无比，与楚王兄弟们的关系一直很紧张，经常发生冲突。如果他们中的一位做了楚王，您就要大祸临头了，不但相位和封地保不住，恐怕还会有性命之忧。这一点，您想过吗？"

春申君无奈地说道："此事我早已想过，但一直想不出好的方法。实在不行，到时候我只好带你远走高飞了。"

李园之妹又说："当您真的成了被楚王追捕的人的时候，还有哪个国家会收留您呢？谁愿为一个落魄之人而得罪一国之君呢？"

春申君身为相国二十多年，不知为楚王想过多少办法，出过多少主意，但事情轮到自己头上，却只有束手无策，长吁短叹了。

李园之妹见时机已到，便凑近春申君身旁，装着无可奈何的样子，说道："贱妾倒有一个计策，只是不知道怎么说出来……"

春申君像水中将死之人捞到救命稻草似的，忙说："没事，有什么好办法你尽管说出来，在我面前还有什么不好意思的？"边说边把那女人拉进自己的怀里来。

李园的妹妹说："如今事情这般紧急，为了您、我和将来的孩子，尽管说不出口，我也只好硬着头皮说了。我伺候您的时间不长，大概怀孕这件事，现在还没有人知道。如果您肯答应的话，就想办法把我送到楚王那里。我想楚王看在您的面子上，然后再加上我的容貌，也一定会宠爱我。万一上天保佑我以后生下个男孩，将来必定继承王位，到那时楚国不就成了黄家的天下了吗？这与您失宠丢位相比，不是更好吗？说实在的，如果不是被逼无奈。打心眼里讲，您这么宠爱我，我怎会舍得离开您，去侍奉一个行将就木的老朽呢？但是为了您和您的孩子，为了整个黄家，就是上刀山下油锅我也得走一遭啊！"

春申君乍听此话，觉得有点刺耳，但仔细一想，又觉得确实合乎情理。为了保护自己，爱妾还要做出对于一个女人或妻子来说最大的牺牲。一个女人竟有如此胆识，这真是大智大勇啊！想到这里，顿时感动得稀里哗啦的，春申君非但没有醋意，反而大大夸奖了李园之妹一番，又是亲又是搂。

第二天，春申君便偷偷地把李园的妹妹送到一个没有人知道的地方，严加保护起来。然后进谏楚王，说是历经千辛万苦，才找到天下无双且有"宜子"之相的美女，希望大王赶快召她入宫。

李园的妹妹入宫之后，曲意奉承，没多久便博得了考烈王的欢心。入宫不久，李园之妹便告诉楚王自己怀有身孕了，考烈王自然乐不可支。光阴荏苒，李园之妹果真生了一个男孩。考烈王非常高兴，当下就宣布立为太子。李园之妹自然是母以子贵当了王后。而李园也借助妹妹的关系，很快得到了楚王的重用，成了朝廷中的权势人物。

李园的妹妹怀孕，说明春申君的生殖力已经借到了，李园又不失时机地完成第二条计策。此计的要害是要说服春申君把到手的美色作为诱饵进献于熊完，春申君不想失妾失子与别人，但更不愿失位失势于楚国；他不但贪色，更贪天下。李园摸透了春申君心中的这些对比关系，让妹妹向春申君明白地摆出这些利害短长，以保位窃国作引诱,使春申君借权势之便将美妾献给了熊完。李园在这里仍然没有出面,春申君等于在不知不觉中帮助他完成了这一计策。

李园虽然成为新贵,但是仍对春申君唯命是从,毫无位高气傲的样子,这使春申君十分满意和放心。李园还算是一个有"良心"的人,自己掌权了,对自己以前的上司还是那么的尊重,然而,这些都是假的。李园野心很大,阴谋也很多,他这样对待春申君,只是想让春申君更加信任他,对他没有防备,好让他继续实行下一个阴谋。

转君为王，阴谋达成

《史记·春申君列传》记载：后十七日，楚考烈王卒，李园果先入，伏死士于棘门之内。春申君入棘门，园死士侠刺春申君，斩其头，投之棘门外。于是遂使吏尽灭春申君之家。而李园女弟初幸春申君有身而入之王所生子者遂立，是为楚幽王。

李园掌权以后，非常害怕春申君将其阴谋泄露出去，妨碍自己的前程，也害怕春申君在将来更加跋扈，难以控制。于是，他实行欲擒故纵的策略，表面上顺从安抚春申君，暗地里却招募勇士，豢养刺客，只等楚王归西，然后把春申君一网打尽。楚国有很多人都看出李园的计划，但春申君却毫不知情，始终被蒙在鼓里。

而楚王自从得到李园的妹妹以后，不顾自己年老体迈，仍旧荒淫不止。而李园的妹妹也正处在欲火旺盛的时候，再加上其进宫的本意就是想让楚王快点死掉，所以她使出浑身解数，想尽各种各样的花招来挑逗楚王。楚王有求，她竭力必应；楚王体力不支，无心要求时，她就不停地刺激、引诱，使楚王甚至带病与她交欢。没多久他便一病不起。尽管御医们竭尽全力地为他医治，也无济于事。

公元前238年，一位名叫朱英的门客找到春申君，并对主人说："世间有毋望之福、毋望之祸以及毋望之人，您应该仔细斟酌。"

春申君不解地问道："这话怎么说，可不可以讲明白一点？"

朱英道："您当了二十多年的相国，虽然表面上为大臣，但实际上就是楚王。如今楚王病重，命在旦夕。当楚王驾崩以后，您可以辅佐幼主，就像伊尹和周公那样，作一个摄政王，等幼主成人以后，再把权力交给他；也可以南面称孤，立自己为楚王。这就是毋望之福。"

春申君又问："那毋望之祸又是什么呢？"

朱英道："李园是未来君主的舅舅，他豢养武士已经很长时间了。楚王只要一去世，李园必会抢先一步入宫夺取大权，然后把您杀掉灭口。这就是毋望之祸。"

春申君听到这里，只是莞尔一笑，也没有回答什么，接着他又问道："你再说一下谁是毋望之人呢？"

朱英说："所谓毋望之人，就是在下我了。我深受相国厚恩，理应为您出力。您可以派我为上将，先进宫侍卫楚王。等到楚王驾崩之后，李园一旦入宫作乱，我就可以替您先把他给杀掉。然后你辅佐新君登基。"春申君很不以为然地说："你不用再说了。李园是一个手无缚鸡之力的人，对我又忠心，就算他是国舅，也不至于想害我吧！"

朱英一看春申君执迷不悟，也就不再多说什么。他担心李园会对自己下毒手，就逃到别的国家去了。

当断不断，反受其乱。事情的发展果如朱英所说。楚王驾崩后，李园得到密信，抢先入宫，控制了朝廷大权。他预先在宫门之内埋伏下刺客，然后通知春申君前来议事。春申君毫无防备之心，车刚过宫门，刺客就一跃而出，将春申君杀死，然后又砍下他的脑袋，扔到宫墙外面。李园见刺客得手，便下令将春申君一家全部杀害。

春申君死后，他与李园之妹所生的孩子被立为楚王，是为楚幽王。春申君不但未占到这个儿子一点便宜，还搭上了全家老小的性命，而李园却代春申君为令尹独持大权。

李园真可谓深谋远虑，就像下围棋一样，走第一步的时候已经看到了下一步，步步为营，稳扎稳打，最终完美地实现了他们兄妹的计谋。

流芳千古

◎屈 原

屈原(约公元前 340 年—公元前 278 年)
战国末期楚国人。名平,字原,是楚国的同姓
贵族。祖先封于屈,遂以屈为氏;杰出的政治
家和爱国诗人。他一生爱国爱民,关心祖国
命运,无论在政治革新、诗歌创作、哲学思想
等各个方面,都取得了光辉的业绩,形成了高
尚的精神风貌,濡染百代,光照千秋。同时,
又是我国第一位伟大的爱国主义诗人,他开
刨了诗歌从集体歌唱转变为个人独立创作的
新纪元,是我国积极浪漫主义诗歌传统的奠
基人,"世界四大文化名人"(另有波兰的哥白
尼、英国的莎士比亚、意大利的但丁)之一。

受其重用，漠然疏远

《史记·屈原贾生列传》记载：屈原者，名平，楚之同姓也。为楚怀王左徒。博闻强志，明于治乱，娴于辞令。入则与王图议国事，以出号令；出则接遇宾客，应对诸侯。王甚任之。

上官大夫与之同列，争宠而心害其能。怀王使屈原造为宪令，屈平属草未定。上官大夫见而欲夺之，屈平不与，因谗之曰："王使屈平为令，众莫不知，每一令出，平伐其功，以为非我莫能为也。"王怒而疏屈平……

屈原一生经历了楚威王、楚怀王、顷襄王三个时期，而主要活动于楚怀王时期。这个时期正是中国即将实现大统一的前夕，"横则秦帝，纵则楚王。"屈原因出身贵族，又明于治乱，娴于辞令，故而早年深受楚怀王的宠信，位为左徒、三闾大夫。屈原为实现楚国的统一大业，对内积极辅佐怀王变法图强，对外坚决主张联齐抗秦，使楚国一度出现国富兵强、威震诸侯的局面。但是，在内政外交上，屈原与楚国腐朽贵族集团发生了尖锐的矛盾，使屈原后来遭到小人的诬陷和楚怀王的疏远。

战国时代，称雄的秦、楚、齐、燕、赵、韩、魏七国，争城夺地，互相杀伐，混战连年不断。那时，楚国的大诗人屈原，正当青年，为楚怀王的左徒官。他见百姓受到战争灾难，

楚怀王

十分痛心。屈原立志报国为民,劝怀王任用贤能,爱护百姓,很得怀王的信任。

那时西方的秦国最强大,时常攻击六国。因此,屈原亲自到各国去联络,要用联合的力量对付秦国。怀王十一年,屈原的外交成功了。楚、齐、燕、赵、韩、魏六国君王齐集楚国的京城郢都,结成联盟,怀王成了联盟的领袖。联盟的力量,制止了强秦的扩张。屈原更加得到了怀王的重用,很多内政、外交大事,都凭屈原做主。

因而,楚国以公子子兰为首的一班贵族,非常嫉妒和忌恨屈原,常在怀王面前说屈原的坏话。说他独断专权,根本不把怀王放在眼里。挑拨的人多了,怀王渐渐对屈原不满起来。秦国的间谍把这一情况报告秦王,秦王早想进攻齐国,只碍着六国联盟,不敢动手,听到这个消息,忙把相国张仪召进宫来商量。张仪认为六国中间,齐楚两国最有力量,只要离间这两国,联盟也就散了。他愿意趁楚国内部不和的机会,亲自去拆散六国联盟。

秦王大喜,准备了金银财宝,交给张仪带去。张仪将相印交还秦王,伪装辞去秦国相位,向楚国出发。张仪到了郢都,先来拜访屈原,说起了秦国的强大和秦楚联合对双方的好处,屈原说:"楚国不能改变六国联盟的主张。"

张仪告诉子兰:"有了六国联盟,怀王才信任屈原,拆散了联盟,屈原就没有什么可怕了。"子兰听了,十分高兴。楚国的贵族就和张仪连成一气。子兰又引他拜见了怀王最宠爱的王后郑袖,张仪把一双价值万金的白璧,献给了郑袖。那白璧的宝光,把楚国王后的眼睛都照花了。郑袖欣然表示,愿意帮助他们促成秦楚联盟。大家认为:"要秦楚联合,先要拆散六国联盟;要拆散联盟,先要怀王不信任屈原。"

子兰想了一条计策:就说屈原向张仪索取贿赂,由郑袖在怀王面前透出这个风声。张仪大喜说:"王后肯出力,真是秦楚两国的福分了!"张仪布置停当,就托子兰引见怀王。他劝怀王绝齐联秦,列举了很多好处。最后道:"只要大王愿意,秦王已经准备了商于地方的六百里土地献给楚国。"怀王是个贪心的人,听说不费一兵一卒,白得六百里土地。如何不喜。回到宫中,高兴地告诉了郑袖。郑袖向他道喜,可又皱起眉头:"听说屈原向张仪要一双白璧未成,怕要反对这事呢!"怀王听了,半信半疑。

第二天,怀王摆下酒席,招待张仪。席间讨论起秦楚友好,屈原果然猛烈反对,与子兰、靳尚进行了激烈争论。他认为:放弃了六国联盟,就给秦国以可乘之机,这是楚国生死存亡的事情呵!他痛斥张仪、子兰、靳尚,走到怀王面前大声说:"大王,不能相信呀！张仪是秦国派来拆散联盟、孤立楚国的，万万相信不得……"怀王想起郑袖所说，屈原果然竭力反对秦楚和好。贪图秦国的土地的怀王，不禁怒道："难道楚国的六百里土地抵不上你一双白璧！"就叫武士把他拉出宫门。从此疏远了屈原。

屈原当时很痛心，站在宫门外面不忍离开，他在盼着怀王能醒悟过来，改变主意，以免给国家带来灾难。可是他从中午站到晚上，看见张仪、子兰、靳尚等人欢欢喜喜高高兴兴走出宫门，最后绝望了，他知道楚怀王是不会再信任他了。他叹着气喃喃地说："楚国啊，楚怀王听受奸人的话，你可是又要受难了啊！"屈原回到家中，闷闷不乐，想到亲手结成的联盟被张仪就这样破坏了，以后楚国就保不住眼前的兴旺，不禁顿脚长叹。《离骚》这部文学巨著也就是在这样的情况下问世了。

当时，替他管家的姐姐女媭问明情由，知道他遭到小人的陷害，劝他不要再发议论了，屈原道："我是楚国人，死也不能看到楚国遇到危险啊！"他认为怀王会醒悟，定会分清是非的。只要怀王回心转意，楚国就有办法了。但是怀王不再召见他，他越来越忧愁，常常整夜不眠。他写了一篇名叫《离骚》的长诗，把对楚国的忧愁和自己的怨愤都写了进去。"离骚"就是"离忧"，人在遭遇忧愁的时候，怎不呼叫上天和父母，以抒发自己的怨愤呢！

司马公在《屈原列传》中说屈原"博闻强志，明于治乱，娴于辞令"，可见屈原是个聪明人，准确地说应该是个"旷世奇才"。正因如此，上官大夫"心害其能"而使怀王"怒而疏屈平"，这也是他第一次被流放的原因。

再次起用,再次贬逐

《史记·屈原贾生列传》记载:长子顷襄王立,以其弟子兰为令尹。楚人既咎子兰以劝怀王入秦而不反也。

屈平既嫉之,虽放流,睠顾楚国,系心怀王,不忘欲反,冀幸君之一悟,俗之一改也。……易曰:"井泄不食,为我心恻,可以汲。王明,并受其福。"王之不明,岂足福哉!

饫令尹子兰闻之大怒,卒使上官大夫短屈原於顷襄王,顷襄王怒而迁之。

屈原这一生中被流放了两次,第一次是在楚怀王的时候,大约在怀王二十五年左右,屈原一度被流放到汉北一带,这是他第一次被放逐。

或许,屈原之所以能够在不太长的时间里,就结束第一次流放,回到郢都,并获任三间大夫之职,是因为楚怀王读到《离骚》并有所感悟。当然,屈原的去留,并不仅仅取决于个人的恩怨,而是有着时代的背景,这个背景就是楚国与秦国的外交关系。

秦国背割地之约,秦楚交恶,楚怀王这时读到《离骚》,才又想到屈原,并重新起用屈原。然而,令屈原想不到的是,又一次遭到放逐。第二次被流放到沅、湘一带,时间约为顷襄王十三年左右。

当时,秦王改变了攻齐的计划,索性联合齐国,分两路迎击楚军。楚军挡不住两国的夹攻,连打几个败仗,屈平阵亡,秦兵占领了楚的汉中地方。消息传到汉北,把屈原急坏了。他愤怒、叹气,最后决定赶回郢都,设法去抵抗秦国。

半路上,他接到了怀王的命令,派他出使齐国,恢复联盟。屈原高兴地想:"大王到底回心了!"就立刻奔赴齐国。怀王违背联盟,齐国十分愤恨。但是屈原是齐王敬重的人,经过一番谈判,就答应撤回助秦攻楚的齐兵。屈原还未返国,就得到了秦楚议和的消息。他怕怀王再受欺骗,连忙辞了齐王,赶回楚国去。

他到了楚国云梦地方,看见当地百姓正在追悼在战争中阵亡的将士。屈原十分感动,停下车进去参拜。他立在神位面前诵读他所做的《国殇》诗,悼念为国牺牲的战士。念到沉痛的地方,百姓都流下泪来,屈原也放声痛哭。屈原走了几天,忽听传说:张仪又到郢都了。他不禁连连跺脚,日夜兼程,向郢都赶去。

子兰、靳尚听见屈原回来了,连忙来报告王后郑袖。他们都怕屈原再回郢都,让他留在怀王面前,日久总是大患。这夜,郑袖就向怀王哭诉:"屈原在云梦地方对百姓说,那些阵亡的,都是我向大王进言而冤死的。这回他回来,要替冤死的申冤报仇。"怀王听了大怒:"他敢这样?简直是疯了!"郑袖趁机进谗:"是疯了!不是疯了怎会对百姓说这样放肆的话?我怕见他!他要在郢都,就让我到江南去!"

第二天,怀王下了一道命令:任屈原为三闾大夫,不必进宫,立刻赴任。他派子兰把命令送给屈原。子兰见了屈原,奸笑着向他道喜,传达了怀王的命令。屈原仰天长叹:"大王,你再不能糊涂哟,楚国的江山,楚国的百姓,全在你的身上哟!"女嬃怕他再惹祸殃,劝他赶快离开郢都去上任。屈原说:"你是替我担心,我是替楚国担心呢!"但是寻思无计,只得准备上任去。

屈原走了,楚国满朝文武都投入郑袖、子兰一党,联盟不久又散了。从怀王二十七年起,秦国连连对楚国发动战争。楚国国势一天不如一天,失掉了对抗秦兵的力量。怀王三十年,秦国占领了楚国北部的八座城池。怀王正在愁闷,忽然接到秦王的来信,请他到秦国武关地方,商谈秦楚永世友好的办法。怀王左思右想,决不下主意:如果不去,只怕秦军向南进攻;如果去,又怕秦国心怀叵测。

子兰首先劝怀王:"秦王愿意和好,这机会可失不得。"靳尚也说:"走一遭儿,说不定还能换来几年太平。"怀王回到后宫,又听了郑袖一番劝行的话,这才打定了主意,马上写了回信,同意去武关会谈。准备了几天,他和靳尚带了五百人马动身,才离郢都,途中只见有一匹马飞奔而来。

奔到跟前,马上的人跳下,伏在车前,大声恸哭。怀王一看,原来是三闾大夫屈原,当他听到了怀王要去武关的消息,为了阻止怀王去秦国,他连夜飞马而来。只听他悲声说道:"大王啊!秦国如虎口,不能冒这个险啊!你要想想楚国的祖宗和百姓,不能单听小人一面之词啊!"十多年不见,屈原憔悴了。怀王见了他,想起这十多年来国势,一天天走下坡,心里也涌起了一阵感伤,又开始犹豫起来,看得出楚怀王是一个很没有主见的人，凡事都做不了主。

当他正在沉思时，靳尚站出来狠狠地对屈原说："今天是大王出门的好日子，三闾大夫怎么说这样的丧气话呢?"屈原气得嘴唇发抖，颤声说道："上官大夫! 你也是楚国人，你为什么就不替楚国想想，不能把大王送进虎口啊!"靳尚大怒，迭声叫："让开。"屈原攀住了车辕不肯放手。靳尚令人把屈原推倒在地，扬鞭催马，簇拥着怀王走了。

屈原爬起来，一边追，一边叫。靳尚害怕怀王心里会动摇，快马加鞭，那车飞一般去了。屈原知道自己追不上了，就喘着气站住了，眼睁睁望着向西而去的人马，等到不见了影子，还呆呆立在那儿，久久不愿离去，过了不到半个月，靳尚只剩下一人一马逃回郢都。果不出屈原所料，怀王和五百人马一到武关，就被秦国扣留，已经送往咸阳。

噩耗传遍了全国。楚国人心大动，郑袖为了安定人心，立太子熊横为顷襄王；自己掌握国政；任命子兰做管理全国军政的令尹。屈原拼死赶到郢都，要求顷襄王恢复六国联盟，用强大的实力，向秦国讨回怀王。子兰等人是劝怀王去秦国的，害怕怀王回来问罪，又怕会得罪秦国。因此不但不听屈原主张，还立刻驱逐他出都，不许他再回郢都。

在屈原多年在外流放的同时，楚国的国势愈益危急。到顷襄王二十一年，秦将白起攻破楚都郢(今湖北江陵)，预示着楚国前途的危机。第二年，秦军又进一步深入。屈原眼看自己的一度兴旺的国家已经无望，也曾认真地考虑过出走他国，但最终还是不能离开故土，在悲愤交加之中，自沉于汨罗江。

屈原投江之前曾说过："举世混浊而我独清，众人皆醉而我独醒。"在楚国浑浊的社会政治环境中，屈原认为"新沐者必弹冠，新浴者必振衣"(刚刚洗过头发的人，一定要弹一弹帽子；刚刚洗完澡的人，一定要抖一抖衣裳)，"宁赴常流而葬乎江鱼腹中耳，又安能以皓皓之白而蒙世俗之温蠖乎!"(我宁可投入长江，葬身鱼腹，又怎能让皓如日月的高洁去蒙受世俗的玷污呢)在浑浊与高洁之间，屈原选择了高洁!

其实，屈原也没有其他选择了：他等待过，期望过，期待"哲王"醒悟，期待能召他回郢都，重新开始改革的事业。屈原生命中的一切就是实现"美政"，但此时已经无法实现了。无奈之下，只有选择死亡了。

投江是一种悲愤，是一种抗议，是一种抗争，因为导致楚国衰亡的正是保守的、腐朽的楚国旧贵族集团,而屈原投江是楚国革新派和保守派长期斗争的残酷结果。从这个意义上讲,屈原用自己的生命殉自己的祖国。

屈原自杀的日子,是农历的五月五日,也就是现在的端午节,五月五日原来是楚地的传统节日,后来人们就把这一天作为纪念屈原的日子,其本来意义,反而鲜为人知了。屈原与楚国最高统治集团的冲突,也是出于多方面的原因。在外交方针上,屈原主张与强秦对抗,具有远大眼光。但是怀王却贪利结果又被骗,顷襄王畏怯妥协,都不能接受屈原的正确主张,反而因为他坚持己见而加以惩罚。在内政方面,屈原主张"修明法度"、"举贤授能",实行使国家富强的"美政"。他向慕儒家传说中的圣君贤臣,对政治抱有某种理想主义的态度。同时他又蔑视那些贪鄙的贵族,主张改革内政,这当然也会使许多人与他为敌。此外,屈原的性格,也是造成他的悲剧的重要原因。从屈原所写的作品中可以看出,他是一个感情激烈、正直袒露而又非常自信的人,这种性格再加上少年得志,使他缺乏在高层权力圈中巧妙周旋的能力,因而也就难以在这个圈子里长久立足。在屈原受到重用的时候,上官大夫就轻而易举地使怀王疏远了他,这些并不能完全怪怀王的昏庸(不然如何解释怀王最初怎么会重用他),屈原的性格,以及他在政治上的理想主义态度,同实际的政治环境本来就是难以协调的,何况当时楚国又正呈现衰乱的状态。

屈原是一位具有崇高人格的诗人,他关心国家关心人民胜于关心自己,直到今天仍作为坚定的爱国者受到高度评价。虽然他的爱国和忠君联系在一起,在这一点上,他并不能背离所处时代和社会的基本道德原则,但同时也要看到,屈原又具有较为强烈的自我意识。他并不把自己看做君主的奴仆,而是以君主从而也是国家的引路人自居。他对自己的政治理想与人生理想有坚定的信念,为追求自己的理想不惜与自身所属社会集团的大多数人对抗,宁死不渝,不与他们同流合污。

屈原的人生路漫漫,但他却始终没有放弃过追求,放弃过探索。他只希望能遇到一位贤明的君主,可以让他大展身手,鞠躬尽瘁,死而后已。可命运弄人,他偏偏遇上了楚怀王——一个昏庸无能的君主,他的才能被埋没在了朝野中。当一匹千里马无法遇到伯乐时,也许它也会为不得志而感到悲哀吧。于是屈原选择了死,他想用死唤醒那些无知、愚昧的灵魂,用死来让自己的心安息。他义无反顾地站在了汨罗江畔,看着那滚滚江水,纵身一跳。

一生仲父

◎吕不韦

　　吕不韦(? —公元前 235 年),战国末年秦相,卫国濮阳(今河南濮阳西南)人。曾经是"家累千金"的大商人,后来,以重金资助当时还是赵国人质的秦公子异人,并助他登上了秦国太子的宝座。公元前 250 年秦孝文王死后,公子异人得以回国即位,称为秦庄襄王,封吕不韦为国相,号曰"文信侯",食河南洛阳十万户。庄襄王卒,年幼的太子政立为王,尊吕不韦为"仲父"。

慧眼识人，奇货可居

什么样的人可以买到一个国家？在今天，这似乎是一件不可想象的事情，但是在两千多年以前，有一个叫吕不韦的商人做到了。

《史记·吕不韦列传》中记载：庶孽孙，质于诸侯，车乘进用不饶，居处困，不得意。吕不韦贾邯郸，见而怜之，曰"此奇货可居"。

在中国古代，商人的地位总是不怎么样，很少有人像范蠡那样由从政而经商，变为"陶朱公"而流芳百世。吕不韦很希望光大门楣，争取政治地位，他知道，改变现状的途径要在社会现有的机制下寻找。或许出于商人的本能，他选择了"风险投资"。吕不韦看中了秦国派到赵国做人质的王孙嬴异人，还为他创造了一个后世广为流传的成语叫"奇货可居"。

公元前265年，即秦昭王四十二年，吕不韦到赵国都城邯郸做生意，遇见了作为赵国人质的秦公子异人。异人是秦国太子安国君的儿子，秦昭王的孙子，异人的生母夏姬不受宠爱，而安国君有二十多个儿子，异人又排行居中，备受冷落，被送往赵国当人质。身处异国，处境自然很危险，秦国又多次进攻赵国，所以，赵国对异人很冷淡，异人的生活极其拮据。吕不韦见而"怜之"，并以生意人的眼光看待异人，认为"此奇货可居"，决定用金钱帮助异人谋取王位继承人的资格。从此，吕不韦弃商从政，由商界进入政界，开始了他的政治生涯。

吕不韦会做出那样的判断，也自有他的道理。在一般人看来，异人在秦国是一个最没有前途的王孙。因为秦昭王还健在，秦昭王立的太子虽然是异人的父亲安国君，但安国君有二十多个儿子，异人的年纪既不大，也不小，排在中间，而且是已经不受安国君宠爱的夏姬所生，是庶出，所以说将来怎么排也排不到异人继承王位。

而这一切在吕不韦看来只是表象。秦昭王虽然健在，但他在位近五十年了，目前已经到了古稀之年，垂垂老矣。人都有生老病死，对于一国之君也不例外。

作为太子的安国君嬴柱这时年纪也不小了。一旦秦昭王去世，嬴柱必能登上王位，下一步便会选立储君。未来的储君只能从他的二十多个儿子当中挑选。只要是嬴柱的儿子，应该都有机会。虽然相对说来，异人的机会可能是最小的。但对于善于投资的吕不韦来说，哪怕是只有一线希望，也值得一试！

事在人为。吕不韦经过细致了解，发现这一线希望可以变为一片希望。因为，嬴柱"正妻"是华阳夫人。

女人的美貌是征服男人最锐利的武器。华阳夫人是嬴柱最宠爱的女人，从这一点上看，我们也可推知，华阳夫人是个倾国倾城的大美人。

嬴柱做了太子之后，为了讨好华阳夫人，立华阳夫人为"正夫人"。这就意味着，嬴柱即位后，华阳夫人便是王后。嬴柱若立太子，应先立华阳夫人的儿子。

而华阳夫人偏偏没有为嬴柱生出儿子。

不知是华阳夫人不能生育，还是只生了女儿没生儿子。在中国古代社会，女儿没有资格继承父亲的官位以及家产，儿子才是法定的继承人。对于帝王之家来说，皇后或王后有没有儿子尤其重要。如果作为皇后或王后没有儿子，也就意味着丈夫的皇权或王权将要传给别的女人为丈夫生出的儿子。不是自己的亲生儿子，毕竟不那么可靠，其皇太后或王太后的地位自然也就不那么稳固了。

而且，就算华阳夫人还有生育能力，这时的嬴柱已经快五十岁了，很可能身体也不太好。如果不出意外，华阳夫人是不太可能生出儿子来了。

作为"正妻"的华阳夫人没生儿子，那么，嬴柱将来选太子，只能从他并不怎么宠爱的姬妾所生的儿子中挑选。如此说来，异人的机会就大了些。

如果加上一些人为的努力，未来秦国的王位由异人继承，是有可能的。吕不韦慧眼独具地发现了异人身上的投资价值。

吕不韦明确目标后，做出了空前绝后的风险投资。这空前绝后的风险投资，并不是指吕不韦投入金钱的多少，而是他用经商的手段来管理政治，其投资气魄之大是空前绝后的。

主意已定，吕不韦便开始行动了。他先拿一部分钱财供异人结交宾客、朋友，以积蓄力量，准备回国夺权。而吕不韦自己则携带奇珍异宝，向西奔秦而去。他没有直接去见安国君和华阳夫人,而是去找华阳夫人的姐姐。吕不韦施展口才,说子楚如何贤达,如何聪慧,广交天下朋友,富有大志。虽然身处异乡,但天天想念慈祥的安国君和贤惠的华阳夫人,还经常对他说"夫人就是子楚的上天",有时深夜睡不着,思念得流泪。吕不韦见华阳夫人的姐姐被他的话打动了,便请她将礼物转交给华阳夫人。华阳夫人接受了吕不韦替子楚交给她的礼物,又听说子楚对她和安国君的态度,便对子楚产生了好感。

吕不韦又劝说华阳夫人的姐姐去游说华阳夫人,让她尽早在众公子中挑选一个优秀的作为自己的儿子,并立为储君,那么以后即使在秦昭王死后也能保住自己的地位,而子楚便是最合适的人选。吕不韦的行贿托辞正好中了华阳夫人日夜耿耿于怀的心事,姐姐来了一提此事,正中下怀。于是,华阳夫人便利用安国君的宠爱,说服他立子楚为继承人。

吕不韦对秦国的政治现状、异人的家庭状况分析得细致入微,他投资计划的大胆,算计之细密,都是空前绝后的;异人可不可以登上王位有着太多的变数,这项投资的风险之高,是空前绝后的;而以后秦国发生的事情,又都按部就班地实现着吕不韦的赢利预期,如有天助,这也是空前绝后的。

当然,吕不韦所处的那个时代不会有"风险投资"一词,吕不韦更不知"风险投资"到底是什么东西。其实,从两千多年前吕不韦的实践中,我们便可以总结出风险投资的一些特点:

首先,风险投资是一种没担保、风险高的项目投资,但由于成功的项目回报特别高,故仍能吸引一批投资人进行投资。

吕不韦为异人的投资,虽然得到了异人的口头回报承诺,但那是其投资成功后的承诺。如果投资失败,穷困潦倒的异人当然不会为吕不韦赔偿损失。当时,吕不韦的投资计划只是他的个人行为,不会有任何人、任何组织为他进行担保。如果异人不能如愿以偿地登上王位,那么,吕不韦的投资便泡汤了。不过,如果取得了成功,其回报率也是不可用数字来计算的。所以,尽管吕不韦的投资是无担保、高风险的,但是善于投机、雄才大略的吕不韦还是要决定赌上一把。

其次,风险投资的收益是无法预期的,有时是突然的,有时甚至是漫长的。有经济学家认为,风险投资一般需经三至八年才能取得收益,而且在此期间还要不断地进行增资。由于其流动性比较小,故而有人称之为"呆滞资金"。

吕不韦虽然对投资前景有着十足的信心,但是他也不知道他的伟大计划何时才能够实现。后来的史实说明,吕不韦是经过了七年的努力和等待才获得成功的,这与经济学家所总结的"风险投资一般需经三至八年才能取得收益"的说法不谋而合。

其三,风险投资是一系列投资方法的集合,它汇集了项目分析、技术分析、商业分析、市场分析、心理分析、价值分析等等一系列的分析方法,并非有胆无识的盲目投资。

吕不韦不是不知道,秦昭王当时还健在,安国君只是个储君。若想投资后尽快获利,应将资金投到安国君身上。但是,吕不韦只是一个商人,没有政治根基,恐怕他花多少钱也难以使安国君对他感恩戴德。安国君有那么多儿子,总共二十多个儿子,似乎每个儿子都有成为继承人的可能,为什么吕不韦不选别人呢,又是为什么单单选中了异人呢?

因为安国君的儿子们,除了异人一个人流落国外受苦之外,其余都是秦国的王孙,都在秦国作威作福。吕不韦的"千金",在这些王孙的眼中可能算不了什么。可是对于孤身在外的异人,简直是雪中送炭。在这时对他施以滴水之恩,极可能换来他将来的涌泉相报。所以说,吕不韦的投资计划也是汇集了项目分析、技术分析、商业分析、市场分析、心理分析、价值分析等等一系列的分析方法,虽然风险很高,但吕不韦并不盲目。他所具备的商人特有的敏感和独到的眼光,都与他关心政治、关心时事是不能分开的。

其四,风险投资不是一种借贷资本,而是一种权益资本;其着眼点不在于投资对象当前的盈亏,而在于他们的发展前景和资产的增值。

吕不韦自愿为异人的前途投大本钱,并不是将钱借给异人,而是想通过投资得到他想得到的权益,是一种"权益资本"。异人答应"分秦国与君共之",对吕不韦的回报就是"权益",而不是成功之后只偿还吕不韦"千金"。正是由于风险投资能带来最大的权益,而非一种保值或简单的增值,所以吕不韦才甘冒风险。

有句俗谚说得好:"长袖善舞,多财善贾。"韩非子在其著作中解释说:"此言多资之易为工也。"有雄厚的资金,买卖才能好做。投资投得起,赔也赔得起。所以说,擅长风险投资者,都是"多财善贾"者。当然,严格说来,吕不韦的"风险投资"是采取商业手段进行的政治投机,与当代经济领域"在商言商"的风险投资是不同的。吕不韦的"风险投资",是专制社会中产生的政治怪胎。而纯粹的商业领域的"风险投资",则是正常的,是值得肯定的。

为达目的，奉献舞姬

《史记·吕不韦列传》记载：吕不韦取邯郸诸姬绝好善舞者与居，知有身。子楚从不韦饮，见而说之，因起为寿，请之。吕不韦怒，念业已破家为子楚，欲以钓奇，乃遂献其姬。姬自匿有身，至大期时，生子政。子楚遂立姬为夫人。

吕不韦返回赵国，从此与异人的交情越加深厚。吕不韦却另有打算，虽然吕不韦是一个非常成功的商人，但他深感商人社会地位太低，在乱世争霸的年代，赵国与秦国相比，赵国太弱小，他萌发了去秦国从政的雄心。吕不韦深谋远虑，利用秦国人质嬴异人，部署进入秦国的计划。

赵国都城邯郸有一个歌妓叫赵姬，她生得一点樱唇，两行碎玉，袅娜娉婷，楚楚动人。吕不韦不惜重资买来为妾。过了三个月，赵姬怀了孕。吕不韦对赵姬说："我打算谋取强秦天下，所以我才娶你做妾，等到你怀孕的时候，把你奉献给异人。异人现在在赵国当人质，还没有娶老婆。如果你跟了他之后，生下来的是个男孩的话，那么异人必定会立他为太子，等到异人过世以后，这孩子必然会登基，到时候你我夫妇凭此而取秦之天下！"赵姬答应了。

隔日，吕不韦设宴请异人。珍馐百味，盈满筵席，笙歌舞女两边排立。酒到半酣，令赵姬盛装出来劝酒。异人见赵姬云鬟轻挑，蛾眉淡扫，玉步轻移，香风袭人，禁不住目眩心迷，神情恍惚，只顾偷眼相窥。赵姬也秋波婉转，与他对视后娇羞不语。赵姬敬酒进前，异人接酒，左顾右盼，目不舍离。正好吕不韦醉酒在席间打瞌睡。异人便去拉赵姬的袖子。赵姬若嗔若喜，半就半推，不妨座上啪的一声，接连便听见吕不韦厉声呵斥："你也太不识好歹了吧，我请你来我家喝酒，你怎么连我的爱妾都敢调戏？"异人慌忙回头看，见不韦已怒气冲冲地站在座前，顿时吓得魂飞天外，只好跪地求饶。

吕不韦假装生气地说:"我与你交往了这么多年,不能这样调戏欺侮,你如果是喜欢我的爱妾,你可以直说,又何必偷偷摸摸的呢?我都为你倾家荡产了,还会在乎一个女人吗?既然殿下真的喜欢,那么送给你就是啦。"

异人听吕不韦这么说以后,顿时化忧为喜,向吕不韦叩头哀求:"异人因为在这里当人质,所以难抑寂寞,想求您把赵姬送给我为妻,以后如果我发达了,我发誓我一定会回报您的。"

吕不韦将他扶起来,让赵姬坐在异人的左侧,一直到深夜,才让赵姬陪伴异人上车,一起回到了异人住的客馆。

秦始皇生母赵姬

赵姬的命运在一席间就改变了。子楚对美丽善舞的赵姬一见钟情,想将其据为己有。乍听此言,作为男人,吕不韦有理由大怒,毕竟是他的女人,但作为商人,他却从中嗅到了利益的气息。"我已经为你倾家荡产了,难道还会在乎一个女人吗?"吕不韦这样回应子楚的请求。与常人做比较,他更能克制自己对女人的欲望。

在中国历史上,有一种女人是主动选择走上政治舞台的,譬如汉代的吕雉、唐代的武则天，她们的性别劣势并不能遏制其心中的权力欲火；但也有一种女人是被动陷于政治漩涡的，譬如赵姬。当时，女性的地位极其低下，她们如同一件普通的物品，任由所有者处置。在吕不韦的眼中，赵姬就是这样一件物品，唯一不同的地方在于她是被押上的政治筹码之一。如果将吕不韦比喻为政治导演，那么，赵姬就是吕氏剧目中必不可少的政治演员。对异人而言，她是泄欲释压的工具；对嬴政而言，她是显其仁孝之心的道具；而对一些有政治野心的人而言，她的举止言行又成了夺权争势的借口。赵姬，终其一生，都不过是政治棋盘上的一粒棋子。

在这场政治联姻中，吕不韦虽是个局外人，但是却赚了个盆满钵满。是特立独行的想法成就了他，是不拘一格的努力成就了他，也就是我们现在经常说的"创新"，关键能在似乎不可为中做出有为，在似乎无甚惊奇中淡出绚烂之花，这大概就算得上一种能力了。吕不韦的机关算尽让人称奇，在他身上充分体现着无利不起早的商人本性。

昭王去世，相国擅权

《史记·吕不韦列传》记载：秦王立一年，薨，谥为孝文王。太子子楚代立，是为庄襄王。庄襄王所母华阳后为华阳太后，真母夏姬尊以为夏太后。庄襄王元年，以吕不韦为丞相，封为文信侯，食河南雒阳十万户。

庄襄王即位三年，薨，太子政立为王，尊吕不韦为相国，号称"仲父"。

公元前 251 年，长寿的秦昭王去世，苦等王位的安国君继位成了孝文王。昭王去世，吕不韦极为高兴，因为他所追求的目标又前进了一步。另一个欢欣鼓舞的人是异人，他因父亲孝文王继位而成为太子，离登王位只有一步之遥。

可惜这位待位多年的王储，在宫中长期沉醉于声色，迷恋华阳夫人的女色而身体虚空，无心去应付繁乱复杂的政务。坐上王位才三天便猝然死去，成为中国历史上执政时间最短的君主之一。

接着是太子子楚继位，即庄襄王，吕不韦也随即进入秦国的政治舞台，开始展示他的个人才华。庄襄王继位后的第一道命令就是为吕不韦而发：以吕不韦为本相，封为文信侯，以兰田十二个县为食邑。诏令一出，满朝文武惊呆了，因为当朝百官无一人能如此集官、爵、食邑最高等级于一身。只有吕不韦本人心里十分清楚，这只不过是十几年前在邯郸投资所收回的利益而已。秦国大政实际是完全控制在丞相、文信侯吕不韦手上，国王只是丞相意志的传声器。秦国由此开始了吕不韦擅权的时代。

吕不韦当政后的第一件事，就是大赦罪人，奖赏先王功臣以及对百姓施行一些小恩小惠。这使得吕不韦在秦国臣民中影响深远。他收买人心，泽及罪人、功臣和民。

就在此时，又传来一个喜讯，与庄襄王分别六年、留居邯郸的娇姬和稚子从赵国回到了咸阳。这无疑也是吕不韦安排的结果。

　　回到秦国的邯郸姬仍美艳、妖冶。庄襄王见美姬回到身边，自然更是怜爱有加，从此沉溺于锦被绣帐之中，无心过问政事。吕不韦独断秦国朝政更是畅行无阻。工于算计的商贾从政，处处都显露出他善于把握时机、取得最大效益的才能。消灭东周就是他执政后立起的第一块丰碑。

　　秦庄襄王死后，秦王嬴政年幼继位(公元前246年)，仍任吕不韦为相国，称之"仲父"，食邑有蓝田(今陕西蓝天县西)十二县，河南洛阳十万户，门下宾客三千，家僮万人。

　　做了宰相的吕不韦，要权有权，要金银有金银，但他仍然不满足，他要流芳百世，让万世后人景仰。然而自己的学问太浅，虽然身为宰相，却怕被以后的文人学者瞧不起，毁掉自己的一世英名，这可是他最不愿看到的事。孔子被认为学问很好，那是因为他写了那部叫《春秋》的书；孙武能当上吴国的大将，那是因为吴王看了他写的《孙子兵法》。吕不韦开始思索自己为什么就不能编部书，既能扬名当世，又能万古垂青。

　　对于墨水不深的吕不韦，想靠自己著书立说成为文化人很不容易，但这难不倒吕不韦。吕不韦三千门客中三教九流应有尽有，各有各的心得。吕不韦于是统筹这些人成立了吕氏文学院，把他们的所见所闻、所思所考撰写成文字，汇集成为二十六卷一百六十篇长达二十万余字的巨著《吕氏春秋》。

《吕氏春秋》书影

　　编成书后，为使之迅速广为人知，吕不韦又开始琢磨着通过炒作来达到这一目的。很快，他就想到了一个绝招。他命令门客把《吕氏春秋》全文抄出，贴在咸阳城墙上，并张贴布告：如果谁能把《吕氏春秋》中的文字增加一个字或减少一个字，甚至改动一个字，赏黄金千两。布告刚贴出不久，万人争相阅读。但是贴出来了好长时间，仍然没有一个人来动半个字，也许是人们惧怕吕不韦的权势，而从另外一个角度来讲，《吕氏春秋》也不失为一部传世杰作。《吕氏春秋》也因此成了流芳百世、千金难改一字的经典之作，也使吕不韦的事业达到了顶峰。

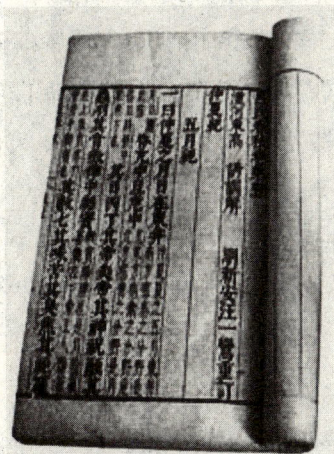

真实败露，饮鸩自杀

　　吕不韦的投资很成功，可他晚年却也很悲惨，秦始皇虽说是他的儿子，但秦王嬴政翻脸不认爹，最后把吕不韦流放远方蜀地……那时的四川，是秦国流放罪犯的地方，成年后的秦王嬴政觉得吕不韦妨碍他的统治，不杀他也不能让他在身边碍事……

　　《史记·吕不韦列传》记载：秦王十年十月，免相国吕不韦。及齐人茅焦说秦王，秦王乃迎太后于雍，归复咸阳，而出文信侯就国河南。

　　信侯岁馀，诸侯宾客使者相望于道，请文信侯。秦王恐其为变，乃赐文信侯书曰："君何功于秦？秦封君河南，食十万户。君何亲于秦？号称仲父。其与家属徙处蜀！"吕不韦自度稍侵，恐诛，乃饮酖而死。

　　随着嬴政年龄的不断长大，吕不韦仍然和太后私通。不过，吕不韦还算是一个知进退的人，唯恐事情败露，灾祸降临在自己头上，在危急的时候让嫪毐代替了自己，吕不韦进献嫪毐，假装让人告发他犯下了该受宫刑的罪。吕不韦又暗中对太后说："你可以让嫪毐假装受了宫刑，就可以在供职宫中的人员中得到他。"太后就偷偷地送给主持宫刑的官吏许多东西，假装处罚嫪毐，拔掉了他的胡须假充宦官，这就得以侍奉太后。太后暗中和他通奸，特别喜爱他。后来太后怀孕在身，害怕别人知道，假称算卦不吉，需要换一个环境来躲避一下，就迁移到雍地的宫殿中居住。

　　秦始皇九年（公元前238年），有人告发嫪毐不是宦官，常常和太后淫乱私通，并生下两个儿子，都把他们隐藏起来，还和太后谋议说"若是秦王死去，就立这儿子继位"。于是秦始皇命法官严查此事，把事情真相全部弄清，事情牵连到相国吕不韦。这年九月，把嫪毐家三族人众全部杀死，又杀太后所生的两个儿子，并把太后迁到雍地居。秦始皇十年十月，免去了吕不韦的相国职务。等到齐人茅焦劝说秦王，秦王这才到雍地迎接太后，使她又回归咸阳，但秦王把吕不韦遣出京城，前往河南的封地。

来到自己的领地后，吕不韦又活跃起来了。他虽然没有了实权，但爵位仍在，经济收入丰厚，他任相国多年，政绩卓著，且交友广泛，有一定的社会影响，不像嫪毐那样臭名远扬，虽然失势，但前来拜访、探望的各国使者宾客仍然络绎不绝，他家门庭若市，非常热闹。

可惜，精明的吕不韦再次走错了一步棋。他办事周详、仔细，回到河南后本应该闭门谢客，忍受寂寞，"韬光养晦"，好好总结自己的经验与教训。按他与嬴政的微妙关系，如果低调做人，嬴政的王位坐稳了，感觉吕不韦对他没有威胁了，不仅不会对吕不韦采取进一步的行动，甚至可能再度起用他。然而，吕不韦太不谨慎了，他过高地估计了自己，也小看了嬴政，他在家里整日酒席不断，高朋满座，结果树大招风，在错误的道路上越走越远，在泥潭中越陷越深。

吕不韦在河南的活动，传到政治嗅觉很敏感的嬴政那里，嬴政刚亲政，需要安定，没想到他还那么活跃，真是不能容忍！嬴政感到必须对吕不韦采取最后的一招了。

秦王恐怕他发动叛乱，派人给吕不韦送了一封信，吕不韦打开一看，只见上面写道："君何功于秦？秦封君河南，食十万户。君何亲于秦？号称仲父。其与家属徙处蜀！"

这封信是嬴政对吕不韦政治地位和亲情关系的彻底否定：

第一，你吕不韦与秦国无功，不应该享受租税食邑。

第二，你吕不韦与我没有亲戚关系，不该称仲父。一个既无功又与我不沾亲的人，跟我有何关系，赶快远远的离开这里！你们一家都迁到蜀地去吧！

试想，如果按照秦始皇嬴政的性格，要处死一个失势下野的大臣，用不着和他说那么多废话，直接下令让他搬到蜀地去就可以了，可是他却非要对吕不韦说清楚——让他吕不韦给个说法，澄清事实，什么"无功"、"无亲"？根本就是强词夺理，翻脸不认账，吕不韦在秦国的贡献那是有目共睹，他和秦嬴政的关系，两人也是心知肚明，吕不韦若无功无亲，他能当上相国吗？能当"仲父"、辅佐朝政吗？现在嬴政予以全部否定，恰恰说明吕不韦对秦是有贡献的，他与嬴政的关系是特殊的。

看着这样一封冷酷的绝情信，吕不韦也不想为自己辩解什么，他只能感叹自己的失误,感叹自己的命运不济。吕不韦感到了自己政治生涯真正的结束,人生末路的到来,与其被嬴政逼迫、折磨而死,还不如自己结束生命。于是就喝下毒酒自杀而死。

吕不韦陷入绝境是由三个失误造成的,让我们来看一下:

第一,向太后推荐嫪毐,最终养虎为患。低估了嫪毐的能量和野心。

第二,在嫪毐叛乱后没有旗帜鲜明地反对,使秦嬴政对他的看法完全改变了。

第三,回到河南后他并没有接受教训,不知道低调做人,做事过于张扬,引起嬴政的怀疑,使嬴政下决心除掉他。

回顾吕不韦的一生,可以轻松地发现,吕不韦之所以掌握秦国政权达十多年之久,凭借的就是血性、傲骨和胆魄,所有的这一切成就了吕不韦的大气。凭借着他的大气,他接近了王孙;说服了华阳夫人;登上了政坛;完成了《吕氏春秋》……可以说,就是他血性的气魄、刚烈的性格和凛然的大气构筑成了其生命的里程碑。

至于他瞄准政治人物不惜血本地投入,以此经营自己的事业,从经济走上政治,这与其叫投资不如叫投机,在如今称为"寻租",钱权交易等,但吕不韦玩得很成功,他用商人的智慧选择了回报率最高的投资。只是政治风险太大,令他最终获得一个很悲惨的结局。

殚精竭虑

◎周公旦

周公旦，周武王的弟弟、周朝开国功臣。武王死后，他又辅佐年幼的周成王，击垮了商纣王残余势力的复辟活动，巩固了西周政权。周公旦政治品格很高，严于律己，是我国古代的名臣。周公旦在当时不仅是卓越的政治家、军事家，而且还是个多才多艺的诗人、学者。其兄弟管叔、蔡叔和霍叔等人勾结商纣子武庚和徐、奄等东方夷族反叛。他奉命出师，三年后平叛，并将势力扩展至海。后建成周洛邑，作为东都。

辅佐成王,平定三监

《史记·鲁周公世家》记载:周公旦者,周武王弟也。自文王在时,旦为子孝,笃仁,异于群子。及武王即位,旦常辅翼武王,用事居多。武王九年,东伐至盟津,周公辅行。

周公姓姬名旦,亦称叔旦,周文王姬昌第四个儿子。因封地在周(今陕西岐山北),故称周公或周公旦,是西周杰出的政治家和军事家。

周公旦与周武王是兄弟。周公旦在周灭商之战中,"常左翼武王,用事居多"。灭商两年后,武王病死,子成王继位。成王幼弱,尚在襁褓之中,不能亲政,其时周初定天下,局势尚未完全稳定,众诸侯会有可能叛乱。于是,武王之弟、成王之叔周公旦摄政当国,代行天子权力。管叔、蔡叔对此不满,散布流言蜚语,说周公企图谋害成王,窃取王位,连召公奭也相信此说。周王室最高统治层的变故和动荡,给殷商残余势力以可乘之机,纣王之子武庚串通管叔、蔡叔,联合东方淮夷(今江苏、安徽一带)、徐(今山东临沂一带)、奄(今山东曲阜)、蒲姑(今山东博兴东北)等方国部落,发动复国战争。这对刚刚建立三年多的周朝来说,是个异常沉重的打击。如果叛乱不加以克服,周王朝就会面临极大困难,或许就会毁掉周文王经营几十年的功业。正处在风雨飘摇之中的周王室,又遭到王室内部人的攻击,他们对周公称王持怀疑态度。这种内外夹攻的局面,使周公处境十分困难。

周公迅速安定王室内部,并向全国臣民发布讨伐叛军的动员令,于摄政二年初亲率大军东征。不料,却遭到王室贵族和诸侯百官反对。他们认为,武庚与管蔡、淮夷相勾结,声势浩大,加之地形险阻,东征难操胜算。不如遣使言和,或者周公立即还政于成王,抑或能使武庚罢兵。周公力排众议,坚持出兵,并发表了著名的《大诰》,陈述东征意义。他强调,平定叛乱是继承文王大业和执行上帝命令,诚然艰难,但子孙必须尽一切努力完成。譬如父亲想盖房子,已经定好规模,可是儿子堆土作堂基的事都不愿播,还肯去收获吗? 这样的儿子就是抛弃父辈基业! 周公表示,一定要在自己的有生之年完成文王未竟之业。在周公的指挥下,东征军自镐京(今西安西)沿渭水、河水以南大道直趋成周,与叛军首战于成周附近。管、蔡叛乱不得人心,军无斗志,一触即溃。周公以反叛之罪杀管叔,放逐蔡叔,罚胁从叛乱的霍叔为庶人。东征军乘势北渡河水,猛攻武庚叛军,叛军震惧而溃。周军追击,直捣朝歌(今河南淇县),武庚仓皇弃城北奔,后被截获处死。周公封弟康叔于朝歌,建立卫国,以控制旧殷畿之地。

管叔、蔡叔、武庚虽然已经被灭掉,但东夷诸国仍与周朝为敌。周公初欲直接进攻东夷中实力最强的奄国,后听从辛公甲"服众小以劫大"(《韩非子·说林上》)之意,采取集中力量、由弱及强、迂回进攻的方略。先是挥兵东南,进攻以徐为首的淮夷各国,破徐,淮夷服。尔后由南向北,相继攻灭缯(今山东枣庄东)、丰(今曲阜西南)等国,使奄失去南面羽翼。就在这时候,成王也令毛叔郑率军由西向东进逼,配合周公所率主力进攻,终于灭奄。周公乘胜挥师北进,直取蒲姑,又向东横扫,至于海滨,擒杀纣王旧臣飞廉。最终,以平东夷诸国告终。

周公历时近三年的东征,"灭国者五十"(《孟子·滕文公下》),彻底摧毁商朝在东方的残余势力,使旧殷畿以东至于海滨皆入西周,奠定周朝一代的广大疆土版图。

虽然他对周朝的建立和巩固做出了重大贡献,但其对摄政缺乏充分的宗法制度和道德依据,其动机和目的在当时受到了几乎所有周室宗亲和重臣的怀疑。

《史记·管蔡世家》记载:"武王既崩,成王少,周公专王室。管叔、蔡叔疑周公之为不利于成王,乃挟武庚以作乱。"于是,就有人把"专王室"认为是司马迁在暗喻周公似有飞扬跋扈、独裁之嫌,并且还用极大的笔墨写出管、蔡的同情,甚至有人觉得太史公也认为造成这场内部冲突的责任完全在周公而不在其他人,是因为周摄政的不合法性导致了骨肉相残。管叔、蔡叔"疑周公之为不利于成王"而起兵讨之,乃是一件顺理成章、正确的事。在这种情况下,周公本应该诚恳的作自我反省、道歉或解释工作,承担责任,改正错误来化解这场恩怨。然而,周公却反其道而行之,对一母同胞采取了果断的血腥镇压,特别对自己的亲哥哥管叔,竟毫不客气地杀掉,这是一种没有人性的做法! 退一步说,即便管叔反对你周公摄政有罪,不杀,关起来行不行？为什么一定要赶尽杀绝呢？因此，就有一部分人怀疑起周公正直忠实的人品。

其实，这种理解是很片面的，似乎也有些偏激。作为《史记》的作者司马迁完全有机会以如椽之笔为帝王脸上贴金，以改变自己的险境，但他没有这样做。司马迁无党无私，这是毋庸置疑，他与周公旦神交甚笃，用重墨渲染了周公旦冰清玉润的人格，至今读来仍让人为之叹服。

第一，周公旦以卜救武王。《史记·鲁周公世家》记载：武王克殷二年，天下未集，武王有疾，不豫，群臣惧，太公、召公乃缪卜。周公曰："未可以戚我先王。"周公于是乃自以为质，设三坛，周公北面立，戴璧秉圭，告于太王、王季、文王。……周公藏其策金滕匮中，诫守者勿敢言。明日，武王有瘳。

第二，周公旦以祝告救成王。《史记·鲁周公世家》记载：初，成王少时，病，周公乃自揃其蚤沈之河，以祝于神曰："王少未有识，奸神命者乃旦也。"亦藏其策于府。成王病有瘳。及成王用事，人或谮周公，周公奔楚。成王发府，见周公祷书，乃泣，反周公。

作为后人，在评价历史人物时，主要还是看其在历史进程中所起的作用，对后世所产生的影响，而人格因素次之。可以肯定地说，周公是对中国先秦政治格局与文明产生影响最大的一位政治家与先贤。

营建洛邑，鞠躬尽瘁

《史记·鲁周公世家》记载：成王七年二月乙未，王朝步自周，至丰，使太保召公先之雒相土。其三月，周公往营成周雒邑，卜居焉，曰吉，遂国之。

成王长，能听政。于是周公乃还政于成王，成王临朝。周公之代成王治，南面倍依以朝诸侯。及七年后，还政成王，北面就臣位，㪨㪨如畏然。

在东征过程中，周公路过洛邑，他以政治家敏锐的眼光，认为在此建都意义重大，于是马上向成王建议迁都洛邑。成王十分高兴地接纳了周公的建议，决定先将西周王权象征的九鼎迁到洛邑，接着便委任周公亲自负责此事。

周公东征班师后，便着手营建东都洛邑。建城的主要劳力是"殷顽民"，即殷人当中的上层分子。"顽民"西迁，一则使他们脱离了原来住地，失去了社会影响；二则集中起来，便于看管。为了看管殷顽民，周公曾经派了八师兵力驻守。

东都洛邑位于伊水和洛水流经的伊洛盆地中心，地势平坦，土壤肥沃，南望龙门山，北倚邙山，群山环抱，地势险要。伊、洛、湛、涧四小汇流其间。东有虎牢关，西有函谷关，据东西交通的咽喉要道。顺大河而下，可达殷人故地。顺洛水，可达齐、鲁。南有汝、颍二水，可达徐夷、淮夷。在伊、洛盆地定都的确是一个很好的决策。

公元前1020年，周公正式营建洛邑。三月初五，召公先来到洛邑，经过占卜，把城址确定在涧水和洛水的交汇处，并进而规划城郭、宗庙、朝、市的具体位置，五月十一日规划成功。第二天，周公来到洛邑，全面视察了新邑规划，重新占卜。卜兆表明湛水西和湛水东，洛水之滨营建新都大吉。经过一年左右的时间，新都建成了。城方一千七百二十丈，外城方七十里。城内宫殿富丽堂皇，新都叫"新邑"或"新洛邑"；因为地原有鄂邑，北有郏山，故又称"郏鄏"。新都为周王所居，又叫"王城"。新邑东郊,湛水以东殷民住地叫"成周",意思是成就周道。原来的镐京就称作"宗周"了。

东都洛邑建成之后,周公考虑到,要经营好这座城邑却是非常困难的,需要有一整套的体系和理念。因此,周公营洛重在制度建设。为此,周公下大力气制礼作乐,制订了周朝较为完善的典章制度。周王朝幅员如此辽阔,从南到北,从东到西,各地的风俗差别非常之大。如何从文化的层面上归于一统,周公的"礼"和"乐",就成了其切入点。到周成王满二十岁的时候,周公交给成王的不仅是国家政权,还有一系列的管理思想和理念。正因为如此,才有了从成王到康王时约五十多年的周朝的鼎盛时期,才有了被后人称颂的"成康之治"。

从某种意义上讲,周公营洛,实际上经营的是周天下。周公通过制礼作乐,不仅使周朝的政权维持长达八百年,而且在中国文化史上也留下了浓墨重彩。我国文化集中整理成一系统性,就是从周公开始的。

周公为了巩固西周的统治,还先后发布了各种文告,从这里可以窥见周公总结夏殷的统治经验,制定下来的各种政策。周公曾先后给卫康叔《康诰》、《酒诰》、《梓材》三篇文告。

三篇贯穿一个基本思想是安定殷民,不给殷民一个虐杀的形象,处罚要慎重,要依法从事。至于改造陋习——酗酒,一是限制,二是引导,三是区别对待。作为统治者,要勤勉从事。

周公制礼作乐的第二年,周公把朝政还给了成王。周公还政后并没有过上逍遥快乐的生活,而是心系国邦。他时刻牵挂着成王,牵挂着国家的安危。以一个大臣的身份随时向成王提出自己的告诫、建议和意见,恭谨地服侍成王。

周公怀着为国为民之心,辅佐成王三年,为成王出谋划策,扶持他一步步走向成熟,逐渐成为一个有胆有识的君主。

完成使命后,周公这才松了一口气。此时他已感到自己老了,力不从心了。他向成王请求并得到允许在丰京养老,但是由于一生呕心沥血,积劳成疾,不久,周公就身患重病,临死之前,他还想着周王朝,想着成王。他说:"我死之后,一定要把我埋葬在成周,以明我不敢离开成王,要臣服于成王的心愿。"

周公去世之后,成王也谦让,将周公葬在毕原,陪从文王,表明自己不敢把周公当臣子看待。

周公一生为西周政权的建立、发展、巩固直至强大做出了巨大的贡献。至今，仍然有个问题使人不解，那就是周公营建洛邑后，成王迁都了吗？成王对迁都一事又如何看待呢？这些在史料中并没有详细记载，以下就让我们来一一分析。

《史记·鲁周公世家》载周公遗嘱："必葬我成周，以明吾不敢离成王。"周公死在丰，丰离镐京很近，如果成王之都城仍在镐，周公当应葬在镐才是，周公要葬在成周，表示阴魂也为成王之臣，必是成王已在成周执政无疑。执政成周，成周自然就是都城。有人说，成周只能算陪都，这种说法是十分不合理的。其实，成王确实迁过都，但并未因此废除旧都"宗周"，并且有两地轮为执政的事实。到底是什么原因使成王没有废除旧都而迫使他要迁都洛邑的呢？主要有以下三个原因：

第一，宗周旧贵族，宗周子孙们，在夺取政权以后，不愿再奔波、劳累，宁愿享乐、舒适，更不愿离开经营了若干年的镐京，最后成王迁都，也只有一小部分贵族随迁。

第二，成王本人也称不敢忘旧，不愿迁都。这个可以从《洛诰》记录他为此事与周公的争论中可以看出：周公劝他说："王，肇称殷礼，祀于新邑，……予齐百工，从王于周。……孺子其朋，孺子其朋，其往。……唯以在周工往新邑，……"成王并不理会，他坚持说："公，予小子其退，即辟于周，命公后。……公定，予往已。……公无困哉。"最后，这场争议在周公还政的这一年，以周公继续留守洛邑，成王回镐京改元祀告终。就从后者来说，武王的遗愿是建都于洛，周公积极实践其愿，并力举迁都，这对既是儿子，又是侄子的成王来讲，是迫使他迁都的重要原因之一。

第三，大量的殷遗民被周公迁到洛邑了，于是洛邑就成了殷人集居的中心之一，想要统治好这些人，不再发生叛乱，同时也便于加强对整个东部地区的控制，成王就必须迁都，别无选择。于是，成王就在这种万般无奈的情况下迁都了，但西周是两个都城并存——宗周、成周。

从以上看，周公虽然显得有点强迫逼人，但他所做的这一切都是为周朝的社稷，武王的遗愿着想啊！"一沐三捉发，一饭三吐哺"就足以证明周公为周朝鞠躬尽瘁，死而后已的爱国精神！

才谋兼得

◎李 斯

李斯,楚国上蔡(今河南上蔡县)人,是秦代著名的政治家、文学家和书法家,在我国历史上声名显赫,功绩卓著。他年轻时,起初在乡村做管理文书的小官,后来,随荀卿学习,拜荀子为师,学习帝王之术、治国之道。在秦始皇统治期间,李斯以杰出的政治远见和卓越才能被任命为丞相。

不满现状，仓鼠之感

《史记·李斯列传》记载：李斯者，楚上蔡人也。年少时，为郡小吏，见吏舍厕中鼠食不絜，近人犬，数惊恐之。斯入仓，观仓中鼠，食积粟，居大庑之下，不见人犬之忧。于是李斯乃叹曰："人之贤不肖譬如鼠矣，在所自处耳！"

李斯少年时家境贫寒，但聪慧过人，好学不倦。成人后，因办事干练，被人举荐为看管粮仓的小吏。有一次，他看到吏舍厕所中的老鼠，吃的是肮脏的粪便，又经常受到人和狗的侵扰。李斯来到粮仓，却看到这里的老鼠吃的是堆积如山的谷粟，住着宽大的房舍，而且没有任何人来打扰，于是，心中顿然明白，感叹说："一个人有无出息就像这老鼠，在于能不能给自己找到一个优越的环境。"胸怀大志的人要改变当前环境，就要靠努力奋斗来达到自己的目的，否则将会一无所有。李斯后来之所以会不择手段地残害自己身边的人，其目的就是改变自己的卑贱命运！

于是，李斯拜荀况为师学习"帝王之术"，开始了他飞黄腾达的第一步。论文章和理论水平，李斯不如韩非；但李斯是现实主义的实用大师，与理想主义的理论大师韩非相比，李斯更适于当时的乱世。

《史记》记载了李斯辞别老师时的一番话："……今秦王欲吞天下，称帝而治，此布衣驰骛之时，而游说者之秋也……故垢莫大于卑贱，而悲莫甚于穷困。久处卑贱之位，困营知地，非世而恶利，自托于无为，此非士之情也……"司马迁的记载不免带有文学的色彩，但这也足以揭露了李斯对名利追逐的思想。司马迁认为为人应该"达则兼济天下，穷则独善其身"。而李斯则认为人最大的耻辱莫过于地位的卑贱，而最大的悲哀莫过于生活的贫困，一味强调利己主义，是不符合儒家"仁义道德"和道家"清静无为"的标准的。于是人们看到的是一个欲望恶性膨胀的李斯。

苦于贫贱而贪恋富贵，是李斯人生观、价值观的核心，这种思想是他人生之梦得以实现的动力,也是葬送他身家性命的祸根。一个人的世界观对人生有着深远的影响,尤其是在少年时期形成的世界观更是如此。看待世界的角度不同决定了所呈现的视野也会千姿百态。个人的奋斗,支持个人奋斗的理念,个人奋斗的方式和途径,就像百花园里的花朵一样,色彩缤纷,五颜六色。所以,儿时的经历很重要,人生所有的梦想都诞生于此,所有的努力和奋斗都于此汲取动力。李斯就是一个很好的例子。

无论他做的官是多么小,也无论他的遭际多么无聊,发生在身边的事总能引起他的思考。也许这就是能人和凡人的区别。能人总是能够看到凡人眼里看不到的东西。

善于思考和观察的人总是对身边的世界十分敏感,一个在寻常人看来十分司空见惯的现象,在他们看来里面就可能隐藏着深奥的道理。即使再简单不过的事,也可能是生活哲学的体现,应该归纳和总结出来,作为人生的指导。

李斯总结的这套"老鼠"哲学,对他未来的人生追求具有指导意义。可以说,李斯离开楚国,西入秦国,后来做了始皇帝的丞相,以致最终被腰斩于咸阳市,都与这套老鼠哲学有很大的关系。

前赴秦国,施展才能

《史记·李斯列传》记载:"李斯以闾阎历诸侯,入事秦,因以瑕衅,以辅始皇,卒成帝业,斯为三公,可谓尊用矣。"由此可见,李斯是一个不平凡的人物。他助秦统一天下,结束了战国的乱世,解救黎民于悬壶,却又劝言焚书坑儒,造成了中国文化的断层。李斯就是这样一个功过并重、矛盾重重的历史人物。

李斯之所以能够顺利地实现远大的抱负和志愿,主要原因在于他善于"抓住机会,果断出击"。春秋以来,周室中衰,国家分裂,到战国时期,更是战火不断,天下处于一个混乱的状态。秦国通过商鞅变法,逐步成长为诸侯强国,山东六国皆不能与之抗衡,经过战争的演变,强国自强,弱国自弱,所以到秦王嬴政时期,大有囊括天下之势。这种时代背景情况下,李斯毫不犹豫地选择了秦国,实在是一种明智之举。

李斯应该是一个十分幸运的人,他刚到秦国就遇到秦庄襄王去世,历来新君上任都要新选拔一批为新君所看中或信任的人才进入宫廷操理国事,这对李斯来说实在是一个千载难逢的时机。不过李斯进入秦国后,并没有直接面见皇上,而是先在吕不韦门下做舍人。

在得到了吕不韦的赏识被任为郎官后,李斯才去晋见了秦王,并向秦王献计:"夫以秦之强,大王之贤,由灶上骚除,足以灭诸侯,成帝业,为天下一统,此万世之一时也。"对秦国统一天下来说,这的确是一个大好时机,如果能够把握好这个时机,那么想要统一天下就指日可待了。因此,秦王听了很高兴,不但采纳李斯的建议,而且还任李斯为长史,接着又拜为客卿,命其制定吞并六国,统一天下的策略和部署。遂又向秦王献策"阴遣谋士赍持金玉以游说诸侯。诸侯名士可下以财者,厚遗结之;不肯者,利剑刺之。离其君臣之计,秦王乃使其良将随其后"。使各国的内部矛盾变得更加尖锐,加速了统一的进程。

李斯在政治上的远见卓识,主要就体现在他入秦后辅秦竟并天下,直至立国后所做出的诸多大事上。每一件都足以改变秦王朝的前途和命运,秦始皇稍有一念之失,都可以使历史重写。

公元前 237 年,秦国宗室贵族借口韩国水工郑国在秦搞间谍活动事件,要求秦王下令驱逐六国客卿,其中李斯也在内。这是个关键时期,刚到秦国谋得一官职并得到信任,就这么走了的话岂不功亏一篑?为了能够将自己的才能发挥到极限,李斯在被逐离秦途中,写了《谏逐客书》,劝秦王收回成命。在《谏逐客书》中,李斯举了大量的史料说明客卿辅秦之功,力陈逐客之失,劝秦王为成就统一大业,要不讲国别,不分地域,广集人才。秦王看了《谏逐客书》深受感动,立即取消了逐客令,并恢复了李斯的官职,不久又提升了他当廷尉。如果李斯不在这关键时刻上书《谏逐客书》,那么在青史名册上就不会留下李斯的大名了。

《谏逐客书》,为秦国留住了大量的人才。《史记·李斯列传》:"会韩人郑国来间秦,以作注溉渠,已而觉。秦宗室大臣皆言秦王曰:'诸侯人来事秦者,大抵为其主游间于秦耳,请一切逐客。'李斯亦在逐中。"正是在这种情况下,李斯才写了那篇传世名作《谏逐客书》,"……今乃弃黔首以资敌国,却宾客以业诸侯,使天下之士退而不敢向西,裹足不入秦,此所谓'借寇兵而赍盗粮'者也。"一语中矢,道出逐客之误,等于是把武器借给了敌寇,把粮食送给了盗贼,减少自己的人民来增加敌人的力量。这其中蕴含的深刻政治意义,为秦统一六国起到了重要的主导作用。

《谏逐客书》充分地显示了李斯文学方面的天赋、卓越的政治才能和高超的斗争艺术,这使他的政治生涯奠定了稳固的基础。因此鲁迅说:"秦之文章,李斯一人而已。"今人遗憾的是,斯手书已汛大多散失。

李斯重新受到秦王政的重用后,以卓越的政治才能和远见,顺应历史发展的趋势,佐助秦王政制定了吞并六国,实现统一的策略和部署,并努力组织实施。结果仅仅用了十年的时间,就先后灭了六国,于公元前 221 年建立了我国历史上第一个统一的、中央集权制的封建国家,完成了统一中国的大业。

秦朝建立后,李斯被封为丞相。他继续辅佐秦始皇,在巩固秦朝政权,维护国家统一,促进经济和文化的发展等方面屡建奇功。他建议秦始皇废除造成诸侯分裂割据、长期混战的分封制,实行郡县制。把全国分为三十六郡(后增加到四十一郡），郡下设县、乡，归中央直接统辖，官吏由中央任免。在中央设三分、九卿，分职国家大事。这一整套封建中央集权制度，从根本上铲除了诸侯王国分裂割据的祸根，对巩固国家统一，促进社会发展起到了积极作用。所以，这个制度在秦以后的封建社会里一直被沿用。

秦朝统一后，由于过去各诸侯国长期分裂割据，语言、文字都有很大的差异，这无论是对国家经济，还是文化都十分不利。于是李斯又向秦始皇提出统一文字的建议，并亲自主持这项工作，他以秦国文字为基础，废除异体字，简化字形，整理部首，形成了笔画比较简单、形体较为规范，而且便于书写的小篆（也称秦篆和斯篆），作为标准文字。他还亲自用小篆书写了一部《仓颉篇》，作为范本，推行全国。小篆的出现是汉字发展史上的一大进步。

秦朝统一后，为使帝国版图得以拓宽"外攘四夷，斯皆有力焉"。对此，李斯在《自罪书》中曾有自述："地非不广，又北逐胡、貉，南定百越，以见秦之强。"在他的出谋划策下，历三载而定百越。但对于秦始皇"务战不休，欲攻匈奴"的军事方针，李斯出于"匈奴无城郭之居，委积之守，迁徙鸟举，难得而制也"的实际考虑，是否认"轻兵深入"的。事实证明，李斯的"备胡利越"之策，在当时是务实之举。其后，在李斯的积极匡扶下，大秦帝国达到了中国历史上空前绝后的版图。疆域之广袤，东至东海，西到陇西，北至长城，南至南海，人口达两千余万。不仅是我国第一个统一的多民族的封建国家，在那个时代，也是一个十分罕见的世界大国。比上世纪西方的亚历山大帝国还要大，而且亚历山大帝国只是昙花一现，而秦王朝建立的中华帝国却矗立不坠！而秦王朝之所以能如此，大多都出自李斯之谋，李斯真可谓是秦王朝的第一功臣！

千古之罪,焚书坑儒

《史记·李斯列传》记载:始皇三十四年,置酒咸阳宫,博士仆射周青臣等颂始皇威德。齐人淳于越进谏曰:"臣闻之,殷周之王千余岁,封子弟功臣自为支辅。今陛下有海内,而子弟为匹夫,卒有田常、六卿之患,臣无辅弼,何以相救哉?事不师古而能长久者,非所闻也。今青臣等又面谀以重陛下过,非忠臣也。"始皇下其议丞相。丞相谬其说,绌其辞,乃上书曰:"古者天下散乱,莫能相一,是以诸侯并作,语皆道古以害今,饰虚言以乱实,人善其所私学,以非上所建立。今陛下并有天下,别白黑而定一尊;而私学乃相与非法教之制,闻令下,即各以其私学议之,入则心非,出则巷议,非主以为名,异趣以为高,率群下以造谤。如此不禁,则主势降乎上,党与成乎下。禁之便。臣请诸有文学诗书百家语者,蠲除去之。令到满三十日弗去,黥为城旦。所不去者,医药卜筮种树之书。若有欲学者,以吏为师。"始皇可其议,收去诗书百家之语以愚百姓,使天下无以古非今。

公元前 213 年,群臣聚集在咸阳宫称颂秦始皇,有个叫周青臣的博士仆射,称颂秦始皇消灭六国诸侯,在天下实行郡县,统一了中国,铲除了战争的祸根,认为这是前无古人的事业。这些虽是实情,但他的阿谀奉承之词听起来不免让人倒胃口,然而却使秦始皇龙颜大悦。

就在这时,另一个博士淳于越很不知趣,对秦始皇说:"殷周之所以存在千年,是因为它把天下分封给子弟和功臣。现在天下如此之大,宗室子弟没有封地,和百姓一样,万一发生了田常、六卿之变,又有谁来相救呢?没听说过不以古为师而天下能长久的。"这句话刚说完,秦始皇愉悦的心情顿时就一扫而光,脸上出现了阴云密布的表情。秦始皇最反对以古论今,以古非今。淳于越是以儒家的立场来看待秦朝的政治,同秦始皇的思想和行动格格不入,使得秦始皇极为不满。

李斯是一个十分敏感的人,一眼就看出淳于越要推翻自己的主张和立场,又看到秦始皇如此不高兴,于是就向秦始皇阐述了自己的观点。他认为:"由于时代的变化,五帝三代的治国办法也不同。三代时期的做法,也并不值得效法。那时候诸侯并列,互相争夺,现在天下统一,情况完全不同,不必效法古代。现在天下已定,法令一统,百姓努力生产,读书人只须学习政府法令。但是那些读书人不去学习现在的东西,却专门推崇古代的东西。他们标榜私学,攻击政府法令,入则心非,出则巷议,诽谤朝政,惑乱人心。如果不加禁止,势必会降低陛下的威信,那么他们就会结成私党,聚众闹事。"

最后,李斯又把这一切都归罪为读书的缘故,向秦始皇提议下令焚书。公元前213年,李斯上书秦始皇道:"臣请史官非秦记皆烧之,非博士官所职,天下有藏《诗》、《书》、百家语者,皆诣守、尉杂烧之。"对于这个建议,嬴政的批阅是:"可。"

我们知道,秦国自商鞅变法以来,一直是以法家理论作为治国的指导思想。秦始皇统一天下之后,依然在执行以法治国的思想。在他当皇帝的九年中,主要精力是用在建立中央专制政权,划定全国疆域,统一文字度量衡,修筑长城等,对文化思想方面很少注意。淳于越以儒家思想为秦始皇出谋划策,是不利于秦的中央集权统治的。所以,善于领会秦始皇意图的李斯,为了打击儒家势力,巩固统一政权,提出了上述焚书的主张,得到了秦始皇的同意。

李斯制定的法令是十分残酷的,除了秦记以外的史书,不是博士(指掌管古今文史典籍的官)所藏的诗、书、百家语都要烧掉,只准留下医药、卜筮、种树之书。此后,如果有敢再谈论诗书者"弃市"(指在闹市区执行死刑,并将尸体暴露街头,称为弃市);"以古非今者族(指一人有罪,父母兄弟妻子皆受刑,称为族)";官吏如果知道而不检举者,与之同罪;令下后三十日仍不烧者,黥(意为用刀刺刻额颊等处)再髡上墨为"城旦"(一种刑罚,输边筑长城四年)。有想学习法令的,要以吏为师。

这次焚书主要是由讨论是否分封的问题引起的,无论是主张分封还是反对分封的大臣,都是为了秦始皇长久统治着想,在根本利益上并没有对立。李斯借题发挥,结果却造成焚书的结局。从而导致先秦许多文献古籍都被烧掉了,中国文化也遭到了巨大的损失。

在焚书的第二年,即秦王政三十五年,秦始皇对儒生又进行了迫害。他下令将咸阳的四百六十多个儒生活埋,这就是历史上的"坑儒"事件。

"焚书坑儒"这一事件，对中国历史的进程和思想文化史的进程来说，是一场难以形容的灾难。在这个事件中，李斯无疑充当了毁灭文化的主要角色。儒生的主张虽然不合时宜，但他们本身并没有错，他们所读所学所信仰之学说没有错，而李斯揣测秦皇意图，以报当日儒生阻挠实施郡县制的仇恨，竟建议焚诗书、坑群儒，其内心之阴暗可见一斑。至此，秦国的文化与公正、理性也就逐渐地变远了。

李 斯 之 死

　　李斯，一位中国历史上足以同张良、诸葛亮、刘基相媲美的谋士，辅佐秦王灭六国，统一中国，明法度，定律令，同文字，可谓秦朝之栋梁，中国历史上叱咤风云之人物。其下场却极其悲惨，不但其自己成了秦二世的刀下鬼，而且祸及三族，家人皆遭杀身之祸。到底是什么原因使他走向这条绝路的呢？其实，答案只有一个，他道德品质上的先天不足。

　　在日常生活中，一个人的道德优劣、品质好坏是很难分辨出来的，因为在不涉及个人重大利益时，人们往往都表现得十分友善，一个个品质看上去都不错，都会如圣人一般和睦相处，共度美好时光。然而，在涉及个人重大利益时，才能真正检验一个人的品质到底是好是坏，李斯就是一个很好的例子。

　　李斯出身于知识分子家庭，史书中也曾多次记载他"青年时正直、上进、好说"，但这些知识分子的正直并不会维持长久，一旦进入了官场，就莫名其妙地丧失本性，成为私心极重、恶毒无比的官僚，他们的人格扭曲，心灵变黑，反过手来，残酷地迫害自己原来的同类知识分子。当时他的同窗韩非得到秦王的赏识，于是李斯的嫉妒心就油然而生，他感到了韩非的到来给他的仕途带来了巨大的障碍。韩非和李斯都是法家的代表人物，自然不会容得另一个比自己出色的人，于是李斯采用了离间之计借秦王之手处置了韩非。一个人的私欲远远超出了同窗手足之情，在中国历史上这样的例子屡见不鲜。韩非虽死，但他的理论在李斯手中得到了发扬，也算是一种安慰。或许这对韩非不公平，或许理论家和实践家的结合更有利于统一的进程。但历史的事实无法更改，李斯胜利了。对，李斯是很卑鄙，但政治家间的斗争一直都是残酷的，政治上的斗争很难用谁是谁非或是道德的标准去衡量。韩非的意外出现打乱了李斯的计划，他的出现以及消失加快了李斯计划的实施，李斯要让秦王尽快看到自己计谋的成果,要让秦王知道自己才是秦统一大业的策划者。

对于法家来说,在权力面前没有道德不道德。他们提倡的法治是达到目的的一种手段,因此一些常人看似无法接受的行为,法家却视为准则。在当时无论是韩非还是李斯他们所关心的是如何造就一个无往而不胜的强大国家,一个用暴力维系的以君主为中心的高效的国家。恰恰在这个时候韩非得到了一个为了使韩国苟延残喘而出使秦国的任务,在秦国韩非看到自己的主张即是万分的欣喜,又是矛盾彷徨。面对秦统一中国的滔滔大势,韩非的任务无疑是螳臂当车。韩非的死似乎是其理论的一次成功实践,李斯是这一实践的实行者。

如果李斯嫉妒韩非说明李斯是小人,那么他建议焚书就可证明他是封建专制的走狗,成为迫害狂、杀人狂,成为迫害知识分子的凶手。

不仅如此,《史记·李斯传》中还记载,李斯离间六国时,用金钱美色收买各国的重臣或者刺杀不肯归顺的大臣,是一种不择手段的行为。无疑司马迁认为李斯是一个不道德的权谋家。李斯同马基雅维利十分相似,都是为了实现统一而主张不择手段的政治家,为了达到目的可以摒弃道德。但有所不同的是李斯达到了自己的目的,而马基雅维利始终都没有实现自己的目标。

人会犯许多错误,有的错误还可设法挽回;而有的错误就没有回头的机会了。在李斯的人生中,犯的最大的错误就是助纣为虐,丧失了起码的做人立场,以致和奸邪之人同流合污。当时,秦始皇出巡到河北沙丘,突然病危,死前令赵高写一封诏书,让长子扶苏赶回咸阳办丧事,有意让他继位。诏书没发出,秦始皇就死了。其实,立长子扶苏为帝是顺理成章之事,不易引起动荡。可身为掌管皇帝玉玺和车子的赵高却心怀私心,想立与自己关系密切年幼无知糊涂的胡亥为帝。在这种紧要关头,身为丞相的李斯手握重权,本应从国家安危百姓太平着想,主持公正,但他却抛弃了做人最起码的原则,同赵高共同扶胡亥上台。结果很快导致赵高作乱,诛杀了公子扶苏、大将蒙恬及其弟弟蒙毅、右丞相冯去疾等,连坐者不计其数,秦始皇的二十多个儿子和十多个公主也被杀,搞得宗室震荡,人人自危。李斯如不听赵高之言而立得民心有才干的公子扶苏,以他当时的地位、权力,是完全可以办到的,无奈利欲熏心,遂种下亡国害民之祸根,铸成千古大错!

李斯明明知道二世胡亥是一个无可救药的昏君,但还依然奉之为圣主。二世曾对他说:"彼贤人之有天下也,专用天下适己而已矣!"李斯"重爵禄",竟阿从二世之意,书成附和之文,为虎添翼,纵虎为患。结果,"书奏,二世悦。于是行督责益严,税民深者为明吏","刑者相半于道,而死人日成积于市。杀人众者为忠臣"。

赵高借二世威名,指鹿为马,无恶不作,搞得民不聊生,李斯对此却熟视无睹。而当他发觉赵高串通二世要加害他时,才力陈赵高之罪,劝二世除之。无奈"二世已前信赵高",反把李斯的话告诉赵高。赵高先下手为强,把李斯拘捕入狱,最后"具斯五刑,论腰斩咸阳市","而夷三族"。李斯的一生最终以悲剧告终!

虽然秦王朝和李斯已经离我们有千年历史了,但李斯的荣辱却留给我们很多值得玩味的东西。不可否认,李斯是一个很有才干、很有才华之人,司马迁对李斯辅佐秦王统一中国,"明法度,定律令"、"同文书"、建郡县,促进社会发展之功也作了肯定,然也尖锐批评道:"斯知六艺之归,不务明政以补主上之缺,持爵禄之重,阿顺苟合,严威酷刑,听高邪说,废适立庶。诸侯已畔,斯乃欲谏争,不亦末乎!"

凡事皆以己之利害为准绳,而后国家之急,此乃李斯悲剧之根源所在。正如培根在《论自私》中所说的:"那种只知自爱却不知爱人的人,最终总是没有好结局的。"李斯低劣的品质最终成为他的致命弱点,帮助小人却被小人所害。可谓自掘坟墓,咎由自取啊!

治世贤相

◎ 萧 何

萧何(？—公元前193年)，西汉初年政治家。泗水沛(今江苏沛县)人。汉初三杰之一，著名丞相。性格谨慎的萧何，无论是在治国还是处事上，都能干得漂亮利落，这也是他身处官场，经久不衰的关键所在。

从小吏到丞相

《史记·萧相国世家》记载：萧相国何者，沛丰人也。以文无害为沛主吏掾。有秦御史监郡者与从事，常辨之。何乃给泗水卒史事，第一。秦御史欲入言征何，何固请，得毋行。

及高祖起为沛公，何常为丞督事。沛公至咸阳，诸将皆争走金帛财物之府分之，何独先入收秦丞相御史律令图书藏之。沛公为汉王，以何为丞相。项王与诸侯屠烧咸阳而去。汉王所以具知天下阸塞，户口多少，强弱之处，民所疾苦者，以何具得秦图书也。何进言韩信，汉王以信为大将军。语在淮阴侯事中。

汉王引兵东定三秦，何以丞相留收巴蜀，填抚谕告，使给军食。汉二年，汉王与诸侯击楚，何守关中，侍太子，治栎阳。为法令约束，立宗庙社稷宫室县邑，辄奏上，可，许以从事；即不及奏上，辄以便宜施行，上来以闻。关中事计户口转漕给军，汉王数失军遁去，何常兴关中卒，辄补缺。上以此专属任何关中事。

萧何是一个人才，是一个不平凡的人才，尤其是在司法、民政、后勤等方面更能把他的才能发挥得淋漓尽致。萧何通晓法律，对于当时的法律条文他能够倒背如流，在方圆百里之内没有人能够比得上，所以，就被任命为沛县的功曹掾（官名）。在汉高祖刘邦还是平民时，萧何曾多次利用自己职务之便来保护他。后来，刘邦当上了亭长，萧何也时常帮助他。刘邦曾经以官吏的身份去咸阳服差役，县里的官吏都资助他路费，每人出了三百钱，唯独萧何资助他五百钱。一次，秦朝御史到郡里检查工作，县令让萧何前去帮忙。萧何把各项工作都办理得井井有条，受到了上级的表扬嘉奖。于是，萧何被提升为泗水郡的卒史。

每年的政绩考核，萧何都名列榜首。因此，秦朝的御史决定回京，向皇上进言征调萧何，但萧何执意留下来做事，才没有被调走。从这件事可知，萧何很适合干机关工作。

刘邦是一个知人善任的人,当他看到了萧何处理事务所表现出来的领导才能,就认定萧何一定是日后助自己成就霸业的大贤。萧何也没有辜负刘邦对他的重任,通过自己的努力辅佐刘邦统一了中国,建立了汉朝。

当年,刘邦被推举为沛公起兵反秦国时,萧何依然形影不离地跟随他,以县丞的身份督办公务。公元前206年10月,刘邦率大军兵临咸阳城。秦王子婴设计杀了奸相赵高,献出玉玺,向刘邦投降。于是,起义大军浩浩荡荡开进咸阳城。将士们见秦都宫殿巍峨,街市繁华,因此顿时变得得意忘形,把宫殿的金银财物一抢而光,连沛公也忍不住,趁着空闲,跑到秦宫去东张西望。他看见华丽的宫室,古怪的摆设,成堆的金银珠宝,猎狗骏马,珍奇玩物,还有一群群的美女,不觉眼花缭乱,飘飘然起来,甚至贪恋秦宫的富贵而不忍离开。他神魂颠倒地拥着美女走进胡亥的寝宫,往龙床上一躺,便进入了温柔乡。就在这时,大将樊哙突然破门而入说:"沛公想取天下,还是想当富家翁?秦之所以亡,就是因迷恋这些奢华之物!"与此同时,张良等人也来陈述利害,刘邦这才幡然醒悟当下命士兵查封皇宫府库,然后率众将士返回灞上。只有萧何进入咸阳后,无论是金银财物,还是美女,居然丝毫不动心!而是急如星火地赶往秦丞相御史府,并派士兵迅速包围丞相御史府不准任何人出入。然后让忠实可靠的人将秦朝有关国家户籍、地形、法令等图书档案一一进行清查,分门别类,登记造册,统统收藏起来,留待日后查用。因为,依据秦朝的典制,丞相辅佐天子,处理国家大事;御史大夫对外监督各郡御史,对内接受公卿奏事。除了军权外,丞相和御史大夫几乎总揽一切朝政。萧何做官多年,对此都知道得一清二楚。因此,全军上下无不佩服萧何,刘邦在惭愧之余,说:"萧何确是异才,不枉我提拔他一场。"萧何收藏的这些秦朝的律令图书档案,使刘邦对天下的关塞险要、户口多寡、强弱形势、风俗民情等等了如指掌,为制定正确的方针政策和律令制度找到了可靠的根据,这对日后建立西汉起到了重大作用,真可谓功不可没啊!

后来,萧何又向刘邦推荐韩信,劝服刘邦拜他为大将军,率领军队南征北战。

刘邦后来率军东进,先后平定三秦。萧何则以丞相的身份留守巴蜀。虽然他在后方,但他丝毫没有闲着,负责征收赋税、安抚百姓、发布命令、供给前方军队粮草。汉高祖二年,刘邦率领诸侯的军队攻打楚军,萧何则留守关中,侍奉太子,继续担当后勤重任,把治所安排在栎阳。他负责制定法令、制度,建立宗庙、社稷、宫室、县邑。一般情况下,萧何发布命令总是先向刘邦报告,得到批准以后才去施行;但是,如果情况紧急,他总是酌情处理,等到刘邦回来以后再报告。此外,萧何从事的最重要的事务是按照户口征收粮草、征集兵丁,将二者由水路输送到前方。刘邦在楚汉战争中,多次弃军逃亡,萧何则常常征发关中士卒,补充军队的缺额,有力地保证了前方战事顺利进行。所以,萧何日益深得刘邦的信任,关中大事务全部由他处理。

萧何辅佐刘邦建朝期间,他表现出来的远见卓识和灵活善变的领导才能与艺术,都足以证明他是一个富有大才之人。这也为他能够成为开国宰相以及有效调度百官、安抚百姓、治理国家奠定了基础。

论功行赏，萧何最高

"诸葛大名垂宇宙，宗臣遗像肃清高。三分割据纡筹策，万古云霄一羽毛。伯仲之间见伊吕，指挥若定失萧曹。运移汉祚终难复，志决身歼军务劳。"这首诗是杜甫《咏怀古迹》中的一篇，写的是诸葛亮。这首七律高度地评价了诸葛亮前所未有的形象，充满了敬慕之情，从此诸葛亮的形象便留在后人的心目中。诗中有句："伯仲之间见伊吕，指挥若定失萧曹"，这是把诸葛亮和前人作比较，其中"伊"，指伊尹，商汤的大臣；"吕"，指吕尚，周文王的大臣；"萧"就是汉代第一任丞相萧何；"曹"就是汉代第二任丞相曹参。杜甫的意思是说，诸葛亮的政治才能可以与伊尹和吕尚不相上下，而"运筹帷幄之中，决胜千里之外"的军事才能却使萧何和曹参黯然失色。

杜甫以文韬武略兼长并美的高标准，明显指出萧何缺乏指挥若定的军事才能，没有攻城略地的赫赫战功。当然，这并不是空口胡说的。当年追随汉高祖刘邦打天下的一班风云人物，无一不是这样认为的。但奇怪的是，汉高祖刘邦却不这样认为，在他心目中萧何是头号功臣。

公元前202年，刘邦消灭了项羽，建立了汉朝，接着就论功行赏。五月，刘邦在洛阳南宫摆酒大宴群臣。刘邦论功封赏时，由于群臣争功，所以一年多也定不下来。最后刘邦定萧何为首功，封他为侯，食邑也最多。有许多功臣愤愤不平，说："我们身披战甲，手执兵器，亲身参加战斗，多的身经百战，少的交锋十回合，攻占城池，夺取地盘，都立了大小不等的战功。如今萧何没有这样的汗马功劳，只是舞文弄墨，发发议论，不参加战斗，封赏倒反在我们之上，这是为什么呢？"刘邦却说："诸位懂得打猎吗？"群臣回答说："懂得打猎。"刘邦又问："知道猎狗吗？"群臣说："知道。"刘邦说："打猎时，追咬野兽的是猎狗，但发现野兽踪迹，指出野兽所在地方的是猎人。而今大家仅能捉到野兽而已,功劳不过像猎狗。至于像萧何,发现野兽踪迹,指明猎取目标,功劳如同猎人。再说诸位只是个人追随我,多的不过一家两三个人。而萧何让自己本族里的几十人都来随我打天下,功劳是不能忘怀的。"群臣无言可答。诸侯分封完毕,接着是排位次。群臣都说:"平阳侯曹参身受七十余处战伤,攻城略地,功劳最多,应排第一。"

高祖已经委屈了功臣们,较多地赏封了萧何,也就没有再反驳大家,但心里还是想把萧何排在第一位。正在迟疑未答,旁有关内侯鄂千秋得知高祖意思,便近前说道:"诸臣所议皆误,曹参虽有攻城得地之功,然不过一时之事。陛下与楚战争五年,中间兵败脱走,丧失士卒,不计其数。萧何常由关中遣兵充补,每遇陛下危急之时,萧何不待诏令,常发数万之众,前来接应。当楚汉相距荥阳,为时甚久,军中并无现成粮草,萧何常由水道运粮供给,不致缺乏。陛下虽屡次战败失地,萧何常能保全关中,以待陛下,此乃万世之功。今虽无曹参等百余人,于国家无所缺损,国家不赖曹参方得保全,如何欲以一旦之功,加于万世之上? 据臣愚见,萧何宜列第一,曹参次之,方为公平。"

高祖听鄂千秋之言,正合其意,心中大喜,连连点头称善。

于是命将萧何列第一位,赐剑履上殿,入朝不趋。又说道:"吾闻进贤当受上赏,萧何虽然功高,必得鄂君一番议论,然后更明。"乃封鄂千秋为安平侯。所有萧何兄弟子侄十余人,皆赐食邑。并想起从前为亭长前往咸阳时,各人皆送钱三百,独萧何送钱五百,比他人多二百,遂加封萧何二千户,以为报答。

在军事上,萧何没有像韩信那样战功累累,无战不胜;在谋略上,他没有像张良那样"运筹于帷幄,决胜千里",但为什么在刘邦的心目中他是头号功臣呢? 对此司马迁说他是别有用心啊!

《史记·淮阴侯列传》评论道:如果韩信能够学"黄老之道","不伐其功,不矜其能",表现得谦虚一点,那么他对于汉家的功勋可以比拟于周朝的开国功臣周公、召公、吕尚等人。而在《史记·萧相国世家》中,司马迁仅仅把萧何比作西周辅佐文王、武王的闳夭和散宜生。由此可以看出,韩信的成就并不是萧何能够比的。

此外,司马迁还带着意味深长的口气说:"只是由于韩信、英布被诛,才导致萧何的功勋最为灿烂。"由此可以想象出司马迁那幅愤愤不平的样子,恨不得直接指着萧何的鼻子说"世无英雄,遂使竖子成名"。由此可看出,刘邦是故意扬萧何而抑韩信。

刘邦刚刚称帝，尚未封赏功臣之时，曾经问老部下一个问题："我为什么会得到天下？项羽又为什么会失去天下？"他自己的答案是善于使用人才："论运筹帷幄之中，决胜千里之外，我不如张良；论稳定后方，安抚百姓，输送兵源军需，确保前线供给，我不如萧何；论集结百万之兵，战必胜，功必取，我不如韩信。这三位都是当今的人杰，我重用他们，这就是我能够得到天下的缘故。项羽只有一个范增，却不能用，所以被我打败了。"可见在那时，韩信在刘邦心中的分量，即使超不过萧何，至少也与萧何不相伯仲。在刘邦的三杰中，张子房精通黄老之学，深知"不伐其功，不矜其能"；功成身退的道理，自然不愿抢当出头鸟。可见，有资格争功臣第一的只有萧何和韩信了，哪里轮得到曹参呀！

不过，此一时，彼一时。兔死狗烹，鸟尽弓藏。刘邦非常明白，在他的三杰之中，韩信是最大的危险分子。所以还不等他坐稳皇位，就急不可耐地下手收拾韩信。刘邦封赏功臣之时，韩信已经以莫须有的谋反罪被贬为淮阴侯。当时，刘邦对韩信的"罚"尚且唯恐不足、不重不狠，哪里还谈得上"赏"？实际上，曹参之所以能够与萧何争座位，也是托了韩信的福，沾了韩信的光。曹参何许人也？此人还在前秦王朝为吏之时，就是萧何的下属，终其一生，才华和成就都远在萧何之下，一如萤火之于皓月；在楚汉战争中，曹参不过是刘邦派在韩信身边的副手，或者说是密探，长期随韩信南征北战，也不见有什么出类拔萃的表现。只是韩信如今陡然失势，他的功勋也便顺势一股脑地落到曹参头上，竟然使曹参坐享其成，一夜之间顿成暴发户，有本钱与萧何一争短长。其实君臣都洞若观火，与其说曹参与萧何相争，不如说曹参代表韩信与萧何相争。大伙推荐曹参之时，所提供的一个主要理由居然是"身被七十创"，这是什么理由！其实也就说曹参"没有功劳，只有苦劳"啊！在表彰萧何的功绩时，刘邦居然不提萧何推荐韩信这件事。以刘邦之聪明伶俐，老谋深算，岂能不知"千军易得，一将难求"的道理？这个功劳至少不比稳定后方、输送人马军需之类来得小吧？既然要褒奖萧何，却又白白放过萧何的主要贡献之一，这只能解释为刘邦存心将韩信打倒，让韩信永世不得翻身。最后刘邦提携萧何而不是曹参，抑韩扬萧之意更是昭然若揭。

然而，萧何也不是徒有虚名。从刘邦打进关中，进军咸阳的时候就可看出，别人都忙于掳掠金银财宝，他却急进秦王朝的国家档案馆，把秦朝的地图，账本，各种文件资料全部保存下来，也就是我们现在说的资讯，或者说信息。最后刘邦夺取天下的时候，对整个天下的形势，比方哪个地方穷，哪个地方富，哪个地方有多少人，哪个地方人多，哪个地方人少，哪个地方产什么，哪个地方有些什么东西，有些什么情况，了如指掌。靠谁？萧何。从这一点看，萧何确实是一个治国的良材，就是做总理的料。只有他知道这个资料的重要性，所以没有了张良、韩信争功，第一功臣自然就是萧何了。

智慧过人，得以善终

在中国历史上，唯一能与姜子牙、诸葛亮、魏征、徐茂功齐名、媲美的丞相，也只有萧何了。在汉高祖开创西汉王朝的大业中，萧何忠贞不贰地追随刘邦：在丰沛起义中首任沛丞，刘邦屈就汉王时任汉丞，西汉建国以后，任汉王朝的丞相，并享有"带剑上殿，入朝不趋"的特权。在近三年的反秦战争中，他赞襄帷幄，筹措军需，直到打下咸阳进入汉中。四年之久的楚汉战争中，萧何在后方精心经营，保证了兵源和军需的充足供应。危难关头，他多次力挽狂澜，使刘邦绝处逢生。其中脍炙人口的故事有："咸阳清收丞相府"、"力谏刘邦就汉王"、"收用巴蜀，还定三秦"、"月下追韩信"、"制定九章律"、"诱捕淮阴侯"……萧何以其超人的智慧、胸襟和气魄为西汉王朝的创建和稳固建立了不朽功勋。

功勋盖世的萧何，自然就会被多疑好猜的刘邦一而再三的猜忌。皇帝是天下最矛盾的人，他既希望有几个得力的大将帮他打天下，又希望那几个大将能力不要太强，免得他自己打人家的天下，自己的天下又被手下人打掉。

汉三年，刘邦与项羽两军对峙于京县、索亭之间。刘邦一边在前线打仗，一边担心后方局势，多次派使者慰劳萧何。有人对萧何说："如今陛下在征战沙场，餐风吸露，自顾不暇，却多次派人慰问阁下，这不是明摆着有怀疑阁下之心吗？我替阁下拿个主意，不如派您族中能作战的全部奔赴前线，这样大王就会更加信任阁下了。"萧何依计而行，刘邦果然大为高兴。

萧何计诛韩信后，刘邦对他更加恩宠，除对萧何加封外，还派了一名都尉率五百名兵士作相国的护卫，真是封邑晋爵，圣眷日隆。众宾客纷纷道贺，萧何自己也非常高兴。

当天，萧何在府中摆酒庆贺，喜气洋洋。突然有一个名叫召平的人，穿着白衣白鞋,进来吊丧。萧何见状大怒。召平对萧何说:"相国,您的大祸就要临头了。"萧何不解,问道:"我进位丞相,宠眷逾分,且我遇事小心谨慎,未敢稍有疏虞,君何出此言?"召平说道:"皇上在外风餐露宿,而您长年留守在京城,您既没有什么汗马功劳,又没有什么特殊的勋绩,皇上却给您加封,又给您设置卫队,这是由于最近淮阴侯在京谋反,因而也怀疑您了。安排卫队保卫您,这可不是对您的宠爱,而是为了防范您。希望您辞掉封赏,再把全部私家财产都捐给军用,这样才能消除皇上对您的疑心。"萧何一听,恍然大悟,猛然惊出一身冷汗。第二天早晨,萧何便急匆匆入朝面圣,力辞封邑,并拿出许多家财,拨入国库,移作军需。汉帝刘邦果然十分高兴,奖励有加。

同年秋天,英布谋反,刘邦亲自率军征讨。他身在前方,每次萧何派人输送军粮到前方时,刘邦都要问:"萧相国在长安做什么?"使者回答,萧相国爱民如子,除办军需以外,无非是做些安抚、体恤百姓的事。刘邦听后,总是默不作声。来使回报萧何,萧何亦未识汉帝何意。有一次,偶然和一个门客谈到这件事,这个门客忙说:"这样看来您不久就要被满门抄斩了。"萧何大骇,忙问其故。那门客接着说:"公位到百官之首,还有什么职位可以再封给你呢?况且您深得百姓的爱戴,到现在已经十多年了,百姓都拥护您,您还再想尽方法为民办事,以此安抚百姓。现在皇上所以几次问您的起居动向,就是害怕您借助关中的民望有什么不轨行动啊!试想,一旦您乘虚号召,闭关自守,岂非将皇上置于进不能战,退无可归的境地?如今您何不贱价强买民间田宅,故意让百姓骂您、怨恨您,制造些坏名声,这样皇上一看您也不得民心了,才会对您放心。"萧何长叹一声,说:"我怎么能去剥削百姓,做贪官污吏呢?"门客说:"您真是对别人明白,对自己糊涂啊!"

位居相国、功高第一的萧何,在关中经营了数十年,得百姓心、得民和,当皇帝的怎么可能不担心呢?如此巨大的资源,一旦让萧何动用起来与之分庭抗礼,结局如何,还真的很难说。所谓得民心者得天下,在官场中无人不知这个千古不变的定律。更何况,此时天下已定,正是"狡兔死,走狗烹"的时候,那么刘邦的担心就更不难理解了。

站在萧何的角度来说,当明白"得百姓心"、"得民和"所带来的危机之后,唯一的办法就是失去民心,让民众厌恶他、痛恨他,毁坏自己的道德形象,并且这种毁坏还是必须自己动手,自己端起脏水来泼到自己身上,此所谓"自污"也。也只有"自污"了,才能够真正实现"自保"。

萧何又何尝不知道这个道理,为了消除刘邦对他的疑忌,只得故意做些侵夺民间财物的坏事来自污名节。没过多久,有人将萧何的所作所为告诉了刘邦。刘邦听后,像没事人一样,并不追查。当刘邦从前线撤军回来,百姓拦路上书,说相国强夺、贱买民间田宅,价值数千万。刘邦回长安以后,萧何去见他时,刘邦笑着把百姓的上书交给萧何,意味深长地说:"你身为相国,竟然也和百姓争利!你就是这样'利民'啊?你自己向百姓谢罪去吧!"

对于萧相国的"自污",皇上也就"大悦"了。于是,皇上成了"明君",臣下也成了"忠臣",明君与忠臣,自然也就相安无事了。

总而言之,刘邦三次怀疑萧何心怀异志,三次将萧何置于极度危险的境地。萧何心中也明白伴君如伴虎,居安要思危的道理。开国皇帝莫名其妙地怀疑功臣,乃是题中应有之义,再正常不过了!萧何也很清楚自己这一位"一人之下万人之上"的相国随时有可能被皇帝找一个借口"叛逆谋反"而诛了九族,处理这种事情时,只可忍气吞声,不必愤愤不平,更不可急于"辩诬",诉说自己受了天大的委屈。因此,萧何一次又一次地听从了属下的意见做了一件件看似不正常的事件令刘邦对自己深信不疑,从容化险为夷,才得以幸免于难。与当初刘邦怀疑韩信时,韩信那拙劣无能、紧张兮兮、小里小气的表现相比,萧何的处理方式,不仅仅是高出一筹!没有大智慧,没有大器量,这样的结果简直是不可想象的。

镇国家、抚百姓的萧何,违心地干了侵害百姓的事情,心中很是过意不去,总想找机会能够补偿百姓。因此,也就得罪了刘邦。这也是他最后一次得罪刘邦。

由于皇家公园上林苑地方辽阔,萧何就向刘邦提了一条建议,说:"长安地方狭窄,老百姓田地少,我看皇家猎苑内有不少空地,荒着也是荒着,不如让老百姓进去耕种算了,也不要收他们官税了。"本来这是一件利国利民的小事,不料,刘邦却龙颜大怒,以受人钱财为由,将萧何关进大牢。困惑莫名的老丞相,出了监牢,才明白自己犯了"自媚于民"的错误。

在官场中,干好是你应该的,干不好那是你的失职。如果干得太好就功高震主了,不仅被猜忌,连自己的生命、九族的生命都有危险了。但在屡屡猜忌之下,萧何每次都能很完满地化解,最终善始善终。可见,萧何做官的智慧还是蛮高的。

萧何之所以能"善终",除了他的才能与计谋之外,与他对于时世的准确审度、有博大的胸怀有一定的关系。不提吕后是怎么用了萧何的计谋成功地诛杀了韩信（相信我们都知道韩信是萧何举荐给刘邦的，可也是萧何设计诛杀了韩信，就如同那句话所说"成也萧何败也萧何"！），单从萧何与曹参的关系来看，我们不得不承认萧何的才能。在萧何担任相国期间，曹参被封为齐王府的相国，此时的萧何与曹参的关系可有点微妙。也许两大才子之间总是很难和平共处的，正所谓"一山不容二虎"！当曹参听到萧何去世的消息后，要求随从整理自己的东西要准备去赴相国之任了。事实也如此，惠帝的圣旨马上就到了！曹参十分清楚，在当时除了萧何之外，再也没有第二个人能比他的才能高了，他们也很了解萧何的为人，知道萧何肯定会推荐自己为相国的。退一万步讲，即使萧何不推荐自己为相国，惠帝也不是傻子，他也会让曹参当相国的。萧何这个好人做得可谓得心应手，在临死之前也不忘记让曹参"欠"自己一个举荐的人情！

当时情况是这样的：萧何生病在家，汉惠帝就去探望他，问："你百年之后，谁可以接替你啊？"萧何回答："知臣莫如君。"——这种"只有皇上知我心"的马屁之词显然是一句废话。汉惠帝说："曹参怎么样？"萧何点头，说："您选对了人，我死而无憾了！"

汉惠帝二年，萧何去世，追封为文终侯。

萧何，见识不凡，智慧过人，器量如海。萧何的话自有他的理，"知臣莫如主"。想必在九泉之下的汉高祖刘邦，当初把萧何列于开国元勋之首也没有什么可遗憾的。在中国的五千年的历史中，做官能做到这种程度，可称得上是第一人！

无为而治

◎曹 参

　　曹参(？—公元前190年)，字敬伯，沛（今江苏沛县）人，西汉王朝开国功臣。继萧何为相国后，举事无所变更，按照萧何制订的成法行事。在他任相国的三年里，收到了很大的成效。汉初的安定局面得到了巩固和发展。当时百姓歌颂说："萧何为法，讲若画一；曹参代之，守而勿失。载其清靖，民以宁壹。"经曹参的提倡，道家的无为之说遂成为汉初封建统治者的指导思想。其后出现的文景之治，与此不无关系。曹参作为汉初实行"无为而治"的代表人物，对恢复经济，"安集百姓"的贡献，至少不下于他的军功。

开国功臣，战功卓著

《史记·曹相国世家》记载：平阳侯曹参者，沛人也。秦时为沛狱掾，而萧何为主吏，居县为豪吏矣。

高祖为沛公而初起也，参以中涓从。将击胡陵、方与，攻秦监公军，大破之。东下薛，击泗水守军薛郭西。复攻胡陵，取之。徙守方与。方与反为魏，击之。丰反为魏，攻之。赐爵七大夫。击秦司马夷军砀东，破之，取砀、狐父、祁善置。又攻下邑以西，至虞，击章邯车骑。攻爰戚及亢父，先登。迁为五大夫。北救阿，击章邯军，陷陈，追至濮阳。攻定陶，取临济。南救雍丘。击李由军，破之，杀李由，虏秦侯一人。秦将章邯破杀项梁也，沛公与项羽引而东。楚怀王以沛公为砀郡长，将砀郡兵。于是乃封参为执帛，号曰建成君。迁为戚公，属砀郡。

……

在刘邦起兵反秦时，曹参以中涓的身份跟随刘邦。曹参率军进击胡陵、方与，攻打秦朝郡监的军队，大破敌兵。他向东拿下薛县，在薛县外城的西面进击泗水郡郡守的军队。然后又攻打胡陵，夺取了它。曹参率军转移去守卫方与。方与已经反叛，投降了魏王，曹参就进击方与。丰邑也反叛投降魏王，曹参又去攻打丰邑。刘邦赐给曹参七大夫的爵位。曹参在砀县东面进击秦朝司马夷的军队，打败了它，夺取了砀县、狐父和祁县的善置驿。曹参又攻打下邑以西的地方，一直到虞县，进击章邯的军队。攻打爰戚和亢父时，曹参最先登上城楼。曹参官职升为五大夫。他向北救援东阿，进击章邯的军队，攻陷陈县，追击到濮阳。他攻打定陶，夺取临济。他往南救援雍丘，进击李由的军队，打败了它，杀掉李由，俘虏秦朝军侯一人。这时秦将章邯打败项梁的军队，杀死项梁，沛公与项羽率军东归。楚怀王任命沛公为砀郡长，统领砀郡的军队。沛公封曹参为执帛，号称建成君。后来，曹参又被提升为爰戚县县令，隶属砀郡。

此后，曹参跟随刘邦攻打东郡郡尉的军队，在成武南面打败了敌军。在成阳南面进击王离的军队，在杠里又跟王离军队交锋，结果使王离大败。追击败逃的敌军，向西到了开封，进击赵贲的军队，打败了它，把赵贲围在开封城中。向西在曲遇进击秦朝将领杨熊的军队，打败了它，俘虏了秦朝的司马及御史各一人。曹参升为执珪，跟随刘邦攻打阳武，拿下辕、缑氏，封锁黄河渡口，回军进击赵贲的军队，在尸乡的北面打败了它。跟随刘邦向南攻打犨（chōu，抽）邑，在阳城外城以东与南阳郡郡守吕交战，攻破了吕军队的阵列，夺取了宛县，俘虏了吕，完全平定了南阳郡。跟随刘邦向西攻打武关、峣关，夺取了这两个关口。就在蓝田的南面攻打秦朝的军队，又在夜间攻打蓝田的北面，大败秦军，随即到达咸阳，灭亡了秦朝。

项羽到关中，封刘邦为汉王。刘邦又封曹参为建成侯。曹参跟随汉王到了关中，升为将军。又跟随汉王回军平定三秦，起初攻打下辩、故道、雍县、台县。在好畤的南面进击章平的军队，打败了它，包围好畤，夺取了壤乡。在壤乡东面和高栎一带进击三秦的军队，打败了它。又包围了章平，章平从好畤突围逃跑。于是进击赵贲和内史保的军队，打败了它。向东夺取了咸阳，把咸阳改名叫新城。曹参率兵守卫景陵二十天，三秦派章平等人进攻曹参，曹参出兵迎击，大败敌军。刘邦把宁秦赐给曹参作食邑。曹参以将军的身份领兵在废丘包围了章邯，以中尉的身份跟随刘邦出临晋关。到了河内，拿下修武，从围津渡过黄河，向东在定陶进击龙且、项他的军队，打败了它。向东攻取了砀县、萧县、彭城。进击项籍的军队，汉军大败逃跑。曹参以中尉的身份包围夺取了雍丘。汉将王武在外黄反叛，程处在燕县反叛，曹参率军前往进击，都打败了他们。柱天侯在衍氏反叛，曹参又击败叛军，夺回了衍氏。在昆阳攻打羽婴，追击到叶邑。回军攻打武强，随即又打到荥阳。曹参从汉中做将军、中尉，跟随刘邦扫荡诸侯，到项羽战败，回到荥阳，前后用了两年的时间。

公元前205年，任命曹参代理左丞相，领兵进驻关中。过了一个多月，魏王豹反叛，曹参与韩信率军向东在东张攻打魏将军孙遫的军队，大败孙遫的军队。乘势进攻安邑，捕获魏将王襄。在曲阳进击魏王，追到武垣，活捉了魏王豹。夺取了平阳，捕得魏王的母亲、妻子、儿女，全部平定魏地，共得五十二座城邑。刘邦把平阳赐给曹参作食邑。曹参后来又跟随韩信在邬县东面进击赵国相国夏说的军队，大败夏说的军队，斩杀了夏说。韩信与原常山王张耳率兵至井陉，攻打成安君陈馀，同时命令曹参回军把赵国的别将戚将军围困在邬县城中。戚将军突围逃跑,曹参追击并斩杀了他。于是曹参率兵到敖仓汉王的营地。这时韩信已经打垮了赵国,做了相国,向东攻打齐国。曹参以左丞相的身份隶属韩信,击溃了齐国历下的军队,于是夺取了临菑。回军平定济北郡,攻打着县、漯阴、平原、鬲县、卢县。不久跟随韩信在上假密进击龙且的军队,大败敌军,斩了龙且,俘虏了他的部将周兰。平定了齐国,总共得到七十余县。捕获了原齐王田广的丞相田光、代替丞相留守的许章和原齐国的胶东将军田既。韩信做了齐王,领兵到了陈县,与汉王会合,共同打败了项羽,而曹参留下来平定齐国尚未降服的地方。

刘邦打败项羽后,曹操以功食邑平阳万六百三十户,号平阳侯。刘邦拜他为齐相国,辅佐刘肥。齐是大国,刘肥"王七十余城,民能齐言者,皆属齐"。齐国民情"伪诈多变",加之多年战争的破坏,经济凋敝,民不聊生。在这种情况下,如何治理齐成了一个重大的难题。于是决定让曹参去治理齐国,到了齐国后曹参未用武力,便将齐治得井井有条。

曹参戎马一生,"身被七十创,攻城略地,功最多"。"凡下二国,县一百二十二;得王二人,相三人,将军六人,大莫敖、郡守、司马、侯、御史各一人。"《史记》、《汉书》对曹参的战功记述颇多,可以说,曹参的野战之功为最大,即使平生战无不胜的韩信也无法与之匹敌。所以,汉朝建立后,论功行赏时大臣们都推荐曹参为首功大臣,但刘邦因为处人因素让曹参屈居于萧何之下。曹参到底有何过人之处,竟得到众大臣的一致认可?

曹参是刘邦集团中的骨干人物,与萧何一内一外并称当世俱是刘邦股肱之臣。相比萧何,他的历史影响逊色不少,甚至很少人能够记得住他的战功,也许正是因为有个"萧规曹随"的成语,才使世人对他有些记忆。这对一个攻取七十余城的出色战将以及治国能相来说,无疑是一个最大的耻辱。

曹参战功累累,却不能显于天下,这是为什么呢?据了解,与他属于沛县利益集团一员有一定关系,因为他要和刘邦一起抵御来自项羽的进攻,毫无疑问没有人能抵御战力处于巅峰期的项羽所率领的楚兵。至于战败后收拾一些不堪一击的城池,显然不能为其正名。曹参就是如此挣扎在项羽的光环里,等到出了机会把项羽围在垓下后,却又出来一个能征善战的韩信。在万般无奈之下,曹参只能领着一千人马在齐地扫荡,拱手让出了歼灭项羽的荣誉。世人无人不知韩信主导了十里埋伏打垮项羽的战局。但又有多少人能了解,在此之前项羽已经被刘邦大部队攻得人困马乏了,只是碍于项羽的声威才没能一举击溃。从某种意义上说,韩信占了个大大的便宜。而曹参可以说是功不可没,然而却不能像萧何、张良、韩信那样璀璨地展现在人们的眼前!

当然,曹参生在那个风起云涌的秦朝末年,走进了波澜壮阔的反叛大潮中,他是幸运的,能够有一展自己才能的机会。同时他也是不幸的,因为他处于萧何和韩信的夹缝中,战功虽显赫,但没有韩信的大谋略,治国虽拿手,却没有萧何的大手笔。于是徒拥有出将入相的能耐却不能成就一世的盛名。当然,不管如何,曹参璀璨的人生还是在历史中留下了印记。

虚心请教，盖公献计

《史记·曹相国世家》记载：孝惠帝元年，除诸侯相国法，更以参为齐丞相。参之相齐，齐七十城。天下初定，悼惠王富于春秋，参尽召长老诸生，问所以安集百姓，如齐故诸儒以百数，言人人殊，参未知所定。闻胶西有盖公，善治黄老言，使人厚币请之。既见盖公，盖公为言治道贵清静而民自定，推此类具言之。参于是避正堂，舍盖公焉。其治要用黄老术，故相齐九年，齐国安集，大称贤相。

曹参本来是个将军，汉高祖封他长子刘肥做齐王时，又封曹参为齐相。那时，天下刚安定下来，但是经过秦末战乱加上四年的"楚汉战争"，社会经济一片破败凋敝，当时百姓穷困，国库空虚，人口锐减。曹参面对这样一个烂摊子，怎么才能使经济发展、社会稳定呢？他认识到摆在他面前的头等大事，就是要让老百姓摆脱战争的苦难，给以休养生息的机会。他清醒地感到，过去是靠在马上用武力夺取了天下，现在天下统一了，不能再凭借武力来治理天下了。于是，曹参到齐国后就立即把一些德高望重的长者和一批有才干的知识分子招来，虚心地向他们请教，如何才能把百姓安抚，如何才能把破败的国家治理好。因为召集来的有好几百人，每个人只是按照自己的认识来谈，所以提出的办法也五花八门，有的竟不着边际。这么大的事，众说纷纭，搞得曹参无所适从，一时间很难做出决断。

后来，曹参打听到当地有一个挺有名望的隐士叫盖公，擅长于研究道家黄老"无为而治"的学说，有治国的才能。思贤若渴的曹参就立即派人带着厚礼恭敬地把胶西盖公请来。盖公来了以后，曹参礼贤下士，亲自拜见，向盖公请教治世安民之道。盖公看到曹参竟是如此的真心、诚意，被深深地感动了，向他建议当前治理齐国应该采取清静无为的方法。

盖公对曹参说："只要上面的官府清静，不生事，不扰民，那么下面的老百姓自然生活就安定了。百姓安定后,社会经济随之就能得到恢复和发展,国家自然就可治理好了。"

曹参听了盖公的话后,如"拨云见日,茅塞顿开",于是决定留盖公在齐国,并把自己住的正房让出来,请盖公住,以便随时为他治国出谋划策。曹参在齐国担任相国的九年中,按照黄老"无为而治"的办法制定各项政策,不准官员去打扰百姓,严惩做坏事祸害百姓的官员,起用一批老成持重又爱护民力的官员,使齐国经济很快得到恢复和发展。原来动荡不安的社会日趋稳定,百姓也因此过上了太平、安稳的日子,曹参因此被齐国人称颂为贤明的丞相。

俗话说:"新官上任三把火",刚刚上任的新官往往喜欢推翻原来的计划和做法,不然怎么显得自己有领导水平。而曹参却没有这样做,他遵照道家的"无为"之说,老老实实地按照萧何的规章来办。

当然曹参这样做并不是无所作为的,史书中说:"参为相国,遵何之政。择郡国吏谨厚者则除为丞相史,其文刻深务声名者,辄斥去之。"(东汉荀悦撰《前汉纪》)从这几句话中我们可以看出,曹参对官员的选拔是很慎重的,选择忠厚谨慎的人当官,巧嘴滑舌好浮华的人都被炒鱿鱼。其实这正是最重要的地方,国家的腐败和灭亡往往就是从吏治的败坏而开始的。曹参做好了人才选拔工作以后,他又怎么做呢?他并没有像诸葛亮一样事必躬亲,也没有整夜批改文件什么的,而是整天喝酒取乐,这就是一种黄老之术。

后来,窦太后和文景二帝也都喜欢道家的黄老之术,也正是因为这样,使得汉朝当时的经济高速发展,人民奔上了幸福的小康路!

萧规曹随，无为而治

《史记·曹相国世家》记载："曹相国参攻城野战之功所以能多若此者，以与淮阴侯俱。及信已灭，而列侯成功，唯独参擅其名。参为汉相国，清静极言合道。然百姓离秦之酷后，参与休息无为，故天下俱称其美矣。"曹参开启了无为而治的先河。现在人们提到汉朝，便会想到"文景之治"，论及"文景之治"，便会想到无为而治的黄老之学。真正实践无为而治并取得巨大成效的，曹参算是中国历史上的第一人。

惠帝二年(公元前193年)，萧何死后，曹参被任命为汉朝的第二代丞相，仍然以治齐之术治汉朝，施政办事，一遵萧何约束，无所变更。对萧何时所任用的官员，一个也不加以变动，原有官员依然各司其职。曹参从不加以干预他们职权范围该处理的事情。因此在朝廷丞相变动的关键时刻，没有引起一丝波动，朝中君臣和原来一样的相安无事，朝政也和原来一样井然有序。

在齐国任丞相时，曹参就选用了一批老成持重、不扰民的官员，按照无为而治的方针治理齐国所以取得了显著成效。现在到朝廷后，就慢慢地把一些能言善辩，油嘴滑舌，沽名钓誉、舞文弄墨的刀笔吏都调走或斥退了。并从各地方的官员中挑选了一些不会夸夸其谈而崇尚实干，稳重忠厚又爱民的人到丞相府来任职。他担心官员扰民、害民，就苦心地把自己装扮成一个什么事也不管，什么事也不做，成天只是喝酒、聊天的丞相，许多官员都不理解。有几个朝中大臣，看到新丞相来了以后，对朝廷的事什么也不管不问，一天到晚就和人在丞相府喝酒聊天，十分着急。有些性急的官员就到丞相府来求见，想对曹参提出忠告，同时为他献计献策。曹参对这些官员来的目的早已洞察于心，所以凡有客人来，他不等他们开口谈朝廷大事，就把他们拖到酒桌上，并打岔说："先喝酒、喝酒，有什么事喝完酒再慢慢地谈。"

几杯酒下肚后，曹参还不想谈正事，客人心想不能白来一趟，总想抓住机会谈正事。可曹参一看客人要开口谈正事了，就马上叫人敬酒，不让客人有任何开口的机会。他一杯接一杯地劝客人喝酒，直到把客人灌醉才算完事。

不久，吏多仿效曹参，日夜饮酒高歌。从官对此很反感，但无可奈何。他们借相舍后园与吏舍挨着的条件，请曹参游后园，让他听到醉吏的狂叫，想乘机请求他惩治那些人。曹参非但不惩治醉吏，反而"取酒张坐饮，亦歌呼，与相应和"。

汉惠帝看到曹丞相一天到晚都请人喝酒聊天，好像根本就不用心为他治理国家似的。惠帝感到很纳闷，又想不出个所以然来，只以为是曹相国嫌他太年轻了，轻视他，不愿意尽心尽力来辅佐他。惠帝左想右想总感到心里没底，为此很着急。

有一天，惠帝就对在朝廷担任中大夫的曹窋（曹参的儿子）说："你回家的时候，找个机会问问你父亲，高祖归了天，皇上那么年轻，国家大事全靠相国来主持。可您天天喝酒，不管事，这样下去能够把国家治理好吗？看看你父亲如何回答。"

曹窋回家把惠帝的话一五一十跟曹参说了一遍。曹参一听恼羞成怒，骂道："你这种毛孩子懂得个什么，国家大事哪里有你说话的分。"说着，竟叫仆人拿板子来，把曹窋打了一顿。曹窋莫名其妙地受了责打，非常委屈，回宫后当然向汉惠帝诉说了此事。汉惠帝更莫名其妙，弄不清到底是怎么回事。

第二天下了朝，汉惠帝把曹参留下，责备他说："你为什么要责打曹窋呢？他说的那些话是我的意思，也是我让他去规劝你的。"曹参听了惠帝的话后，立即摘帽，跪在地下不断叩头谢罪。汉惠帝叫他起来后，又说："你有什么想法，请照直说吧！"曹参就大胆地说出了自己的想法："请陛下好好地想想，您跟先帝相比，谁更贤明英武呢？"惠帝马上回答道："我怎么敢和先帝相提并论呢？"曹参又问："陛下看我的德才跟萧何相国相比，谁强呢？"汉惠帝笑着说："我看你目前还比不上萧相国。"

曹参又说道："陛下您说得十分对，既然您的贤能不如先帝，我的德才又比不上萧相国，那么先帝与萧相国在统一天下以后，陆续制定了许多明确而又完备的法令，在执行中又都是卓有成效的，难道我们还能制定出超过他们的法令规章来吗？"接着他又诚恳地对惠帝说："现在陛下是继承守业，而不是在创业，因此，我们这些做大臣的，就更应该遵照先帝遗愿，谨慎从事，恪守职责。对已经制定并执行过的法令规章，就更不应该乱加改动，而只能是遵照执行。我现在这样照章办事不是很好吗？"汉惠帝听后为曹参的真诚所感动，说："我知道该怎么做了，你不必再说了！"

在这段对话中，与其在说曹参是一个有自知之明的人，倒不如说他是具备老子大智慧的人。敢于直面皇帝否定自己的能力，试问普天之下有几个人能做到的。只有真正自信的人才能很坦然地面对自己的不足，一个能认清自己不足的人是伟大的人。当然曹参虽然自谦地认为自己能不及萧何，但并不是他真的不如萧何，而是为了说服孝惠帝行无为之政。

曹参用他的黄老学说，做了三年相国。由于那时正处于长期战争的动乱之后，百姓需要安定，他那套办法没有给百姓增加更多的负担。他死后，百姓们编了一首歌谣称颂他说："萧何定法律，明白又整齐；曹参接任后，遵守不偏离。施政贵清静，百姓心欢喜。"历史上把这件事称为"萧规曹随"。

然而，有一些无知的世人总是拿萧何和曹参做比较，而品评的唯一结果就是曹参远不如萧何有能耐。世人会说，瞧曹参那人只能跟在萧何的屁股后头转悠会有什么本事啊！其实世人哪里知道其中的真谛啊！曹参之所以不改萧何定下的规矩，并不说他没有本事定出一部新的规定来，而是他深深知道凭萧何的这一套就可把汉朝治理好了，没有必要为了自己的名声而搞出一套新的体制。曹参跟随的不是萧何的规定，而是老庄的无为无不为的思绪。

的确，曹参要诡计阴谋不及陈平，论攻城略地不及韩信，讲运筹帷幄不及张良，谈制定政策不及萧何，若论综合方面的才能在汉臣之中却无人能及。但也因其没有某一方面的过人才能，以至于世人不能很好地认清他的才能，从而多看轻他的作为。不过也许这正合了曹参的心境吧，相信迷信老庄的曹参了解大名无名的人生至高境界。

曹参是一个杰出的政治家，这无须怀疑，从他把蕃国齐治理得井井有条就可以看出。凭萧何的行事风格，他会把一个庸才推荐给刘邦吗？更何况，凭刘邦识人用人的本领也不可能将一无能之辈推上相位的。

经过以上分析，一个清晰的曹参出现了。攻战勇猛，治国沉稳，淡泊名利。由此可看出，曹参真正对汉有大贡献的不是他当初跟随刘邦攻城拔寨野战之攻，而是他奠定了汉初执政的基调，直接带来了大汉的盛世。

曹参这种秉承前人，无所作为的政治哲学，是一种大智慧。既然前人已有较好的规制和大政方针，那为什么还要再折腾呢？按照做就是最好的方针。

大智慧与小聪明有很大的区别。大智慧行于可行，止于当止，审时度势，尤以不玩那点小聪明为最。小聪明则以不知为知,前不见古人,后不见来者,天低吴楚,眼高手低,折腾些小玩艺为"大手笔"。《论语·卫灵公》说:"无为而治者,其舜也与?夫何为哉?恭己正南面而已矣。"意思是说,从容安静而使天下太平的人,从古至今也只有舜了,他到底怎样做的?恭敬、端正地坐在朝南面的天子位上而已。

世事向前,有所作为,想弄些新的东西不能否定一种不好,只是要知民之疾苦,千万不要为了显示自己的小聪明、与人搞政绩比赛而瞎折腾。有时,尊重前任的既有成果,"无为"而治,比自己的"创新",更难能可贵。

一切得从实际情形出发。"为赋新诗强说愁"似的硬做,不仅没必要,而且劳民伤财。有时,像曹参一样,照着前人既定的做就行了。守成平实如水,有时却是一种了不起的智慧和聪明。

一代奇人

◎陈 平

陈平（？—公元前 178 年）西汉王朝的开国功臣。阳武（今河南原阳）人。汉初杰出的政治家、谋略家，在亡秦灭楚、建立汉朝的过程中扮演了一个重要的谋士角色。他曾经六出奇谋助刘邦夺取江山，为刘邦立下了汗马功劳，汉初被封为曲逆侯。汉高祖刘邦去世后，他又韬光养晦，力撑危局，联合亲刘势力，诛灭吕氏外戚，维护了汉初的统一局面。在秦汉之际群英荟萃的灿烂星河中，陈平无疑是一颗光芒四射的智能之星。

出寻明主，施展抱负

《史记·陈丞相世家》记载：陈丞相平者，阳武户牖乡人也。少时家贫，好读书，有田三十亩，独与兄伯居。伯常耕田，纵平使游学。

陈平是一个足智多谋、锐意进取之人，屡以奇计辅佐刘邦定天下，汉初被封为曲逆侯。汉文帝时，曾升为右丞相，后改任左丞相。陈平的一生充满了传奇色彩。

据说他在出仕之前行为不端，与嫂嫂关系暧昧。后来外出谋职，先投奔魏王，不得重用，又逃到楚军中。公元前205年春，因司马卬背叛楚王投降汉朝，项羽将所有的罪降到陈平的身上。陈平不仅遭到了项羽的责备，而且他出的计谋项羽也不再采纳。陈平觉得自己就是一个受气包，搞不好哪天还会被项羽杀掉。更何况项羽只是一个鲁莽武夫，终不会成就大事。于是他挂印封金、偷偷地走了。但去哪里呢？这是他即将面临的一个难题，突然想起有个朋友魏无知在汉王手下做事，于是决定投奔刘邦。

天快黑时，他逃到了黄河边，他请船夫送他过河。陈平上了船，从船舱里又出来了一个船夫。他想这两个人可能是水盗，以为他身上带着珠宝，想谋财害命。陈平为人机灵，浑身是计。为了保全自己的性命，他马上脱了衣服，扔在船上，光着上身来帮船夫划船。船夫看他腰间什么也没有，衣服掉在船上也没有什么声音，知道他身上什么贵重东西都没有，也就打消了加害他的念头。一场凶险，竟这样轻而易举地化解了。

经过汉将魏无知推荐，刘邦接见了陈平。言谈之中，论及天下大事，刘邦觉得十分投机，便提拔陈平为都尉，留在自己身边当参乘，并监护三军将校。

刘邦的将士对破格提拔陈平不满，说："大王得到一个楚军的逃兵，并不了解他的才能和品行，就与他同乘一辆车，还让他监护军中长者，未免太过分了。"刘邦没有听信这些议论，又把陈平提升为副将。

陈平从项羽的军中投靠刘邦后，并得刘邦的信任，这是刘邦的大臣都不愿意看到的事情。大臣们会想，我们跟着您刘邦这么长时间，建功立业，出生入死，也不过就混到现在这个位置，而陈平这小子一来，就封给那么高的职务，你说我们能够心服口服吗？于是就借"盗嫂受金，反复无常"八个字来诋毁陈平，让他不能爬到大臣们头上去。

什么叫盗嫂呢？就是和自己的嫂子通奸。这在古代来说，是一件大逆不道、灭绝人性的事情。这个事情应该不是空口胡说的，因为在司马迁的史记中也曾记载："平为人长美色。人或谓陈平曰：'贫何食而肥若是？'其嫂嫉平之不视家生产，曰：'亦食糠核耳。有叔如此，不如无有。'伯闻之，逐其妇而弃之。"由此可见，即使陈平没有做出不道德的事情，至少在家乡时与他的嫂子也有暧昧关系。

所谓受金是什么意思呢？就是接受红包，受贿赂。自从陈平到刘邦军队后，就开始不断地收红包，这叫受金，当然这也是十分不道德的行为。还有就是反复无常，反复无常的证据就是他原来在魏王那里，然后又跑到项羽那里，现在又跑到刘邦那里。当刘邦知道这种种情况后，还能够无动于衷、置之不理吗？难矣！无论是一个心胸多么宽大的人，都避免不了起疑心，更何况是高高在上的帝王呢，因此刘邦起疑心是一个正常的现象。

当时，刘邦随即就叫魏无知和陈平来问个究竟。魏无知说："只要有建功立业的本领，即使与嫂嫂通奸、受贿，又有什么关系呢？"

陈平自知这些都不是事实，对刘邦说："我原来是追随魏王，但是我的计谋，我的主意魏王都不接受，我只好去投奔项王，项王仍是言不听，计不从。我听说大王你广纳人才，求贤若渴，是一个会用人，敢用人的人，我才来投奔大王。我陈平是光着身子，一无所有，一文不名，来到大王军中的，我如果不接受人家的赠送，不收一点礼金，我连吃饭的钱都没有。我现在向大王提出了很多的建议，如果大王觉得我的这些建议还可以用，就请大王采纳。如果大王觉得我的这些建议、我的这些计策、我的这些谋划都没有用，我收下的那些礼物还没有动用，我可以全部交出来，那么就请大王给我一条生路，让我辞职回家，老死故乡。"寥寥数语，道明了各方的政治优劣,话中有话。

刘邦顿时消除了疑虑,对陈平倍增好感,并重重地赏赐一番,提升他为护军中尉,专门监督诸将。

陈平以寥寥数语就使刘邦大为感动、内心谴责,同时博得刘邦的信任。可见,陈平是何等的聪明,何等的机智!

足智多谋，用计高手

《史记·陈丞相世家》记载："常出奇计，救纷纠之难，振国家之患。"从这里就可看出陈平是一个足智多谋的用计高手。

的确，陈平在跟随刘邦征战时，在紧要关头出了六次妙计，解除刘邦的困境，化危机为转机，真可谓功不可没啊！

第一计：离间钟离昧

在楚汉交锋中，有一次楚军发动了猛烈的攻击，把汉军包围在荥阳城里。汉军没有外援和粮道，一切退路被切断，此时刘邦更心急如焚，忙召张良、陈平等谋士商讨对策。陈平献计对刘邦说："项羽是一个心胸狭窄、喜欢猜忌的人，只要您肯花费大量的黄金，那么就可离间项羽与范增、钟离昧、龙且、周殷几位重要大臣的关系，如果没有了这几位大臣的辅佐，那么项羽等于失去了左右手，自然就削弱他进攻的力量了。"刘邦十分欣赏陈平这个计谋，于是拿了四万斤黄金交给陈平，任由陈平支配。

陈平花了许多黄金在楚军内安插了很多间谍，让他们散布谣言，说楚将钟离昧等人功多赏少，将要联汉灭楚，然后分割土地，各自称王。此计果然很奏效，没过几天，谣言便在楚军内传开，项羽听到这个消息后暴跳如雷，对钟离昧等人产生了怀疑，不再重用他们，只留范增一人在身边。这对于汉军无疑是天赐良机！

第二计：无中生有，逼走范增

项羽虽然疏远了钟离昧等人，但对荥城的攻势仍不放松，他把汉军死死地围困在荥城。不过汉军也防备得滴水不漏，楚军无法越雷池一步，这情况让项羽十分焦急。

有一次,刘邦与项羽楚汉成皋之战正进行到白热化之时,项羽派了使者到被围困在荥阳城里的刘邦军中探察军情。汉王刘邦的部将陈平接待了他。

"请,请请。您是……"

"哦,我是霸王派来的使节。"陈平陪同客人在上等客房坐下,桌上摆满了上等的美味佳肴。当陈平一听那人说是项羽的使者,眉头明显地皱了起来,脸上的满面春风瞬间即逝。"我还以为你是亚父派来的呢。"陈平说完此话,便示意仆人,把桌上的好菜端了出去。过了一会儿,侍者换上了下等的素菜。

"就这么吃吧。"陈平显得万般无奈的样子,坐在一旁。饭后,那个使者匆匆地赶回楚军营中,如实地把当天在汉营中受到的待遇,向项羽说了一遍。

"这个老家伙,我尊他为亚父,时时处处对他言听计从,想不到他竟暗中与汉军勾结起来算计我。好,咱们走着瞧。"项羽一听报告便怒发冲冠,"来人哪!"命令几个亲信暗中监视范增的行动。一日,对项羽赤胆忠心的亚父范增分析战局后认为,楚军已到了急攻荥阳,灭汉军的最佳时机了。于是匆匆赶去向项王建议发兵进攻荥阳。"你急什么还有准备工作没有做好呢。"项羽一反常态,对亚父一副爱理不理的样子。"大王,战机一失,追悔不及也。"范增心急如焚。"你唠叨什么我还有事。"项羽居然开门逐客了。亚父看到项羽如此不信任自己,再想到近日里常有人暗中监视自己的行动,气得跺脚长叹:"好!好!项王,你也不信任我了,也不需要我这个老朽了。天下大局已定,项王你自个干吧,我要带着这身老骨头回家乡去了。"

在还乡路途中,亚父因背上毒疮发作而死去。当这个消息传到荥阳汉营中,汉军上下一片欢腾。刘邦特地设了庆功宴。席间,刘邦端着酒樽亲自来到陈平跟前。说:"先生,您可是立了大功了,为汉鄹除了最难对付的劲敌。我敬您一杯!"

亚父死后,项羽身边没有了得力谋士,屡屡战败。

第三计:以假乱真,巧脱突围

气死范增后,项羽得知中了陈平的反间计,顿时勃然大怒。公元前203年5月,项羽猛攻荥阳,这时的形势十分危急,陈平就给刘邦献计说:"请大王速写一封诈降信给霸王,约他在东门相见。霸王一定会把他的大军布置在东门外,我们再想办法把他在西、北、南各门的卫士引到东门口来,大王就可以从西门冲出去了。"刘邦赞同了陈平的计策。不一会儿,陈平领着长相跟刘邦很相似的将军,说把他化装成汉王的样子出去诈降,吸引敌人把兵力集中围住东门,那么,汉王就可从西门逃出去了。

第二天,天还没有亮,汉军便开了东门,陈平差遣二千名妇女,一批一批地从东门出去。南、西、北门的楚兵一听东门外全是美女,便争先恐后地涌向东门。忽然,有人大喊"汉王来了!"大家抬头一看,果然是"汉王"坐在车里,由仪仗队开道,慢慢地走出东门。一直走到楚营近前,霸王才发现坐车出来的不是汉王。真正的汉王则乘着东门一片混乱,已冲出西门,带着陈平、张良、樊哙等人杀开一条血路,向关中逃去了。

第四计:顺水推舟,巧顺其意

在楚汉争战中,一次刘邦被项羽暗箭所伤,还被迫困守广武。此时韩信在齐地作战捷报频传,还占领了齐国。韩信依仗自己战功无数,就派遣使者向汉王表明想当假齐王(代理齐王)。

刘邦听后,顿时恼羞成怒地说:"我如今被困险地,日夜盼望你能够来救我,没想到你却想在齐地自立为王了!"陈平见状随即用脚踢了踢刘邦,在刘邦耳旁道:"目前,这种情势对我们十分不利,所以不如顺水推舟,立他为王,有恩于韩信,否则恐后患无穷。"刘邦听后恍然大悟,礼遇使者并遣张良到齐地封韩信为齐王。

就在这时,项羽也不断地派使者前去游说韩信背汉归楚,因为当时韩信的军力占有举足轻重的地位,也是决定楚汉胜负的关键,韩信归顺哪一方,哪一方就会胜。还好陈平机智应变,暗示刘邦封韩信为王,所以无论项羽如何劝说,韩信都不为所动。后来,韩信引兵联合刘邦围困项羽于垓下,使得项羽乌江自刎。

第五计:请君入瓮,云梦擒韩信

楚汉战争结束后,刘邦登上了皇帝位,史称汉高祖。封韩信为楚王。没过多久,就有人上书告发楚王韩信谋反。刘邦听后,大吃一惊,忙向诸将征询意见。诸将都认为:"赶紧发兵,活埋这个忘恩负义的小子!"刘邦觉得这不是个好主意,也就没有吭声。

这时,张良已经借口有病而功成身退了,只有陈平留在刘邦的身边。刘邦问陈平此事该怎么办？刚开始，陈平不肯出主意，直到刘邦再三追问，才说："我打算派兵前去讨伐他，你看怎么样？"

陈平沉着地反问道："这次有人上书告发韩信造反的这件事，还有人知道吗？"

刘邦说："没人知道。"

"那韩信自己知道吗？"

"也不知道。"

陈平低头沉思了一会儿，又问："陛下的军队比韩信的军队厉害吗？"

刘邦回答："不见得。"

陈平又问："陛下手下的战将中，有谁在战场上能敌过韩信？"

刘邦回答："没有人能敌得过他。"

陈平说："军队实力不如韩信，将领又不是韩信的对手，现在您反而要出兵去打韩信；一旦引起战争的话。胜负是很难预料的。我真为陛下担心啊！"

刘邦一听着急地问："那该怎么办啊？"陈平说："古时，天子常常在全国各地巡行，会见各地的诸侯。南方有一个地方叫云梦泽。陛下装作出游云梦泽，要在陈州会见各路诸侯。陈州在楚地西界，韩信听到天子出游，又到了他的地盘上，他当然会来谒见。当他谒见陛下的时候，你就可以把韩信抓起来了。"

于是刘邦依计行事，果然不出所料，韩信郊迎在路中央。刘邦便让埋伏下来的武士将韩信捆得结结实实，投入囚车中。后来刘邦把韩信贬为淮阴侯，留居京城，不让他到外地任职，韩信也就不能再有所作为了。陈平这个计谋避免了一场激烈战争的发生，消除了再度分裂割据的祸根，维护了新王朝的统一与安定。

第六计：假献木偶美女，解白登之围

公元前 200 年，刘邦亲率大军抗击我国北方匈奴奴隶主贵族的南侵，被匈奴冒顿单于围困在平城（今山西大同市东北）白登山。一连七天，城外四面重兵把守，水泄不通；城内粮草断绝，情况十分危急。城外围兵中有一面是冒顿的妻子阏氏（匈奴单于妻的称号），她的兵力比其他三面都强大。就在这时，陈平了解到阏氏是一个生性嫉妒的人，向刘邦献计说："据我所知阏氏是一个生性嫉妒的人，如果令人赶制一些木偶美女，安上机关，让它们在城头上翩翩起舞，并派人传讯给冒顿，说是您要将美女进献给冒顿。那么，阏氏见这些美女，个个婀娜多姿，貌似天仙，必然会担

心冒顿破城后会倾心于这些美女,而自己会遭到失宠。如果再派人用重金贿赂劝她退兵,那么她一定会答应的。"刘邦拍手叫道:"好计,好计!"后来,刘邦依计行事,果然使白登得以解围!

陈平一生为高祖出谋划策,深受高祖信任,一路青云直上,官至丞相,但他从来没有因功高而遭到皇帝及其他大臣的猜忌,实在难能可贵。陈平在生命最后十多年里,谨守高祖遗命,"非刘氏不得封王,非功臣不得封侯"。靠着他那机智多变的智谋,将吕氏叛乱绞个粉碎,带领汉朝走上艰难的复兴之路,巩固了大汉天下!

深藏不露,明哲保身

《史记·陈丞相世家》评价陈平倒吕之举道:"定宗庙,以荣名终,称贤相,岂不善始善终哉!"纵观陈平的一生,确实是做成了政治斗争的一个"不倒翁",实现了"善始善终"。自古以来,君臣之间,最难善始善终,陈平在中国历史上也算是奇迹中的奇迹了。

陈平不仅在军事上足智多谋,而且在处理君主关系上也是十分老练。他善于察言观色,审时度势,虚与君主周旋,以保全自己。汉高祖击破黥布后,回师长安,不料途中得了重病,又得知燕王卢绾造反,他命令樊哙率兵击卢。樊哙是吕后的妹夫,与刘氏十分亲贵,又是屡立战功的功臣。樊哙刚刚出发后,就有人在高祖面前说樊哙的坏话。汉高祖非常愤怒,说:"樊哙见朕病重,想朕早死啊!"于是命陈平和周勃前往樊哙军中,夺其军权,并立即将樊哙斩首。在途中陈平对周勃说:"樊哙乃皇上的故友,又是吕后的妹夫,又亲且贵,皇上一时愤怒而下令将其斩首,恐怕日后他会后悔。我们不如将樊哙囚禁起来交给皇上,由他亲自处决。"陈平一行还未到长安,就听说皇上驾崩的消息。陈平急忙赶赴朝中,将情况向吕后作了汇报,深得吕后的称赞,樊哙也恢复了爵邑。

刘邦死后,吕太后上台,吕氏开始专权。这时,陈平虽然担任丞相,但内心对吕后肆意专权十分不满。他知道吕后忌恨有才能的大臣,而自己的文武才能远在其他大臣之上,应该躲避吕后的锋芒,保住丞相地位,等待时机削弱吕氏的权力。

此后,陈平假装放浪形骸,整天沉溺在美酒女人之中。到上朝的时候,他唯唯诺诺,从不明确发表意见,装出一副痴愚的样子,以免引起吕后讨厌,虽然位高权重,却什么事都不管。

后来,吕后打算将吕姓的人立为王,征求陈平等人的意见,生性直爽的王陵回答说:"高祖曾经杀白马订立盟约,规定凡是不姓刘的人当王时,天下人应联合起来讨伐。现在立吕姓的人为王,是违背先帝的誓约。"吕后顿时大怒。

陈平的回答却令吕后喜笑颜开:"以前高祖平定天下之后,便拥立姓刘的子弟为王,现在是太后当政,想立姓吕的子弟为王,也无不可啊!"

吕后对王陵的话怀恨在心,剥夺了他的丞相大权,降职为太傅。王陵于是请求返回故乡,以生病为由辞去官职,在家里闭门不出,直到死在家中。

吕后之妹因樊哙被囚之事而对陈平怀恨在心,常在吕后面前诋毁陈平,说他"当丞相不管事,白天喝好酒,晚上玩女人"。

陈平知道这件事后,心中暗自高兴自己表演得不错,而吕后听了,心中暗暗高兴,越发对陈平没有戒心,竟对他说:"俗话说女人小孩的话千万听不得,我们这样的关系,完全不要害怕他人的谗言。"陈平继续表演下去,吕后日益欣赏他的"忠厚",又是封王又是封侯,以表示恩宠。

俗话说:"水至清则无鱼,人至察则无朋。"意思就是说,水太清了都没养分在其中了,那鱼就不会在这水里游弋;人如果过于精明过于清高,那他就很难有立足之地。陈平就是深深地明白这个道理,所以才一直隐忍求全。

陈平这种违心的逢迎,后人常批评其"圆滑",其实这更是一种以退为进的聪明之举。老子指出,不能与强大的敌人做拼死的斗争,而应用迂回曲折的办法去对付他们,即"将欲弱之,必固强之。将欲废之,必固兴之。将欲夺之,必固与之"。陈平曾经也说过:"有利于国、民之计则施,无利则敛,不然焉不招祸?"这句话正是对他"退让"行为的辩解。

陈平通过韬晦之术不仅保全了自己,而且也为后来平定吕氏之乱积蓄了力量。吕后死后,陈平联络朝中旧臣,一举诛灭吕氏,拥立孝文皇帝,安定了刘氏天下。

陈平在吕后"王诸吕"中的"退让",虽然暂时牺牲了刘氏的利益,但有效避免了吕太后和大臣之间矛盾的进一步激化,以等待成熟的时机来挽回,在刘吕政权争夺战中,为刘氏的最终胜利添加了不小的力量,避免了外戚专权。司马迁评价说:"到吕后当政时,事情多变故,然而陈平竟能自免于祸,安定刘氏宗庙,以荣耀的声名终其一生,人称贤相。"所以,以传统的职业道德标准来衡量陈平的"退让",他的忠心真是苍天可表啊!

汉代名儒

◎汲黯

汲黯(?—公元前112年)西汉濮阳
(今河南濮阳西南)人,字长孺。他的先人
被古时的卫君宠幸。到汲黯是第七代,代
代做卿大夫。汲黯因为父亲而袭任官位。
汲黯,性情倨傲严肃,常面折人短,不能容
人之过,是个典型的斗士型人物,曾多次
当众指责武帝的过失,武帝称赞其为"社
稷之臣"。汲黯为官忠贞不贰,德高望重,
死后谥号周公,葬于鄄(今鄄城县吉山镇
观寺王庄北一里许)。

刚直切谏，被免官职

《史记·汲郑列传》中记载：黯为人性倨，少礼，面折，不能容人之过。合己者善待之，不合己者不能忍见，士亦以此不附焉。然好学，游侠，任气节，内行修絜，好直谏，数犯主之颜色，常慕傅柏、袁盎之为人也。

……

居无何，匈奴浑邪王率众来降，汉发车二万乘。县官无钱，从民贳马。民或匿马，马不具。上怒，欲斩长安令。黯曰："长安令无罪，独斩黯，民乃肯出马。且匈奴畔其主而降汉，汉徐以县次传之，何至令天下骚动，罢弊中国而以事夷狄之人乎！"上默然。及浑邪至，贾人与市者，坐当死者五百余人。黯请间，见高门，曰："夫匈奴攻当路塞，绝和亲，中国兴兵诛之，死伤者不可胜计，而费以巨万百数。臣愚以为陛下得胡人，皆以为奴婢以赐从军死事者家；所卤获，因予之，以谢天下之苦，塞百姓之心。今纵不能，浑邪率数万之众来降，虚府库赏赐，发良民侍养，譬若奉骄子。愚民安知市买长安中物而文吏绳以为阑出财物于边关乎？陛下纵不能得匈奴之资以谢天下，又以微文杀无知者五百余人，是所谓'庇其叶而伤其枝'者也，臣窃为陛下不取也。"上默然，不许，曰："吾久不闻汲黯之言，今又复妄发矣。"后数月，黯坐小法，会赦免官。于是黯隐于田园。

在西汉历史中，汲黯是一个黄老思想的实践者，更是敢于直谏的名臣。我们知道，汉武帝是位事功显赫的明君，但其刚愎自用的性格也是尽人皆知。敢于在他面前直谏的人可以说是屈指可数，而汲黯就是这样一个凤毛麟角的人物。

汲黯为官治国的特点是抓大事，抓与百姓衣食息息相关的根本大事，而不拘泥于小节。正像司马迁所说的"治官理民，好清静"，"其治，责大指而已，不苛小"，"治务在无为而已，弘大体，不拘文法"。

汉武帝时，汲黯官拜谒者，为皇上掌管传达之事。东越的两族人互相攻伐，汉武帝令汲黯去视察调解。汲黯到了半路的吴县就回来了，对汉武帝说："越人相攻，只不过因为他们的性格本来就好斗，不值得皇上过问，也不值得皇上派我去调解。"汲黯居然这样明目张胆地违抗诏令，还振振有词。

东越的两族人互相争斗，本系习俗所致，由当地的行政长官处理足矣，何劳泱泱天朝的使者前去处理呢？国内各类矛盾问题层出不穷，如果这样都派使节前往处理的话，必然是应接不暇，疲于对付，且不符合一级对一级负责的能级管理规则，容易弱化下级的职能，造成依赖性，降低责任感。汲黯的半路而返，虽然文中未加深叙，实际上从侧面已经说明汲黯认识到了东越的两族人相攻的本质和处理的最佳方式。

河内郡失火，连续烧了一千多家，汉武帝又派汲黯去视察。汲黯这回倒是真的去了，不过回来说的话更气人："家人失火，屋比延烧，不足忧。倒是臣过河南时，发现河南贫人伤水旱万余家，或父子相食，臣谨以便宜，持节发河南仓粟以赈贫民。臣就自作主张，凭着皇上所赐的符节，命令河南郡开仓放粮，赈济灾民。现在臣回来了，请治臣的罪吧。"此公不务正业，在路上乱管闲事，汉武帝听了也无话可说，只好把汲黯贬为荥阳令。

河内失火与父子相食，孰轻孰重？表面看，火烧连片，片瓦不存，一片狼藉，损失严重，这是大事！而汲黯用"家人失火，屋比延烧，不足忧"十一个字作了清楚的答复。父子相食，才是身受利禄的高官应该关注的问题。人不是被逼到一定程度上，是不会父子相食的。旱灾已经把人逼得走投无路了，如果朝廷不尽快处理，很容易激起民变，会动摇执政的根基。这才是汲黯所考虑到的实质性问题。所以汲黯在没有得到朝廷指示的情况下，就指挥当地开仓赈灾，安定了百姓。

汲黯被贬为荥阳县令后，看不上这个小官，认为是对自己能力的羞辱，于是称病不去上任，回到老家休养去了。无可奈何之下，汉武帝只好把汲黯召了回来，官拜中大夫。汲黯仍然改不了老毛病，经常直言相谏，汉武帝实在忍受不了，又把他贬为东海太守。这一次汲黯没有再任性，在东海太守任上无为而治，自己病怏怏地整天躺在房子里睡觉，居然还能把东海治理得井井有条，官民们都交口称赞。于是，汉武帝又把汲黯召了回来，官拜主爵都尉，位列九卿。

汲黯回来后，进谏时依旧是不给皇帝"留面子"。当时，汉武帝正在大力征召儒师，为了标榜自己推行儒家"王道政治"的诚心，而时常在群臣面前声言准备做"仁义"之事。汲黯深知汉武帝的为人，就在朝堂之上嘲讽他："陛下内心充斥着欲望而表面上硬说要施行仁义，怎么可能真正仿效唐尧虞舜的治国之道！"搞得汉武帝勃然大怒，退朝之后，还余怒未消地对身边人说："太过分了，哪有像汲黯这般戆直的！"大臣都替汲黯感到害怕，以为他闯下了大祸。不料，汉武帝只是私下对人说："甚矣，汲黯之戆也！"觉得汲黯过分，但也仅此而已，并没有追究下去。

或许，在汉武帝的眼里，朝廷需要这样一个特别的人发出一点不一样的声音，所以他对汲黯也另眼相待。

曾经也有同僚人"开导"汲黯要懂得人情世故，说话要给皇帝留台阶下，汲黯却不肯"领情"，依然坚持自己的仕宦原则："天子设置公卿辅弼之类的大臣，难道是为了让我们阿谀逢迎君主的旨意，而陷君主于不义吗？况且我已经身在官位，纵然我有爱惜身家性命的念头，对于污辱朝廷的事情也是不能做的！"

我们可以看出汲黯为人性格傲慢，刚正不阿，待人接物很少讲究礼貌。他极不能容忍别人的过失，常常指责对方不留一点情面。他对秉性相投的就善待之，对不合己者接见时懒得多看一眼，那真是眼里容不得一粒沙子，下属同僚从不巴结依附他。

汲黯之所以能成为直谏匡君的诤臣，除了他的正直和不能容人之过的个性外，其家世和资历也是其中原因之一。春秋时，周文王之后康叔被封于卫，其后代有卫昌公。太子居于汲（今河南省卫辉市），称太子汲，其后代支庶子孙遂姓汲氏。汲黯的祖先有宠于周时始封的卫君，所以先后十世担任卿大夫。在汉景帝时，汲黯就当上了太子洗马（太子家宦，太子出入时为先导），所以在汉武帝时能够直谏匡君也是合乎情理的。

汲黯认为，做大臣的应该忠于自己的职责，不应该为了保护自己的私利，看到朝廷有不对的地方就要指出来。一次皇上正在招揽文学之士和崇奉儒学的儒生，说我想要怎样怎样，汲黯当场回答说："陛下心中欲望很强，表面上却又做出仁义的样子，那么要如何达到像尧舜时期那样的德政呢？"皇上沉默不语，心中十分恼怒，就退朝了。皇上退朝后，对身边的人说："这个汲黯也太固执愚直了。"大臣们都替汲黯担忧，有人则批评他不应该那样说。汲黯说："皇帝设三官九卿来协助治理天下，如果我们都顺情说好话，讨皇帝一时欢喜，到头来就会把皇帝引到邪路上去。

如果我们处处都为自己的荣辱考虑,那么国家怎么办?"汲黯的这种说法与后世所说的"知善不举,闻恶无言,隐情惜己,自同寒蝉,此罪人也"的忠君报国思想有很多相似的地方。

汲黯喜欢直谏,讨厌巧言令色、出尔反尔的人,得罪人是在所难免的。当时,齐人公孙弘由儒师而贵为丞相,成为尊崇儒术的标志性人物。他保官有术,在朝廷议事时发表的看法从来不会与皇帝不同。有时,他对皇帝的某些决断本来也有异议,并且私下与汲黯等大臣约定要共同向皇帝说出真实的想法,但是到了汉武帝面前时,公孙弘就改变了态度,背离了事先的预约,改为完全顺从皇帝的旨意,与汲黯等人唱起了反调。对此,汲黯大为恼恨,他当场批评公孙弘说:"齐人多巧诈,让人无法理解他到底在想什么!开始他与臣等共同商定议事主见,现在说的话与当初的约定完全背离了,这是为臣不忠。"汉武帝问公孙弘怎么回事。公孙弘并不说明事情的原委,只是说:"了解我的人认为我是忠厚的,不了解我的人才会以为我不忠厚。"与汲黯的直言快语相比较,汉武帝更欣赏公孙弘一心维护皇帝权威的事君之道,对后者也更礼遇。在汉武帝眼里,公孙弘是个从善如流的人,并不像汲黯那样固执、执迷不悟。所以汲黯耿直的个性有时候反而成全了巧舌如簧的人。

又有一次,汲黯对汉武帝说:"公孙弘位在三公之上,俸禄优厚,然而故意使用布被子,这其实是在作秀。"汉武帝就问公孙弘。公孙弘非常聪明,他先表示自己确实如汲黯所说的那样有沽名钓誉之嫌,然后很圆滑地举了管仲、晏婴一奢一俭的例子,来解脱自己作秀的嫌疑,并说如果没有汲黯之忠,陛下怎么能听到这样的话。汉武帝听了这以守为攻的回答,更认为公孙弘是谦让的君子,而汲黯反而成了无事生非的好事者。

如此一来,就给皇帝及同僚们留下这样的印象:公孙弘确实是"宰相肚里能撑船"。既然众人有了这样的心态,那么公孙弘就不用去替自己辩解了,因为这不是什么政治野心,对皇帝构不成威胁,对同僚构不成伤害,只是个人对清名的一种癖好,无伤大雅。

汲黯的劝谏并非每次都能奏效,但他仍不改初衷。我们知道,张汤是个有名的酷吏,为了迎合武帝严刑峻法借以立威的心思,多次更改前朝律令,不断予以加码,什么"见知故纵法"、"连坐法"、"腹非法"、"沉命法"等法纷纷出笼,吏民动辄得咎,受刑之重者,每至灭族。经汤之手,所杀之人数达几万人,武帝以为能,甚加倚重,因他手操生杀大权,群僚多加趋奉,不敢得罪他。当时,只有汲黯多次在皇上面前质问指责张汤,说:"你身为正卿,却对上不能弘扬先帝的功业,对下不能遏止天下人的邪恶欲念,安国富民,使监狱空无罪犯,这两方面你都没有做到。相反,错事你却竭力去做,大肆破坏律令,以成就自己的事业,尤为甚者,你怎么敢乱改高祖皇帝定下的规章制度呢?你这样做会断子绝孙的。"汲黯时常和张汤争辩,张汤辩论起来,总爱故意深究条文,苛求细节。汲黯则出言刚直严肃,不肯屈服,他怒不可遏地骂张汤说:"天下人都说绝不能让刀笔之吏身居公卿之位,果真如此。如果一定要依张汤之法行事,就会让天下人恐惧得双足并拢站立而不敢迈步,眼睛都不敢正视了!"

汲黯毫无顾忌地当着众人面批评公孙弘、张汤之类炙手可热的重臣,自然招致他们的嫉恨,包括汉武帝也对汲黯心怀不满。丞相公孙弘等人多次寻找借口加害汲黯。汉朝出动大兵攻伐大宛,夺得千里马,汉武帝兴高采烈地作了一首《天马歌》,准备在宗庙活动中演奏。汲黯却兜头泼起了凉水:"凡王者作乐,上以承祖宗,下以化兆民。今陛下得马,诗以为歌,协于宗庙,先帝百姓岂能知其音耶?"汉武帝默然不悦。公孙弘借机陷害:"汲黯这是诽谤皇帝的御制文献,应该判处灭族重罪。"好在汉武帝还算大度,不愿因非议自己的一首诗歌而杀害大臣,否则汲黯就有生命之忧。其实,汉武帝对汲黯的态度比较矛盾。一方面,汉武帝敬重汲黯的正直和忠诚,曾经称赞汲黯有"社稷之臣"的风范。当时卫皇后的弟弟卫青身为大将军,宠贵无比,所有的大臣没有不屈身讨好他的,只有汲黯不肯。大将军因此非常尊重汲黯,常常向他请教疑难问题,对他礼遇有加,皇上也非常尊重他。

《史记·汲郑列传》中写道:"大将军青侍中,上踞厕而视之。丞相弘燕见,上或时不冠。至如黯见,上不冠不见也。上尝坐武帐中,黯前奏事,上不冠,望见黯,避帐中,使人可其奏。"

大概的意思是:大将军卫青入侍宫中,皇上曾蹲在厕所内接见他。丞相公孙弘平时有事求见,皇上有时连帽子也不戴就出来接见。至于汲黯进见,皇上不戴好帽子是不会接见他的。有一次,汲黯奏事的时候,因为来不及换衣服,皇上就躲进了帐子里,让手下人传话。可见,汲黯被皇上尊敬礼遇到了什么程度,甚至还有点敬畏。

当然,汲黯劝谏汉武帝,并非是为了展示自己的口才,逞口舌之能,而确确实实在替汉朝的江山社稷着想,很多时候往往是语出惊人,要别人为他捏一把汗。有一次,匈奴浑邪王率觽来降,当时汉武帝为了夸耀军功,就下令征发两万辆大车去接他们,长安府没钱,于是向老百姓借马,老百姓就把马藏起来,结果马没有凑齐。皇上大怒,要杀长安县令。当把长安令拥到法场,汲黯听说后,拍案而起,他冲到汉武帝面前说:"长安县令没有罪,只要杀了我,百姓就肯献出马匹了。况且匈奴将领背叛他们的君主来投降汉朝,朝廷可以慢慢地让沿途各县准备车马把他们按顺序接运过来,何至于让全国骚扰不安,使我国人疲于奔命地去侍奉那些匈奴的降兵降将呢!"这一番话,把武帝搞得下不了台。

等到浑邪王来到长安,商人们不懂得法律,不知道和匈奴人交易犯了走私罪,于是和匈奴人交易的五百多人都被判刑下狱。汲黯请得被接见的机会,在未央宫的高门殿见到了皇上,他说:"匈奴攻打我们设在往来要路上的关塞,断绝和亲的友好关系,我国发兵征讨他们,战死疆场与负伤的人数不胜数,而且耗费了数以百亿计的巨资。我是一个愚蠢之人,以为陛下抓获匈奴人,会把他们都作为奴婢赏给从军而死的家属,并将掳获的财物也就便送给他们,以此告谢天下人付出的辛劳,满足百姓的心愿。如今皇上您不把投降的匈奴人发配给死难者家属做奴婢也就罢了,却反而拿国库里的钱赏赐他们,征发良民侍奉他们,把他们捧得如同宠儿一般。无知的百姓哪里懂得让匈奴人购买长安城中的货物,就会被死抠法律条文的执法官视为将财物非法走私出关而判罪呢? 现在还要杀掉那些犯法的人,这不就是俗话说的庇护了树叶却伤害了树干,得不偿失?"汉武帝无话可说,偷偷在背后发牢骚:"我很久没听到汲黯说话,今天他又一次信口胡说了。"

由于汲黯多次不顾武帝的颜面就直言进谏,没过多久,汲黯因犯小法被判罪,适逢皇上大赦,汉武帝最终找了个理由,罢了他的官。于是汲黯隐于田园。

汲黯出山，拾遗补阙

前面我们说到汲黯因性格太过于耿直，而被汉武帝罢官，归于田园，那么又是什么原因使汉武帝亲自出马请汲黯出山呢？

《史记·汲郑列传》中记载：居数年，会更五铢钱，民多盗铸钱，楚地尤甚。上以为淮阳，楚地之郊，乃召拜黯为淮阳太守。黯伏谢不受印，诏数强予，然后奉诏。诏召见黯，黯为上泣曰："臣自以为填沟壑，不复见陛下，不意陛下复收用之。臣常有狗马病，力不能任郡事，臣原为中郎，出入禁闼，补过拾遗，臣之原也。"

当时国家支用浩繁，府库为虚，度支之臣巧施铸钱之法，质轻，价高，暂度财政危机，孰料利之所在，奸民不怕杀头大罪纷纷从事伪造，私钱泛滥，楚地尤甚，造成不可收拾的局面。原来是朝廷没有钱花了。汉武帝这个人，在位五十四年，其中"开边"，也就是战争就有五十年，国库空虚。于是，汉武帝决定改革金融，他下令废除了各种旧币，特别是废掉了"四铢钱"，由朝廷统一铸造"以四进五"的"五铢钱"。

《汉书·食货志》记载说，从汉武帝到西汉末年的一百二十年间，朝廷共铸五铢钱二百八十万万枚（这种钱，现在可以知道，每枚重三点五克，十钱为一两，十六两为一斤。算一算，相当于精铜八万七千多吨，在农耕社会，这可是不得了的一注大财）。但是，这个类似于通货膨胀的"货币政策"，也遭遇民间的抵制，现象就是"盗铸钱，楚地尤甚"。有铜及旧币，并不交给朝廷铸造，而是自己私下交易。一定时间后，市面上"伪钞通行"，没人管得了。这时候，汉武帝又想到了汲黯，楚地正是汲黯的"旧治"，所以想请他出山，去处理这些民间的"伪钱"，于是就征召汲黯，任他为淮阳郡太守。

汲黯拒不受命，来往了好几个回合，汲黯没办法了才接受任命。皇上下诏召见汲黯，汲黯哭着对皇上说："我自以为死后尸骨将被弃置沟壑，再也见不到陛下了，想不到陛下又收纳任用我。我常有狗病马病的，体力难以胜任太守之职的烦劳。臣愿做个中郎，出入宫禁，给皇上出主意提谏言补过拾遗，这是臣的愿望。"接着，向汉武帝抱怨说："皇上您这不是又发配我吗？"汉武帝安慰他说："你看不上淮阳郡太守这个职位吗？那里的官吏与百姓关系不融洽。我只是借重你的名望，不要你出什么体力，你只要高枕而卧就可以把它治理好了。过些时候我就会召你回来的。"汉武帝的意思再明白不过了，他并不想让汲黯再留在宫中，也不忍心忠心耿耿的谏臣永久地处在被罢官的失落中，因此就给他安排了这样一条出路。

汲黯辞行前又去见好友李息一面，对他说："我被发配到外地，不能再管朝廷的事了。可是，御史大夫张汤他的智巧足以阻挠他人的批评，奸诈足以文饰自己的过失，他专用机巧谄媚之语，强辩挑剔之词，不肯堂堂正正地替天下人说话，而一心去迎合主上的心思。皇上不想要的，他就顺其心意诋毁；皇上想要的，他就跟着夸赞。他喜欢无事生非，搬弄法令条文，在朝中他深怀奸诈以逢迎皇上的旨意，在朝外挟制为害社会的官吏来加强自己的威势。您位居九卿，如果不尽早向皇上进言，您和他都会被诛杀的。"李息可没有汲黯这么胆大妄为，于是就没有进谏。

汲黯来到淮阳郡，治理郡务一如往昔作风。汲黯作为淮阳的地方官，史书对他的评价是四个字：淮阳政清。

后来张汤果然事败自杀，皇上得知汲黯当初对李息说的那番话后，判李息有罪，诏令汲黯享受诸侯国相的俸禄待遇，依旧掌管淮阳郡。汲黯享受了七年诸侯的待遇就去世了。汉武帝再想听汲黯的刻薄之言也听不到了。

名臣的政治品格与个人魅力，是可以被传诵、被升华、被神化的。纵观汲黯的一生，直声闻于朝野，淮南王刘安于反前曾私语其僚属道："朝廷大臣只有汲黯正直刚毅，尚能守节死义，不为人惑，若公孙弘辈，随势逢迎，我若举事，好似发蒙振落，都毫不足畏惧呀！"

其实，武帝内心也深赞汲黯的正直，但由于他过于戆直，说词不知婉转，往往又使武帝在面子上难以忍受，对他的历次冒颜直谏，在接受程度上每每多打折扣，但事后思量，却仍然在内心深处认为他是一个不可多得的骨鲠之臣！

有一年，汲黯多病，皇上多次恩准他休假养病，他的病却始终不好。最后一次病得很厉害，庄助替他请了假，皇上问道："汲黯这个人怎么样？"庄助说："让汲黯当官执事，没有过人之处。然而他能辅佐年少的君主，坚守已成的事业，以利招之他不会来,以威驱之他不会走,即使有人自称像孟贲、夏育一样十分勇武,他的志节也不会被之撼夺。"皇上说:"是啊。以前出现的所谓安邦保国的忠臣,像汲黯就很近似他们了。"

　　敢于正直进谏的大臣是否能产生这样的威慑力量,作为后代的我们不妨见仁见智,而汉代人对此是津津乐道的。西汉后期的名臣李寻有一段议论是这样说的:"闻往者淮南王作谋之时,其所难者,独有汲黯,以为公孙弘等不足言也。"其余西汉名臣黄霸、谷永、贾捐之也把汲黯尊为官吏的楷模。当时舆论把他视为诤谏之臣的代表,不再称呼他的本名,干脆爱称为"汲直"。从汲黯身上,许多敢于直谏的名臣都找到了力量的源泉。

　　汲黯有着铁骨铮铮的风骨,是"临大节而不可夺"的传奇人物、伟岸丈夫,在汉代发出熠熠不断的光辉,因此他也将留名千古,并永远成为后人的楷模!

另类奇才

◎ 东方朔

东方朔(公元前 154 年—公元前 93 年),字曼倩,平原厌次(今山东德州陵县)人。性诙谐幽默,善辞赋,武帝时大臣、文学家。武帝即位,征四方士人,东方朔上书自荐,诏拜为郎。后任常侍郎、太中大夫等职。他性格诙谐,言词敏捷,滑稽多智,常在武帝前谈笑取乐,真可谓是汉武帝的一颗开心果。

三千竹简,海选入门

《史记·滑稽列传》记载:武帝时,齐人有东方生名朔,以好古传书,爱经术,多所博观外家之语。朔初入长安,至公车上书,凡用三千奏牍。公车令两人共持举其书,仅然能胜之。人主从上方读之,止,辄乙其处,读之二月乃尽。诏拜以为郎,常在侧侍中。

汉武帝即位初年,征求天下贤良方正文学材力之士,且只要是被看中就有意想不到的官职。各地人士、儒生纷纷上书应聘。

在众多应聘人之中,东方朔是其中一位。在当时,没有人能够理解他,用现代一个词来说就是"另类"。"另类"这个词在现今出现频率非常高。用它形容东方朔并没有任何褒贬之意。不过,东方朔的确是与众不同。

东方朔仅向汉武帝上书就用了三千片竹简,用了两个人才扛得起,汉武帝两个月才读完。从这一点看,就够另类的,可以说是"前无古人,后无来者"。在自我推荐书中,他更是不着边际地吹捧自己。

以下就让我们看看东方朔是如何吹的吧!他说:"我少年时就失去了父母,依靠兄嫂的抚养,长大成人。我十三岁才读书,勤学刻苦;十五岁学击剑,十六岁学《诗》、《书》,读了二十二万字;十九岁学孙吴兵法和战阵的摆布,懂得各种兵器的用法,以及作战时士兵进退的钲鼓。这方面的书也读了二十二万字,总共四十四万字。如今我已二十二岁,身高九尺三寸,双目炯炯有神,像明亮的珠子,牙齿洁白整齐得像编排的贝壳,勇敢像孟贲,敏捷像庆忌,廉俭像鲍叔,信义像尾生。我就是这样的人,够得上做天子的大臣吧!臣东方朔冒死向皇上禀奏。"

他的简历似乎吹过头了,不过,他出奇制胜,先声夺人,在那么多自吹自擂的人当中,东方朔肯如此往自己脸上贴金想来也是头一个,自然备受关注。《史记》评东方朔的个人简历为"文辞不逊,高自称誉"。汉武帝一下记住"东方朔"这三个字,并且大加赞叹。不过,汉武帝非常有分寸;毕竟这只是"高自称誉"的小打小闹,没有提出任何治国之道。所以命他待诏公车,比规规矩矩应付的公孙弘、主父偃等要差一个档次,平时也很难见到汉武帝一面,而且一天领取的米钱只够一宿和三餐,累得东方朔望眼欲穿。

东方朔的初次海选,就让人大跌眼镜。不过,在汉武帝时期,敢在武帝面前言辞放肆的人并不是只有他一个,当年同朝的汲黯也往往令武帝哭笑不得。但由于汲黯不会说话,所以才不得武帝的喜欢;而东方朔这番海吹,引经据典,铺陈比喻,给武帝制造了一次感官冲击,获得了武帝的欢心。可见称他为"另类"是恰如其分的!

意求升职，长安索米

　　虽然东方朔的第一次亮相是靠着浓厚的喜剧色彩引起皇上注意的，然而却见不到皇上的面。东方朔就这样被晾了起来，都快晾成鱼干了，朝廷却还没给他个一官半职。他明白皇帝求贤若渴，但却把有本事的人供在屋里，压根就没打算用他们。皇帝从来就是这样，那也没什么可埋怨的，倒是自己，该自个儿提拔自个儿了。

　　于是，这个狡黠的年轻人便开始盘算。一次出游中，见到一个侏儒，恐吓他道："你的死期要到了！"那个侏儒问他为何，他说："我听说朝廷召入你们这些侏儒，名为侍奉天子，实际上是设法除掉你们。因为你们既不能当官，又不能种田，也不能当兵打仗，对国家又毫无用处，还要消耗粮食和衣物，还不如处死的好，这样还能省得许多费用。但由于是怕杀你们没有借口，所以就骗你们进来，暗地里加刑。"侏儒听后大惊失色。东方朔又假装劝道："如果你们按我的计划去做，或许可以免去一死。"侏儒忙问有何妙计，东方朔说道："你们必须等到皇帝出来时，叩头请罪，如果天子问你何事请罪，可推到我东方朔身上，包管你们没事。"

　　于是，侏儒在汉武帝出行的那天，跪在武帝面前请罪。汉武帝看到后觉得莫名其妙，便问："为何哭！"侏儒说："东方朔说皇上对我们这些矮小的人都要杀掉！"武帝道："朕并无此意，你们先退下，待朕问明东方朔便知道了。"

　　侏儒拜谢而去，汉武帝立即命人召见东方朔。东方朔正愁没有机会见到汉武帝，因此特设此计，即听到召令，立即欣然赶来。汉武帝问东方朔为什么要如此说，东方朔说："反正我可能被判死罪，那我就直说吧。这些侏儒长只三尺，拿一袋粟，二百四十钱；我长九尺余，亦拿一袋粟，二百四十钱。侏儒饱得要死，我却饿得不行。你若觉我还能用，就加些俸禄；要不然，就把我赶回老家，免得待在这儿浪费长安的米。"皇上听了哈哈大笑，任命他为待诏金马门。从此，他的待遇得到了改善,更重要的是获得了接近皇上的机会。他留在长安的这段日子里,凭着自己的智慧和力量,终于迈出了成功的第一步。

这就是脍炙人口的"长安索米"的故事。

东方朔不是侏儒,然而在汉武帝眼中的作用和侏儒一类相似。东方朔,何许人也? 岂能身居一个芝麻粒儿大的官? 然而,他并没有直接提出要求,而另辟蹊径向皇帝表露自己的心声,称其为"另类奇才"并不为过。

博闻辩智,奇才奇答

《史记·滑稽列传》记载:时会聚宫下博士诸先生与论议,共难之曰:"苏秦、张仪一当万乘之主,而都卿相之位,泽及后世。今子大夫修先王之术,慕圣人之义,讽诵诗书百家之言,不可胜数。着于竹帛,自以为海内无双,即可谓博闻辩智矣。然悉力尽忠以事圣帝,旷日持久,积数十年,官不过侍郎,位不过执戟,意者尚有遗行邪?其故何也?"东方生曰:"是固非子所能备也。彼一时也,此一时也,岂可同哉!夫张仪、苏秦之时,周室大坏,诸侯不朝,力政争权,相禽以兵,并为十二国,未有雌雄,得士者强,失士者亡,故说听行通,身处尊位,泽及后世,子孙长荣。今非然也。今世之处士,时虽不用,崛然独立,决然独处,上观许由,下察接舆,策同范蠡,忠合子胥,天下和平,与义相扶,寡偶少徒,固其常也。子何疑于余哉!"于是诸先生默然无以应也。

建章宫后合重栎中有物出焉,其状似麋。以闻,武帝往临视之。问左右群臣习事通经术者,莫能知。诏东方朔视之。朔曰:"臣知之,愿赐美酒粱饭大飨臣,臣乃言。"诏曰:"可。"已又曰:"某所有公田鱼池蒲苇数顷,陛下以赐臣,臣朔乃言。"诏曰:"可。"于是朔乃肯言,曰:"所谓驺牙者也。远方当来归义,而驺牙先见。其齿前后若一,齐等无牙,故谓之驺牙。"其后一岁所,匈奴混邪王果将十万众来降汉。乃复赐东方生钱财甚多。

东方朔酷爱读书,博闻善辩,且精通诗文,并擅长谜语,因此受宠于汉武帝。

古代宫廷中有一种游戏叫"覆射",方法是把一件东西覆在盆下,让人猜射,猜出以后,先要念一段"覆射词"。这段覆射词,就像现在的谜面,要讲出物的特点,后来发展成一种十分有趣的猜谜形式,叫"覆射谜"。

有一次,汉武帝让人在盆中覆了一只守宫(壁虎),让臣子们猜射,都猜不中,后来东方朔上前来念道：臣以龙又无角，谓之蛇又有足，跂跂脉脉善缘壁，是非守宫即蜥蜴。揭开盆来一看，果然被他猜中了。武帝说："很好。"就赏给东方朔十匹帛。

武帝身旁的宠优郭舍是一个巧言令色、善于巴结的人，见东方朔在覆射中常能取胜有些不服气，说他是瞎蒙的，绝非真本领，要与东方朔进行一次实地的较量。郭舍把一个长有菌芝的树叶放在盂盆下让他猜，摆出的赌注是"要是自己输了，愿挨一百板屁股；要是赢了，要求皇上赏他布帛"。东方朔围着这个盆子敲了敲、听了听，然后说："此为'窦薮'。"郭舍人一听，认为他猜错了，便高兴地要求赏赐。东方朔做出了巧妙的解释："生的肉叫脍，较的肉叫脯；生在树上寄生的东西叫芝菌，盂盆下就是这个东西。"一听东方朔猜对了，汉武帝叫人打郭舍人一百板，打得他嗷嗷直叫。那么，"窦薮"究竟是什么呢？原来是一种用茅草结成的圆圈，以便放在头上顶着东西走路时用。其实，东方朔只是从广泛的范围来阐明对这种寄生物的体形的特点而已。当郭舍人挨打的时候，东方朔又说道："咄！口上没有毛，声音謷謷叫，屁股翘得半天高。"郭舍人恼羞成怒反咬一口，说："东方朔胆敢讥笑皇帝身旁的近臣，罪当弃市。"武帝问东方朔："为何要笑他？"东方朔辩道："臣并未笑他，只是与他作个谜语罢了！怎能说诋毁朝廷命官呢？"武帝说："谜语是怎么说的？"东方朔说："所谓口无毛者，狗窦（即洞）也；声嗷嗷者，是鸟在哺他的小鸟，屁股翘得很高的，是仙鹤低头在啄食。"不管他怎样解释，羞辱之意是明摆着的，但谁也驳不倒他。

郭舍人仍不服气，又说几个谜，不过凡是郭舍人出的谜语，没有能难倒他的。

由于东方朔来自下层社会，接触面较广，加之又读过很多书，有着超人的见识，所以常能为汉武帝解疑答难，深得皇上的欢心。

有一次，从建章宫后阁栏杆中钻出一头跟麋很相似的动物，有人向汉武帝报告，并引来一群人围观，但谁也说不清这是什么。只好诏见东方朔，狡黠的东方朔看罢，故弄玄虚地先提出了一个要求："我知道这是什么动物，但陛下先赐给我美酒佳肴，我才愿说出来。"汉武帝满口答应了。等到他酒醉饭饱后，又提出一个要求道："某地有公田、鱼池、蒲苇数顷，陛下要是慷慨赐给我，我就说出来。"汉武帝急于想知道这头不知名的怪物究竟是什么，也就爽快地答应了。踌躇满志的东方朔，说道："此所谓驺牙者也"，远方必有来归附的人，所以驺牙先来预报。而且，他详细地指出这种"驺""其齿前后若一，齐等无牙"。一年后，果真有匈奴混邪王率十万将士前来降汉。这虽然是一种巧合，但仍然博得了汉武帝的欢心，随后又赐给他很多钱财。

还有一次，汉武帝东游至函谷关，有个怪物挡住了去路，其身长几丈，有点像牛，眼睛发亮，寒光闪闪。四脚深深陷入土中，能动却又拔不出腿来。所有的人看到后都非常害怕，又不知道是什么东西？在没办法处理这怪物时，又把东方朔找来。东方朔虽不能马上说出一个所以然来，但提出了一个解决的方案，即用酒去灌。一连灌了十来桶酒，这头怪物才渐渐地消失，没入土中。汉武帝问他这是为什么？东方朔带着忧戚的神情做了一番似是而非的解释道："此忧患所生也，必秦之狱地，罪人徒作地聚，夫酒忘忧，故能消也。"他的解释是否准确，我们后人已经无法考究。但能够把这种怪异现象的出现，归咎在秦的暴政和征伐上，由此可以看出，东方朔是聪明异常的人。汉武帝也深感东方朔见识之广、识物之多，说："博物之士，至乎此乎。"

也许正是由于东方朔能够为武帝解难答疑，他才会一直留在汉武帝的身边。有一次上林苑给皇上送贡品，汉武帝要考一考东方朔的才智，便召他进宫来。汉武帝站在未央宫的台阶上，用木棍将木栏连敲了两下，然后口中念道："叱！叱！先生束来！"东方朔的脑子里立即闪现出：两木相击为"林"，"束""束"相加为"枣"字。叱相乘为四十九。一定是上林苑送来了四十九枚红枣。汉武帝见他思维如此敏捷，更是叹服不已。除了叹服之外，武帝心中还存有一些嫉妒，于是总想找机会刁难东方朔。

还有一次，东方朔跟随汉武帝到上林苑游玩，见到一棵枝叶繁茂的大树。汉武帝问他是什么树，东方朔顺口说是"善哉"。汉武帝暗中派人削掉树的枝干，并在树身上做了记号。两年后君臣又路过此树，汉武帝故意问东方朔："这棵树叫什么名字？"东方朔又顺口说是"瞿所"。汉武帝沉下脸说："同一棵树过了两年，怎么名儿就不一样了？你竟敢欺骗我！"东方朔沉着回答："小马叫'驹'，大了才叫'马'；小鸡叫'雏'，大了才叫'鸡'；小牛叫'犊'，大了才叫'牛'；人生下来叫'儿'，老了才叫'老头'；这棵树也是一样啊！世上没有一成不变的事物。"汉武帝听后，气得哭笑不得。因为他本想借此刁难一下，谁知这个妙语如珠的东方朔具有难不倒的辩才，于是心中不知为此应该高兴，还是该恼火。于是，一遇到难题，就询问东方朔，君臣关系变得更加密切了。

东方朔带着几分放纵不羁的色彩，混迹于上层社会之中，在皇帝和大臣们面前，常显得"大逆不道"，却又没有受过惩处，有时还能得到格外的赏赐，引起了儒生们的忌妒，所以儒生们总想寻个机会难倒他。然而他总能有力地回击挑衅者的冷嘲热讽，他善于观察、勤于思考、长于辨析的卓越才能，致使对手哑然、叹服。

东方朔凭着自己广泛的阅历、敏锐的思考和善辩的口才变成了常胜将军。每当局面困窘、难以为继，东方朔总能靠其天生的机智和伶牙俐齿，一次一次地躲过灾难，赢得主子的欢心，笑倒众生，化险为夷。

一天，大伏酷暑，武帝下诏官员到宫里来领肉。东方朔实在是等待不及，走到所赐肉前，拔剑割下一块后对其他大臣说道"三伏天热，应该早点回家休息，而且肉也容易腐烂，不如自取受赐回家罢了"。说着即提着肉出了殿门。其他大臣们谁也不敢动手。等到分肉的执行官分肉时，发现差一个东方

东方朔盗桃

朔，问明情况后恨他胆大，随即向武帝告状。武帝知道后责问东方朔为何如此大胆，要他自作批评！东方朔自责道："朔来！朔来！受赐不等诏书下来，为何这样的无礼！拔剑割肉，为何这样勇敢！割得不多，为何如此廉俭！带回家给细君（妻妾），又为何表现得如此的仁爱！难道你东方朔敢自称无罪吗？"一席话说的武帝失声大笑，说："要你自作批评，倒是表扬起自己了！"武帝又特地赐给他酒一石，肉一百斤，让他回家送给妻妾。

按照常理来进行自责，东方朔应该认真检讨自己错在什么地方，而东方朔在这里除了"为何这样的无礼"一句，表面上像是自责以外，其余全是自夸的内容，称赞自己的"勇敢"、"廉俭"、"仁爱"。东方朔这段话实际上是运用了幽默思维中的一种方法——"巧缀"，通过曲解"自责"这一词语的意义，借题发挥，缀入自夸的内容，让人感到滑稽可笑，既逗乐了汉武帝，又使自己得到了不少赏赐。

东方朔的机智毋庸怀疑的，而给人们留下更深印象的则是他那诙谐滑稽的性格，这恐怕是一种与生俱来的素质。他可以说是一位幽默大师。

有一次,汉武帝说:"相面的人告诉我,人中长一寸的人能活到一百岁。"东方朔听后哈哈大笑,某个大臣说,东方朔当着圣上的面如此失态,大不敬! 东方朔立即下跪,对皇上说:"臣不敢笑陛下,只是笑彭祖脸长。"汉武帝说:"此话怎讲?"他回答道:"陛下说寿长百岁人中长一寸,彭祖年八百岁,人中八寸,他的脸岂不是一丈长?"皇帝与大家一笑了之。当然,如果东方朔事前没准备好说辞,是绝不敢放纵大笑的。

有关东方朔的故事有很多。东方朔虽然诙谐搞笑,但时时观察皇帝的脸色,适时直言切谏,武帝经常采纳他的意见。从公卿到在位群臣,东方朔都敢轻视嘲弄,没有人能让他屈从。

汉武帝也正因为东方朔说话谐谑言辞敏捷,所以非常喜欢故意提出问题问他。东方朔曾官至太中大夫,后来经常为郎,与枚皋、郭舍人都在武帝左右,只是诙谐嘲谑言辞的侍从。

东方朔的言论虽然诙谐,但也有他深刻、尖锐的地方,更不是一味阿谈颂扬,以顺遂汉武帝的心意为目的。他直陈的见解,常常是公卿大臣所不敢表示的。

汉武帝的姑母窦太主寡居而私宠董偃,挥霍财物,不计其数,满朝权贵都以结识董偃为荣,汉武帝也准备"置酒宣言",以隆重的礼节来接待他。东方朔对此极为不满,据理力争,指斥董偃为"国家之大贼,人主之大蜮",终于使汉武帝不得不改变主意,表现了东方朔敢批逆鳞的斗争精神和鲜明的是非观念。当汉武帝问他:"先生视朕何如主也",并问他与当时公卿大臣公孙弘、倪宽、董仲舒等相比较,自己以为如何时,东方朔的回答,或顾左右而言他,或表现为不屑一顾,既显示了他的机智,也表现他不肯违心诏事皇帝、权贵的傲岸不群的性格。

东方朔就是这样一位敢于直言极谏以阻止歪风的人物。

武帝喜欢微服出巡,恣意游猎。而且,往往是深夜出去,平明回来。在追杀各种野兽的过程中,常不顾及地里的庄稼。农民辛辛苦苦耕种出来的庄稼,还不到收获的时候就全被糟蹋掉了,能不心痛吗? 百姓怨声载道。有人建议武帝搞一个皇家苑囿。武帝命吾丘寿王等人设计,南至阿房宫,东至盩厔,西至宜春宫的一大片土地内围造上林苑,专供武帝游猎、休憩。东方朔却与此人持相反的态度,便直言进谏汉武帝有"奢侈越轨"的表现。他的理由有三:"绝陂池水泽之利,而取民膏腴之地,上乏国用,下夺农桑,其不可一也。盛荆棘之林,大虎狼之墟,坏人冢墓,发人室庐,其不可二也。垣而囿之,骑驰车骛,有深沟大渠。夫一日乐,不足以危无(按:同堤)之舆,其不可三也。"三条理由,归之为一,就是与民争利,而且为的只是自己的"一日乐"。为尽围场射猎之兴,把难得的"膏腴之地","开发"成"荆棘之林"、"虎狼之墟",便不惜断了一方百姓的生命之脉,还要强行拆迁,"坏人冢墓,发人室庐",这哪里还是想有一番作为的封建帝王的善举。他还指出扩大上林苑之后,徒使麋鹿、狐兔成群,也只会给虎、狼猛禽提供栖息场所。这些野生动物为了找东西吃,还会破坏生产,也会挖冢啃尸、吃人的家畜,这样就会伤害人们的感情。何必为了一时一事的欢乐去干有损国富民强的事呢?东方朔的谏阻上林苑书写得真切感人,武帝读罢奏疏后,任东方朔为太中大夫,成为了亲近的侍从官员,以备顾问应对、奉诏出使等职,秩比千石,还赐给黄金百斤,表示谢意。然而,武帝仍按吾丘寿王所上奏的那样,建造了上林苑,这给东方朔的心灵上投下了一个阴影。

晚年时,东方朔已经收敛了很多,不再那么放纵诙谐,他常以诗文打发日子。临终时他向汉武帝赠送了几句话:"诗云'营营青蝇,止于蕃。恺悌君子,无信谗言。谗言罔极,交乱四国'。愿陛下远巧佞,退谗言。"汉武帝读后,不禁恻然,长叹一声道:"鸟之将死,其鸣也哀,人之将死,其言也善。"他还与同舍的人说:"天下无人识朔,知朔者唯太王公耳。"后来,汉武帝把太王公招来,问他是否知道东方朔是一个怎样的人?太王公也说不清楚,只是说,他观天象,其间有一个岁星,有十八年没有见到,现在又看见了。于是,汉武帝便认为这十八年来未见的岁星,一定是东方朔归位了。且责怪自己没有早些发现,便惨然不乐。

众所周知,作为千古一帝的刘彻暴虐成性,对自己的儿子都丝毫不留情面,长年的争战尸骨何止千万?汉武帝从未眨过眼,只为了他的雄心壮志。东方朔置身危机却无所畏惧,历捋虎须而自身安然,其为人为文品格之高妙,因此受到举世称赞;伴君伴虎技艺之高超,近乎炉火纯青,却没有一句治国安邦之言,行为滑稽,举止可笑,被人说成一个跳梁小丑,这一切正应了他的那句话:陆沈于俗,避世金马门,宫殿中可以避世全身,何必深山之中,蒿庐之下。更为著名的是,他在实现这些成就时,为我们留下许多令人拍案叫绝且意味隽永的奇智佳话。

东方朔走了,他走进了汉代的史卷中,走进了文人的笔下。翻读他的史料,这个似官非官,似隐非隐的人,给人以笑谑,给人以启迪,给人以思索,给人以谈资。他虽然走了很久,但却永远不会被历史抹掉。

　　东方朔的人生是两面的,他既是受宠的,也是失宠的。在皇宫,他可以要尽嘴皮子,戏谑嘲笑皇上身边的每一个人,表面上看去也很受汉武帝恩宠。然而,在表面风光的背后,东方朔是一个异常可悲的人。因为那些只不过是为汉武帝增添了一些茶余饭后的笑料罢了。他的一生,在无伤大雅的嬉笑怒骂中度过。看似优哉游哉,却没有达到他的人生抱负,因为汉武帝始终没有真正正视过他的存在和才华。东方朔对自己不能担重任,不能施展才华感到十分苦闷。东方朔也曾上书陈述重视农业和战争以及强国的计策,责备自己唯独不得做大官,想出任大官。他的言论专用商鞅、韩非的语言。东方朔的直截了当,旨意放荡不羁,满纸诙谐。他在《答客难》中设客提出问题来诘难自己,用职位卑下来安慰理解自己。又通过《非有先生论》这篇文章来抒发自己的情怀,一副郁郁不得志的样子。

　　从东方朔的文章中足以看出他在诸多方面的才能,然而汉武帝却始终没有把他摆放在正确的位置上。也许是因为他的口才太好了,其光环遮盖住了其他才能,以至于汉武帝被一叶障目,或者说是只见树木,不见森林。如果是这样,无论汉武帝平时对东方朔这个知识分子有多尊重,东方朔都是不幸的。试想,一个有才能却不能发挥才能的人,可以说他是幸运的吗?

　　如果说东方朔是因为直言进谏触怒了汉武帝,所以得不到重用,这显然说不通。因为汉武帝每次似乎都在鼓励他进谏,无论接受还是不接受,总是给人一种介意或不介意的态度。这也正是东方朔的最大悲哀之处。在对于东方朔的任用上,汉武帝是狠狠地幽默了他一回。

　　“人之将死,其言也善。”他临死时对汉武帝进行了一生之中最后的谏言。可惜,汉武帝习惯了他平时的疯疯癫癫,反而对临死时平和正经,头脑冷静的东方朔感到怪异和不习惯了。其实,他的狂,不仅代表了他的傲气,也表达了他想要在天地间一展才华的自荐。然而,对于他这样的另类奇才,能听懂其心声的人是寥寥无几啊!可悲,可叹!

官路坎坷

◎ 窦 婴

窦婴(? —公元前 131 年)西汉大
臣。字王孙。观津(今河北衡水东)人。
窦太后侄。吴、楚七国之乱时，被景帝
认为大将军，守荥阳，监齐、赵兵。七国
破，封魏其侯。武帝初，任丞相。推崇
儒术，反对道表法里的黄老学说，为窦
太后贬斥。后因罪被杀。

宰相一职，三起三落

《史记·魏其武安侯列传》记载：孝文时，婴为吴相，病免。孝景初即位，为詹事。孝景三年，吴楚反，上察宗室诸窦毋如窦婴贤，乃召婴。婴入见，固辞谢病不足任。太后亦惭。于是上曰："天下方有急，王孙宁可以让邪？"乃拜婴为大将军，赐金千斤。婴乃言袁盎、栾布诸名将贤士在家者进之。所赐金，陈之廊庑下，军吏过，辄令财取为用，金无入家者。窦婴守荥阳，监齐赵兵。七国兵已尽破，封婴为魏其侯。诸游士宾客争归魏其侯。孝景时每朝议大事，条侯、魏其侯，诸列侯莫敢与亢礼。

窦婴，是汉文帝的皇后窦氏堂兄的儿子，祖籍在观津。结交宾客是窦婴的最大喜好。汉文帝时，窦婴曾担任吴国的国相，后来因病辞官，汉景帝刚即位时，窦婴出任詹事一官，詹事就是掌管皇后、太子家中之事的一个小官员。可见窦婴虽然贵为皇亲国戚，历经文帝景帝两代明主，窦婴官路十分坎坷，三起三落。窦太后失势后一直都未能得到重用，备受冷落，这似乎说明了窦婴不会有多少才华，只不过靠着窦太后的关系混了个一官半职。然而，如果窦婴真的是一个不学无术的贵族公子，那汉武帝就算找不到一个适合当宰相的人，也不会任命窦婴做丞相的。窦婴到底是一个什么样的人物？至今还是一个无法解开的谜，以下就让我们来看看窦婴三起三落的人生官场！

1. 托病辞职，被除名籍

很多人都知道窦太后非常喜爱汉景帝的弟弟梁孝王。一次，梁孝王进京朝见，以亲兄弟的身份与景帝一同宴饮。此时，景帝还没有立太子。酒酣兴起，景帝便随口说了一句："我去世以后，梁王来做天子。"窦太后听了这话，非常高兴。而在一旁的窦婴则立即向景帝敬酒，并说道："天下是高祖的天下，父子相传是大汉朝立下的规矩。如今,皇上怎么能够擅自传位给梁王呢?"景帝听了窦婴的一番话,顿时清醒了,认识到自己说错话了,同时也很欣赏窦婴的为人,便赞扬了窦婴一番。这时,窦太后要梁王做天子的愿望落了空,于是就开始憎恨窦婴。而窦婴则嫌自己的官位太低,就托病辞职了。后来,太后除掉了窦婴出入宫殿门的名籍,也不准他参加春秋两季的朝会,他的政治前途似乎完全结束了。

2. 七国叛乱,拜为大将

景帝即位三年后,出现了转机。吴楚发动了七个诸侯国的叛乱,叛军来势凶猛,而朝中除周亚夫外,没有几个可用之人。汉景帝在愁得团团转的时候,忽然想起了辞职在家的窦婴。汉景帝觉得窦婴比刘氏宗室的子弟和窦氏一族的其他人都要强,就派人去召窦婴,想再拜他为官。窦婴心里生窦太后的气,谢绝了汉景帝的任命,推辞说患有重病,难免会耽误皇上的大事。

窦太后听说这件事后,心中不免有些惭愧,她也后悔对窦婴太绝情了。于是窦太后就解除了对窦婴朝请问安的禁令,对窦婴的态度也有所好转。

汉景帝把窦婴召到宫中,对他说:"吴楚的叛军来势汹汹,大汉江山岌岌可危,现在正是国家急需用人的时候,你怎么可以推卸责任呢?"窦婴无言以对。

看到窦婴回心转意,汉景帝马上拜窦婴为大将军,并赏赐黄金千斤。窦婴当了大将军以后,声望、地位正值显赫一时,而此时的田蚡还只是一个普通的郎官。为了仕途,田蚡经常往来于窦婴家,陪从宴饮,行跪拜起立的礼节,好像自己就是窦家的子孙一样。

3. 平定七国之乱,被封为魏其侯

窦婴交了很多朋友,其中袁盎、栾布诸名将贤士都退职闲居在家,窦婴就向皇上推荐他们,说他们有经世治国之才,汉景帝见多了这么些帮手,心中也稍觉安慰,给这些人一一安排了官职。窦婴把皇上所赏赐的黄金,都摆列在走廊穿堂里,属下的小军官经过时,就让他们酌量取用,皇帝赏赐的黄金一点儿也没有拿回家。窦婴的轻财重义,使将士们都愿意为他效力。窦婴接到守卫军事重镇荥阳的任务后,就与周亚夫共同指挥汉军的主力,经过奋战,三个月内便平息了七国之乱。在平定七国之乱中,窦婴因立有战功,又是皇亲国戚,所以被封为魏其侯。此时,有许多游士宾客都争相归附魏其侯。汉景帝时每次朝廷讨论军政大事,所有列侯都不敢与条侯周亚夫、魏其侯窦婴平起平坐。

4. 担任丞相

汉景帝在位后期,王氏被册封为皇后。而作为王氏的同母异父弟弟田蚡自然越来越显贵,出任太中大夫。田蚡的口才非常好,能言善辩,还学过《盘盂》等书籍,因此,王皇后认为自己的这个弟弟很有才能。汉景帝去世,汉武帝刘彻即位,王太后摄政。朝廷所采取的镇压、安抚的措施,大多是由田蚡的宾客出谋策划的。田蚡以及他的弟弟田胜,都因为与皇族的姻亲关系而被封侯,田蚡与田胜分别被封为武安侯、周阳侯。

汉景帝四年,立栗太子,而魏其侯窦婴出任太子太傅。三年以后,栗太子被废,魏其侯多次为栗太子争辩都没有效果。于是,他故伎重施,借口有病而隐居在蓝田县南山下。几个月里,许多的宾客、辩士去劝说他,但没有人能说服他回到京城来。

一天,梁地人高遂来劝解魏其侯说:"能够使将军您富贵的人是当今天子,能使您成为朝廷亲信的是当今太后。现在您作为栗太子的老师,太子被废而您却不能力争;力争又不能成功,又不能去殉职。现在,您自称有病而退隐,拥抱着歌姬美女,隐居在悠闲的地方又不参加朝会。前后对比起来看,是您自己表明要张扬皇帝的过失。假如天子和太后都要整治您,依我看来,那您的妻子儿女都会一个不剩地被杀害。"窦婴很认同高遂的话,于是,窦婴马上出师回京,照旧参加朝见。

桃侯刘舍被免除丞相职位以后,窦太后多次推荐魏其侯当丞相。景帝却说:"太后您难道认为我会舍不得丞相这个官位而不让窦婴当丞相吗?窦婴这个人骄傲自满,容易自我欣赏,做事草率轻浮,难以担当丞相这个重要官职的。"因此,窦婴在景帝时始终没有被任命为丞相。

武安侯刚掌权想当丞相,所以对他的宾客非常谦卑,推荐闲居在家的名士出来做官,让他们显贵,想以此来压倒窦婴等将相的势力。

建元元年(公元前140年),丞相卫绾因病免职,天子打算任命新的丞相和太尉。籍福劝说武安侯道:"魏其侯显贵已经有很长时间了,天下有才能的人一向归附他。现在您刚刚发迹,不能和魏其侯相比,就是皇上任命您做丞相,也一定要让给魏其侯。魏其侯担任了丞相,您一定会出任太尉。太尉和丞相的尊贵地位是相等的,而您却有了让贤的好名声。"于是田蚡就委婉地告诉太后,让她去暗示皇上。因此,皇上便任命魏其侯当丞相,武安侯当太尉。籍福去向魏其侯道贺,就提醒他说:"您的天性是喜欢好人、憎恶坏人,当今好人称赞您,所以您当了丞相,然而您也憎恨坏人,坏人相当多,他们也会毁谤您的。如果您能并容好人和坏人,那么,您的相位就会保持长久;而如果您不能这么做,很可能马上就会受到毁谤而离职。"窦婴却没有听从籍福的忠告。

5. 开除族籍

窦婴和田蚡都喜欢儒家学说,推荐赵绾当了御史大夫,王臧担任郎中令。他们迎请了鲁国的申公,准备设立明堂,命令列侯们回到自己的封地上,并且废除了关禁,按照古礼来制定各种服饰制度,希望兴起全新的政治流派。与此同时,检举谴责窦氏家族和皇族成员中品行恶劣的人,开除他们的族籍。

6. 一山更比一山高

当时,窦太后和王太后娘家的一些子弟被封为侯,列侯们很多都娶公主为妻,不想回到各自的封地中去,都很怨恨窦、田等人。因此,毁谤魏其侯等人的言语每天都传到窦太后的耳中。窦太后喜欢黄老学说,而魏其侯、武安侯、赵绾、王臧等人则努力推崇儒家学说,贬低道家的学说,所以,窦太后越来越不喜欢魏其侯等人。

建元二年,御史大夫赵绾请皇上不要把政事禀奏给太后。窦太后大怒,逼迫武帝罢黜了赵绾、王臧等人,而稍后,丞相、太尉也被免职,以侯爵的身份在家闲居。在窦太后的操纵下,任命柏至侯许昌当了丞相,武强侯庄青翟当了御史大夫。

田蚡虽然不担任官职,但因为王太后的缘故,他依然受到皇上的宠信,屡次向天子献计献策,建议大多见效,可以说势力仍存。而窦婴因为惹恼了窦太后,仕途上始终不见有起色。天下趋炎附势的士人和官吏,都离开了窦婴而归附了田蚡。建元六年,窦太后去世后,丞相许昌和御史大夫庄青翟因为丧事办得不周到,都被免官。任用田蚡为丞相、大司农韩安国为御史大夫。天下的士人、郡守、诸侯,就更加趋附武安侯。

窦太皇太后一死,窦婴的日子也就不会好过了。窦太皇太后的死,是窦家子弟生活中的一个转折点,混得最好的魏其侯窦婴也已是府前冷落了,更何况别的窦氏子弟呢? 窦婴看到自己失势之后,就连在他家白吃饭的食客们见了他也只是稍稍欠欠身子,腰板好像比以前硬了很多。这些势利小人的怠慢,使得窦婴很是生气。可就有一个人对魏其侯一如既往,他就是灌夫。魏其侯窦婴也深感世态炎凉,郁郁不得志,对灌夫却是单独地厚待。

尽管有一个灌夫与魏其侯窦婴结交,但这也不能挽回众多官吏和食客的心了。

窦家在朝中因窦太皇太后的存在,威风了四十多年,权力之大,可以左右皇帝。而这些却是汉武帝不愿意看到的,他一心等着有机会去掉这些束缚他的外戚们。

其实,窦婴是一个厉害的人物。对时势分析得清楚,也看得非常明白。从景帝废太子一事可以看出,他明白汉景帝的意图和想法,于是千方百计地顺从他的意思。

窦婴学的是儒家,必然很欣赏孔子的君臣学说。在窦太后强迫景帝立梁王刘武为储君时,他就反对此事,并以比较合适的方式提醒景帝并给其台阶下。他当然明白这样做的后果会得罪非常宠爱小儿子刘武的窦太后,更明白谁要是得罪这个不好惹的人,其后果是不堪设想的。但天生性情耿直的他还是冒着生命之险做了,后来,也因此发生了一连串的不幸之事。

虽然窦婴的官路一直不平坦,但是他也是非常适合在官场上混的,因为他做事是相当谨慎的。他借"七王之乱"之机,把自己的死对头晁错除掉了,但是并不自己亲自来处理这事,而是借他人之手。同样,他也明白景帝废立太子的原因是什么,他深沉并没有过激的行为,而是以辞官表示自己的不满。而我们也只能感叹他的官路太坎坷了。

窦婴之死，疑点连连

灌夫因闹田蚡的婚宴，而得罪了王太后和丞相田蚡。此时的窦婴因窦氏家族失势，他这个外戚已经是没有什么势力了。当然，窦婴也明白救灌夫的后果是什么，但是依旧为其申辩，尽力拯救他的好友灌夫。窦婴重义又精明，或许是他想得没有那么复杂，他认为最坏的结果是被贬为庶民，但他万万没有想到会落得一个满门抄斩的下场。

在西汉风云人物中，窦婴可以说是死得最窝囊、最冤枉、最不明不白的一个。那么，窦婴是怎么死的呢？

《史记·魏其武安侯列传》记载：孝景时，魏其常受遗诏，曰："事有不便，以便宜论上。"及系，灌夫罪至族，事日急，诸公莫敢复明言于上。魏其乃使昆弟子上书言之，幸得复召见。书奏上，而案尚书，大行无遗诏。诏书独藏魏其家，家丞封。乃劾魏其矫先帝诏，罪当弃市。五年十月，悉论灌夫及家属。魏其良久乃闻，闻即恚，病痱，不食，欲死。或闻上无意杀魏其，魏其复食，治病，议定不死矣，乃有蜚语为恶言闻上，故以十二月晦，论弃市渭城。

汉武帝以"伪先帝诏书罪"把窦婴关进了大牢，不久窦婴全族被杀，史书记"夷平三族"不分老幼，皆尽斩于东市。其中一个年龄最小的男童才九岁……他是外戚，曾经权倾朝野，最后却落得满门抄斩的结局。究竟是什么原因，让汉武帝下如此狠心，对窦婴残酷地进行毁灭性大屠杀呢？是什么，让这个昔日风光一时，权倾朝野的大丞相，下场这么凄惨呢？

窦婴之死成为武帝时期的一大疑案。窦婴之死的原因非常多，疑点连连，下面让我们一点一点来分析分析。

1. 灌夫闹酒

窦婴之死起因于"灌夫闹酒"。窦婴带灌夫参加田蚡的婚宴,然而在婚宴上,来宾对窦婴不尊重,因为田蚡给大家敬酒时,所有的客人都避席了,但是窦婴给宾客敬酒时大多数人没有避席,或者半避,没有完全离开席位来迎酒。这意味着什么呢? 意味着这些客人不尊重窦婴。虽然窦婴的资格比不上田蚡老,可当年窦婴炙手可热,红极一时的时候,田蚡还是个郎官,如今田蚡当了丞相了,就狗眼看人低了,所以灌夫就发起脾气来,他自己也不好找别人发脾气,他瞄准一个灌家的人,是他的晚辈——我家里人我总可以教训吧! 所以,就找自家晚辈闹起酒疯了。

田蚡看到这个就不高兴了,打狗要也看主人啊! 而灌夫才不管他三七二十一,老子今天豁出去了,管他是谁的,就闹了起来。田蚡心里想,这场婚宴是太后懿旨要田办的,即使你不给我田某面子也要给太后面子啊,而你也不把太后放在眼里,这叫做"大不敬",于是就命人把灌夫抓起来了。

灌夫被抓后,窦婴想,灌夫为什么闹酒呢? 他是在给我争面子呀,我不能不救灌夫啊! 于是窦婴就出面救灌夫,结果连自己也被抓起来了。这时,窦婴急了,马上托人跟皇帝说,我有先帝遗诏,先帝遗诏上已经说了,我窦婴可以怎样怎样。然而,这一招并没收到任何效果,反而落了个被弃于市的结局,而灌夫以不敬罪族诛。

据《史记》上记载,汉景帝临死的时候留给窦婴一份遗诏,告诉他如果遇到了麻烦可以直接打报告给皇帝。窦婴以为有了先帝遗诏这个尚方宝剑就没事了,可事情并没有那么简单,最后窦婴以伪造先帝遗诏罪被斩首。这就是接下来要分析的事件——遗诏事件。

2. 遗诏事件

因为武帝派人到上书房档案馆查,并没有备案,于是就给窦婴定了个罪名是"矫诏"——伪造先帝遗诏。这个罪过是很大的,因此就把窦婴给杀了。窦婴这个案子的疑点,就在于到底有没有所谓的先帝遗诏。那么,到底有没有先帝遗诏呢?

本案的疑点有五种可能: 窦婴矫诏,伪造了一个诏书;景帝忘了存档;景帝故意不存档;存档的诏书被毁掉;太后和田蚡毁诏;抑或汉武帝毁诏。

窦婴伪造诏书的可能性也不大——窦婴没有那么大的胆子去伪造一份先帝遗诏。还有一个问题就是,如果景帝给了窦婴一份诏书,那不是写几个字就行了的,是要加印加玺的。即使伪造文书,但印章不可伪造啊,汉代是个非常重视印信的朝代,即便拿着皇帝的节杖和诏书但没有虎符,也是不能调兵的啊。在汉代,它是认图章不认人,认证件不认人的——无论多大官都不行。拿证件来,拿虎符来,拿印章来,没这个我不认识你。那窦婴怎么去伪造这个玺印呢?所以说伪造诏书是不太可能的。

太后毁诏的可能性也不大。根据《史记》记载,景帝给的诏只有九个字:事有不便,以便宜论上。这句话意思是,如果遇到什么麻烦,你任何时候都可以直接打报告给皇帝,你怎么说都行。毁诏是非常困难的,既存件又存目,毁件但不可能毁目,因此毁诏的可能性不大。那就只剩下两种可能,就是景帝忘了存档,或故意不存档,这两种可能性也不大,作为一国之主,万人之上的汉景帝没必要用这种手段害窦婴。

综上所述,窦婴之死并非因为遗诏事件。

3. 田蚡

窦婴之死,丞相田蚡有很大责任。作为外戚集团势力的新兴代表,丞相田蚡早把没落外戚窦婴看做是眼中钉。田蚡是很狠毒的,他在东宫廷辩时公开说窦婴谋反,这是让人不能忍受的。

狡猾的田蚡在东宫廷辩中抓住了窦婴的什么软肋而置他于死地呢?田蚡又是如何让汉武帝在顷刻之间改写了历史呢?这就要说说这场政治斗争了。

4. 政治斗争的牺牲品

中央集权,而且是集权于皇帝,是汉武帝终其一生要做的一件事情,实际上他一生做的也就是这件事情。

首先是加强中央的权力,另外一个集权措施是夺地方的权力集中到中央,汉武帝不可能容忍地方有一个非政府的、非官方的豪强势力存在,对于豪强势力他是一定要打击的。窦婴和田蚡实际上分别是两个外戚集团的代表人物。

我们先来看看汉朝外戚专政是如何形成的?所谓外戚就是母族和妻族,再加上自己的父族,合为三族。父族是血统关系,母族是血缘关系,妻族是姻缘关系。皇帝在政治上倾向于外戚而非宗室。汉朝本来就是夫妻店,我们知道刘邦的妻子吕后是跟他一起打天下的,刚好惠帝很懦弱,对很多事情下不了手,所以一直是吕后专政,这就形成了太后专政的传统。汉代号称孝治天下,皇帝要带头孝,因为他们认为,在家是孝子,出门就是忠臣,汉代的皇帝死后除了高祖和东汉的光武皇帝,谥号都有一个孝字,例如孝文皇帝、孝惠皇帝等。窦太后死后,王太后家的外戚王氏的势力猛涨。

窦婴自从失去窦太后的庇护,就不再受皇帝的重用,窦婴自己也被罢了官,门庭冷落车马稀,手下的门客都慢慢离开了他。这个时候灌夫来了,灌夫也是做过官的人,这个时候也是被罢官了,两个下了台的官员同病相怜,而且惺惺相惜,因此成了好朋友。这却为窦婴之死埋下了大大的伏笔。话又说回来,还是由于窦婴自身的性格所造成的。

《史记》说窦婴这个人的性格是"任侠,自喜",《汉书》说他的性格是"侠,喜士"。什么意思呢?"任侠"就是以侠义自任,认为自己最重要的担当就是行侠仗义,这叫"任侠";"自喜"就是自视甚高、自鸣得意;"喜士"就是喜欢结交江湖上的人。这是窦婴的性格特点。而灌夫为人,"刚直使酒,不好面谀",正符合窦婴的性格,所以窦婴才跟灌夫成了好朋友。

灌夫被捕入狱之后,《史记》上的说法是:魏其,锐身而救灌夫——窦婴要挺身而出救灌夫。窦夫人曾劝说窦婴说:你看啊,灌夫得罪的是谁?他得罪的可是当今太后啊,是当今丞相啊,你救得了他吗?但窦婴说:侯,我自得之,我自失之。有什么了不起的。我不能够眼睁睁地看着灌夫死了,而我窦婴一个人还活在世界上——那是不可以的。这个是什么?这个是哥们儿义气,江湖义气。

再者,灌夫这个人也是一个有问题之人。灌夫是个什么人呢?用现在的话来说,他是黑社会老大,灌夫以前做过将军,出生入死,在平叛吴楚之乱的时候身先士卒,身负重伤,九死一生;但是他也为非作歹,至少是他的家人和他的门客曾经为非作歹。灌夫的财产非常之多,富甲一方。他是颍川人,和晁错是老乡,他在颍川势力很大,他的门客大都是江湖上的流氓,地痞,恶霸。你要知道在那个时代,什么英雄豪杰、江湖好汉,和流氓地痞、黑社会老大没有什么区别,基本上是混为一谈的。这些人横行乡里,鱼肉百姓,霸占田亩,垄断水利。所以他的家乡有首歌:颍水清,灌氏宁;颍水浊,灌氏族。这是什么意思呢?就是说这个河水难道总会是清的吗?只要有一天我们颍川浑浊了,你们灌氏就完了。可见当地人民对他们是恨之入骨,巴不得他们立即就消失。

试想,外戚加上一个地方豪强,其势力是如何之大。窦婴和田蚡实际上分别是两个外戚集团的代表人物,他们与皇帝的关系不能从私人关系去看,而要看他们所代表的两个利益集团。更为重要的是，作为一个集权皇帝，汉武帝不能容忍地方豪强和外戚集团势力的强大，灌氏是其打击的对象，但是窦婴却在这个时候舍身救灌夫，必然会引起武帝的不满，成为外戚斗争的牺牲品。

田蚡贪得无厌，官员的任免权都握在手中，窦婴的人格魅力应该大于田蚡，因为田蚡实际上是个猥琐小人。田蚡做了宰相以后，基本上把官员的任免权都拿在自己的手上，所以汉武帝更讨厌田蚡。田蚡太腐败，太跋扈，太霸道，太嚣张。虽然武帝在心理上讨厌田蚡，但更不能容忍外戚跟地方豪强勾结，这才是窦婴和灌夫之死的真正原因。当然，汉武帝心里比谁都清楚窦婴是被王太后等人陷害而死，但是此时的汉武帝早是一个审时度势的人物，为了获得自己的最大的利益，他会为自己的皇权的集中而努力，因此诛杀了窦婴三族。上文提到过"他一心等着有机会去掉这些个束缚他的外戚们"，而遗诏事件正是一个绝佳机会。

可见，无论窦婴有没有犯错都是一定要死的，因此他成了政治斗争的牺牲品。在这场外戚的斗争中，窦氏集团和田氏集团都垮掉了，而武帝则是坐收渔翁之利者。

可叹魏其侯，一代名臣，为平定吴、楚七国叛乱，力驳梁王为储，为汉家王朝出生入死，到头来却落得这样一个下场。朝臣之间如此倾轧，视人命为草芥，感叹为人臣子何其难。

而司马迁则认为窦婴实在是太不懂时势的变化，不懂得急流勇退。顺势而为的确重要，明哲保身固然正确，但人活着不能没有气节啊！

丝绸大使

◎张骞

张骞(? —公元前114年),西汉汉中成固(今陕西成固)人。是中国历史上第一位有影响的对外友好使者。他体魄健壮,性格开朗,富有开拓和冒险精神,武帝时以军功封博望侯,旋拜中郎将,出使乌孙,分遣副使至大宛、康居、大夏等,自此西北诸国方与汉交通,使汉朝能与中亚交流,并打通前往西域的南北两条通路,引进优良马种、葡萄及苜蓿等。对开辟从中国通往西域的丝绸之路有卓越贡献,至今举世称道。

挑起重任,初次出使

头发很乱,从远处看像一堆杂草;脸,黑炭似的,自然已经有些脏了;手,已经瘦得干瘪,甚至已经在微微地颤抖,却紧紧地握着一根上挂节牌的长棍;衣服处处都已破破烂烂;光着黑丫丫的脚,很显然,鞋子早已不知在何时何地淹没了;只有那双依旧闪着智慧和毅力的眼睛,是他唯一特别引人注目的地方。

看到这样的描述,很多人都会联想到叫花子,这个人就是张骞。张骞是中国有史以来出使西域的第一位使节——丝绸大使。

张骞的生还,是人类历史上一件值得纪念的大事。这位汉江哺育的伟人此番遭际,即使是两千多年后的今天,仍荡人心魄,其对国家和民族的忠诚,其非凡的勇气和毅力,都可以称得上是英雄壮举。

张骞出发时,有百余人相随。历经十三年归来后,却阴差阳错地剩下匈奴向导堂邑奴甘父,这有点戏剧性。原本是为了对付匈奴的出使,自始至终伴随着他的,竟然就是一个匈奴人。这应该与其人格魅力有关,《汉书·张骞李广传》说他"为人强力,宽大信人,蛮夷爱之"。张骞究竟是个怎样的人呢? 让我们来看看整个事件的前因后果。

《史记·大宛列传》记载:骞以郎应募,使月氏,与堂邑氏胡奴甘父俱出陇西。经匈奴,匈奴得之,传旨单于。单于留之,曰:"月氏在吾北,汉何以得往使? 吾欲使越,汉肯听我乎?"留骞十余岁,与妻,有子,然骞持汉节不失。

留岁余,还,并南山,欲从羌中归,复为匈奴所得。留岁余,单于死,左谷蠡王攻其太子自立,国内乱,骞与胡妻及堂邑父俱亡归汉。汉拜骞为太中大夫,堂邑父为奉使君。

骞为人彊力,宽大信人,蛮夷爱之。堂邑父故胡人,善射,穷急射禽兽给食。

初,骞行时百馀人,去十三岁,唯二人得还。

在以前,西域这片广大而神秘的土地笼罩着凄凉、荒芜的面纱,可以说这是一个可以想象却不可能到达的地方。

建元年中,正是汉武帝时期,国家强盛。在北方广袤的蒙古草原上,各部落连年战乱,匈奴击败了许多游牧部落,占有了他们的家园。月氏也未能幸免,逃到东汉领土的月氏人惊魂未定,他们恐惧地告诉汉朝的居民,他们自己的部落被匈奴人击败,人民遭到了屠杀,他们的部落首领被匈奴人砍下了头颅,还用头骨制成了酒壶。剩下的人四处逃散,但周围其他的部落都不敢与匈奴为敌,所以他们无法争取到任何同盟;即使远在中亚地区的游牧民族也无意收留他们,所以月氏人只能向更远的西方迁徙。武帝了解这些情况后,想联合大月氏,以"断匈右臂"。于是决定派使者出使大月氏。

但西域路途遥远,而且必须穿过匈奴人控制的地区才能到达,十分危险,所以选派的使者必须要有大智大勇,汉武帝于是下令向全国招募自愿出使之人。当时,谁也不知道月氏国在哪儿,也不知道有多远。要担负这个任务,得有很大的勇气。

年轻的郎中(官名)张骞,觉得这是一件有意义的事,首先应征。

由于张骞的出现,其他人的胆子也变大了,连续有一百名勇士应了征。有个在长安的匈奴族人叫甘父,也愿意跟张骞一块儿去找月氏国。

建元二年(公元前139年),张骞应汉武帝之募,由匈奴人甘父做助手,率领一百多人,浩浩荡荡从陇西(今甘肃一带)出发。

张骞从长安起程,经陇西向西行进。一路上风餐露宿,日晒雨淋,风吹雨打,环境险恶,困难重重,但他信心坚定,不顾艰辛,冒险西行。当他们出了陇西郡的边塞之后,就进入了匈奴地界,还没走多远,他们就被占据此地的匈奴骑兵发现,并被抓去见匈奴国王单于。单于探明了张骞等人的意图后,问他们说:"月氏国在我们北边,汉朝凭什么能派使者到月氏国去?"不由分说,强行把张骞等人全部扣留起来。

就这样,张骞在匈奴扣押了十几年。匈奴人为了笼络、软化张骞,还把一个女子嫁给张骞,并且生了孩子。但张骞始终没有忘记自己的使命,把汉武帝给他的符节一直留在身边。在被扣押期间,张骞想采用韬晦之计,让匈奴人对他放松警惕,放宽对他的监禁。这一计果然奏效,匈奴人对张骞等人渐渐放松了警惕。

一个月黑之夜,张骞趁匈奴不备,逃出匈奴。他们取道车师国(今新疆吐鲁番盆地),进入焉耆(今新疆焉耆一带),又从焉耆沿着塔里木河西行,经过龟兹(今新疆库车东)、疏勒(今新疆喀什)等地,翻越葱岭,一直向西走了数十天,最后到达大宛(今中亚塔什干地区)。

大宛国王以前就听说过东方有个汉帝国,十分富饶,早就想派使节出使西汉,但由于匈奴的阻绝,一直找不到机会。这次见张骞等到来,非常高兴,问张骞想到什么地方去。

张骞说:"我们为汉朝出使月氏,却被匈奴人扣留了十几年。如今逃了出来,请求大王派向导送我们去吧!如果能到达大月氏,等我返回汉朝后,定会奏明皇上,向大王您赠送无数的财物。"

大宛王听后非常高兴,派向导带领张骞他们到了康居(今巴尔喀什湖和咸海之间),在大宛向导的带领下到达康居(今巴尔喀什湖和咸海之间),最后到达大月氏。

但此时大月氏的国情已经发生了很大变化。大月氏王被匈奴杀死后,太子即位,他带领大月氏人迁到妫水流域定居下来,不久他又率部众征服了邻国大夏(今阿富汗北部地区)。大夏土地肥沃,月氏人过着安乐的生活,月氏王报仇的心理也就逐渐淡化,于是决定在那里安居乐业,不想再跟匈奴打仗了。

张骞见到月氏王之后,反复劝说都无效。月氏王觉得大月氏离汉朝十分遥远,结盟未必有什么好处,更没有联合起来共同抗击匈奴的意图。过了一年多,张骞见达不到目的,于是就决定返回汉朝。

公元前128年,张骞启程回国。为避开匈奴控制的地区,在归途中张骞改走南道,他们翻过葱岭,沿昆仑山北麓而行,经莎车(今新疆莎车)、于阗(今新疆和田)、鄯善(今新疆若羌)等地,进入羌人居住地区。在经过匈奴的土地时,又被匈奴骑兵所获,扣押一年多。元朔三年(公元前126年),匈奴单于逝世,匈奴发生内乱,张骞乘机逃回了汉朝。

张骞一去十三年杳无音信,他的突然返回,惊动了满朝官员,汉武帝急忙迎出宫外。张骞一行去时百余人,回来时仅余区区三两个人,且个个蓬首垢面、衣衫褴褛。当张骞手捧几乎脱光了毛的节杖,恭敬地向武帝复命时,一向坚强的汉武帝,早已是潸然泪下。

张骞出使西域,历经艰难险阻,足迹遍及天山南北和中亚、西亚各地,是中原去西域诸国的第一人。张骞回朝之后,向汉武帝详细汇报了他所经历的西域各国的情况,并讲述了他的所见所闻,使汉人第一次对西域各国有了初步的认识。

汉武帝对张骞这次出使西域的成果,非常满意,为表彰他们的功绩,特封张骞为太中大夫,授堂邑父为"奉使君"。

张骞奉命出使西域十三年,两次被匈奴扣留,长达十一年,九死一生,最后靠着乞讨回到汉朝。出发时是一百多人,回来时仅剩下三两人,所付出的代价是何等高昂!

当他衣衫褴褛、亦步亦趋地扑向汉朝边境城门,一头栽倒在守门卫士怀里,挣扎着说:"汉宫使者张骞归来……"的时候,人们不能不为之动容!当他蓬头垢面、赤着脚、因饥饿和寒冷而颤抖着出现在朝廷的时候,那根挂着节牌的长棍却是完好无损的,此时的汉武帝,早已是潸然泪下,不能言语,他只说出了两个字:"英雄……"

张骞出使西域

张骞这次远征,仅就预定出使西域的任务而论,是没有完成。因为他未能与大月氏建立联盟,以夹攻匈奴的目的。如从其产生的实际影响和所起的历史作用来说,无疑其成功是很大的。自春秋以来,戎狄杂居泾渭之北。至秦始皇北却戎狄,筑长城,以护中原,但其西界不过临洮,玉门之外的广阔的西域,尚为我国政治文化势力所未及。张骞第一次通使西域,使中国的影响直达葱岭东西。自此,不仅现今我国新疆一带同内地的联系日益加强,而且中国同中亚、西亚,以至南欧之间的关系也密切起来。后来,人们正是沿着张骞的足迹,走出了誉满全球的"丝绸之路"。

张骞出使西域,既是一次极为艰险的外交旅行,也是一次卓有成效的科学考察。张骞对广阔的西域进行了实地的调查研究工作。他不仅亲自访问了位处新疆的各小国和中亚的大宛、康居、大月氏和大夏诸国,还从这些地方初步了解到乌孙(巴尔喀什湖以南和伊犁河流域)、奄蔡(里海、咸海以北)、安息(即波斯,今伊朗)、条支(又称大食,今伊拉克一带)、身毒(又名天竺,即印度)等国的许多情况。张骞对葱岭东西、中亚、西亚,以至安息、印度诸国的位置、特产、人口、城市、兵力等,都有相关的报告。这个报告的基本内容在司马迁《史记·大宛传》中保存下来。这是我国和世界上对这些地区第一次最翔实可靠的记载。至今仍是世界上研究上述地区和国家的古地理和历史的最珍贵的资料。

在汉武帝那个年代,是一个创造英雄的年代,终未封侯的飞将军李广、智勇双全的卫青和喜欢标新立异出奇兵的霍去病,都可以说是英雄,可是为什么汉武帝独独把这一封号给了张骞?要知道,在那样一个年代,一切都是以成败论英雄的,按照汉武帝的说法,李广未封侯就是因为他杀的人头不够,他的军功都不够显著,与他们相比,张骞根本算不上什么大功臣!可是,张骞代表的是一种精神。这种精神,支撑着一个人、一个国家和一个民族。如果没有这种精神,人只有活的躯体是毫无意义的,国家也只是版图上的一个国家而已!

时至今日,即使沿着张骞的行程做一次旅行,仍被号称探险。可以想象,在那个多战争的年代,这个中国历史上最伟大的探险家所要面临的一切,需要多大的胆魄和非凡的信念,还有坚韧果断的精神以及寂寞独创的心智。用"英雄"这个词来评价他再恰当不过了,如有再多的语言,必定成为败笔!

再次出使，大获功绩

　　张骞，这个大探险家已经功成名就，不知道为了什么，不安安稳稳做官，似乎对充满未知艰险非凡的探险生活已经成瘾。在他得知大夏(今阿富汗一带)的蜀布、邛竹杖是从身毒贩运而来，总想着开辟一条从四川通身毒再通大夏的"新丝绸之路"。

　　公元前122年，张骞说服了皇帝，再次踏上探险征程……

　　《史记·大宛列传》记载：天子以为然，拜骞为中郎将，将三百人，马各二匹，牛羊以万数，赍金币帛直数千巨万，多持节副使，道可使，使遗之他旁国。骞既至乌孙，乌孙王昆莫见汉使如单于礼，骞大惭，知蛮夷贪，乃曰："天子致赐，王不拜则还赐。"昆莫起拜赐，其他如故。骞谕使指曰："乌孙能东居浑邪地，则汉遣翁主为昆莫夫人。"乌孙国分，王老，而远汉，未知其大小，素服属匈奴日久矣，且又近之，其大臣皆畏胡，不欲移徙，王不能制。骞不得其要领。昆莫有十余子，其中子曰大禄，强，善将众，将众别居万余骑。大禄兄为太子，太子有子曰岑娶，而太子蚤死。临死谓其父昆莫曰："必以岑娶为太子，无令他人代之。"昆莫哀而许之，卒以岑娶为太子。大禄怒其不得代太子也，乃收其诸昆弟，将其众畔，谋攻岑娶及昆莫。昆莫老，常恐大禄杀岑娶，予岑娶万余骑别居，而昆莫有万余骑自备，国众分为三，而其大总取羁属昆莫，昆莫亦以此不敢专约于骞。

　　骞因分遣副使使大宛、康居、大月氏、大夏、安息、身毒、于窴、扜罙及诸旁国。乌孙发导译送骞还，骞与乌孙遣使数十人，马数十匹报谢，因令窥汉，知其广大。骞还到，拜为大行，列于九卿。岁余，卒。

　　元朔六年(公元前123年)，张骞跟随大将军卫青出击匈奴。司马迁在《史记·卫将军骠骑列传》中写道，张骞从大将军出征，因为曾经出使大夏，在匈奴活动地域

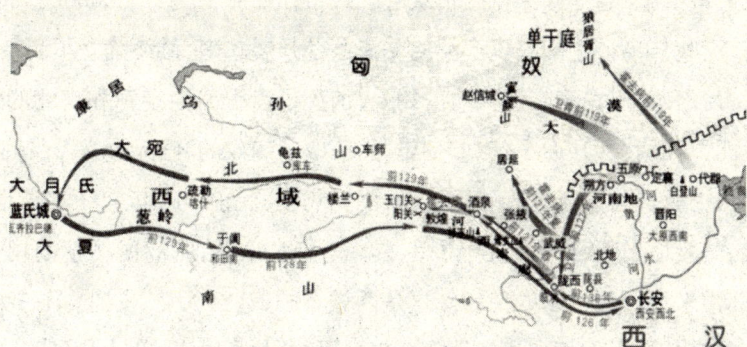

西汉同匈奴的战争和张骞出使西域

长期居留,了解地理情势,熟悉水草资源,于是担任向导,远征军没有饥渴之忧。张骞又因为此前有远使绝国之功,封为博望侯。事实上,张骞的所谓军功,也基于出使时的经验。张骞为将军时,因指挥战事不利而致罪,失侯后,张骞还想再到西域去。他向汉武帝说:"我在大夏看见邛山(在今四川)出产的竹杖和蜀地(今四川成都)出产的细布。大夏人说是买卖人从身毒——天竺(今印度)买来的。身毒在大夏东南数千里,那里的百姓骑象打仗,临近大海。大夏国远离汉朝一万余里,位于中国的西南方,而身毒国又位于大夏国东南几千里,竟有蜀地产物,可见离蜀地不远。他估计从蜀走身毒到大夏,必是快捷方式,又可免匈奴的阻击。"

汉武帝听了,打算用礼物和道义去跟这些国家联合起来对付匈奴。他再一次派张骞为使者,从蜀地出发,带着礼物去结交身毒。这次出使的任务,是劝说乌孙重返故地,与汉朝共同对抗匈奴。张骞带了三百多人,马六百匹,并携带价值"数千巨万"的金帛货物和一万多头牛羊。出使的队伍中还有一些持节的副使,以便沿途派往各地。此时匈奴势力已被逐出河西走廊,道路畅通。他顺利地到达了乌孙。乌孙王年老,不能做主,大臣都惧怕匈奴,又认为汉朝太远,不想移徙。并派副使访问了康居、大宛、大月氏、大夏、安息(今伊朗)、身毒(今印度)等国家,足迹遍及中亚、西南亚各地,最远的使者到达地中海沿岸的罗马帝国和北非。尽管张骞这次出使也没能立即与乌孙结成军事联盟,但双方在政治上和经济上的联系变得频繁而密切。

公元前115年张骞回国时,乌孙王派数十名使者随同他一起来到长安。以后,张骞派往中亚一些国家的副使,也分别在对方使者的陪同下,陆续回到长安。乌孙王送给汉武帝数十匹好马,深得武帝欢心。武帝任命张骞为大行,负责接待各国使者和宾客,汉朝与乌孙之间农牧产品的交流蓬勃开展起来,最终确立了和亲关系。

汉武帝派名将霍去病带重兵攻击匈奴,消灭了盘踞河西走廊和漠北的匈奴,建立了河西四郡和两关,开通了丝绸之路。并获取了匈奴的"祭天金人",带回长安。

张骞回国后升为大行,列于九卿。元鼎三年(公元前114年),张骞逝世。由于过度劳累,一般估计死时不过五十岁左右。一年多以后,张骞所派遣的副使,陆续回到长安,带来了西域各国的使者。这是西域各国,远至大夏、安息,第一次同汉朝直接通使往来。副手们把到过的地方合起一算,总共到过三十六国。

张骞不畏艰险,两次出使西域,沟通了亚洲内陆交通要道,与西欧诸国正式开始了友好往来,促进了东西经济文化的广泛交流,开拓了从我国甘肃、新疆到今阿富汗、伊朗等地的陆路交通。从此,中国通西域的道路完全打通。来往使者络绎不绝。汉武帝每年都派使节去访问西域各国,汉朝和西域各国建立了友好交往。西域派来的使节和商人也络绎不绝。中国的丝和丝织品,经过西域运到西亚,再转运到欧洲,后来人们把这条路线称作"丝绸之路"。丝绸之路的开辟不仅使东西方有了第一条商路,更重要的是民族间的政治、经济、文化得以交流,张骞凿空,可以称为是人类共同进步的大事业。

张骞开通西域的意义,不仅丰富了中国人的地理知识,扩大了中国人的地理视野,而且直接促进了中国和西方物质文化交流,中国精美的手工艺品,特别是丝绸、漆器、玉器、铜器传列西方,而西域的土产如苜蓿、葡萄、胡桃(核桃)、石榴、胡麻(芝麻)、胡豆(蚕豆)、胡瓜(黄瓜)、大蒜、胡萝卜,各种毛织品、毛皮、良马、骆驼、狮子、鸵鸟等陆续传入中国。西方的音乐、舞蹈、绘画、雕塑、杂技也传入中国,对中国古代文化艺术产生了积极的影响。

张骞两次出使西域,确实促进了丝绸之路贸易的蓬勃发展。但更重要的是,此后不久,中国与西域诸国加强了宗教、文化和艺术等方面的交流。这给古老的中国文化注入了新的血液。吸收各国各民族的优秀文化,才使华夏文明达到了当时人类文明的巅峰。

司马迁以"张骞凿空(探险,打通孔道)"四字,高度概括了他通西域的贡献和传奇的一生。后来,这条出玉门关,经天山南北路,越过葱岭,到达中亚或者更远地方的通道,成了千古传颂的丝绸之路。

张骞以"凿空西域"的不朽功绩而闻名于世,以高尚的献身精神、坚强的性格和开阔的胸襟及待人诚恳的宝贵品质深受爱戴。为了纪念张骞通西域的功绩,后来汉朝使者皆称"博望侯",所到之处都受到信任和欢迎。

张骞不仅开拓了汉与西方诸国贸易的"丝绸之路",成为我国历史上第一个走出国门,开展外交活动的外交活动家;同时,也通过它的外交实践,第一次张扬起国与国之间平等、诚信交往的外交理念,为我国汉代昌盛和后世的对外开放奠定了坚实的基础,产生了深远的影响。他两次出使西域,开辟了中西文化交流的通道,加强了西汉与西域地区的联系。

张骞不仅第一次打开了古老中国的大门,开辟了国与国进行平等互利、友好往来的"丝绸之路",促进了中华民族与中亚、西亚、南亚及欧洲等国家的经济、文化、政治等各方面的交流与合作,为推动世界文明进步和社会发展做出了卓越的贡献,同时,其外交实践构建了国与国之间平等往来、友好相处的基本原则,为后世国家之间开展外交活动奠定了思想基础,对当今世界外交活动的基本准则的形成与发展提供了依据,产生了深远影响,并将继续发挥更大作用;也为后世的外交使节开展外交活动建立了一座丰碑,成为后世外交工作者的行为楷模。

张骞探险西域,对中国人来说,还具有巨大的发现价值。在此前,中国人一直以为西域是鬼神之所,张骞通过实地考察,向中国人介绍了西域的地理风貌、人民的生活劳作习俗,彻底打破了中国人关于西域的迷信观念和恐惧心理,为中国人走出西域,走向世界奠定了思想基础。

张骞是绚丽灿烂的,在张骞的身上,无疑凝聚着中华民族自强不息、不屈不挠、无所畏惧的精神。

千百年来,张骞的业绩一直被后人所传颂,除《史记》、《汉书》的记载外,清人记载伊犁西南有汉张骞碑,曹鳞开赋诗"博望残碑碧藓封"。爱国英雄林则徐更吟咏"张骞博望笑凿空"。而今后人笑谈西域史,笑谈丝绸之路,就不能不提到张骞!张骞作为中西交通和中外经济文化交流的一个伟大开拓者和先行者,功垂史册,其精神在我国一直为优秀的人们所继承和发扬。

智囊先生

◎晁 错

晁错(？—公元前 154 年)西汉文
景时期的政论家。颍川(今河南禹县)
人。以文学任太常掌故,受太常派遣,
至伏生处学习今文《尚书》。旋被任为
太子舍人、门大夫,迁博士、太子家令,
得幸于太子刘启(后来的景帝),号称
"智囊"。

善于辩论，智谋出众

在汉景帝刘启还是太子的时候，晁错是他的臣属，他很佩服晁错的才能，彼此关系极其亲密，可以说是刘启的心腹。刘启当上皇帝后，对晁错是言听计从，视为左右手。

我们知道，汉景帝是一代有名的政治家，是历史上有名的好皇帝，其识人用人之术也是值得称道的。试想，如果晁错没有才能或者没有那么好的才能，汉景帝还会对其言听计从，视其为左右手吗？现在就让我们来看看这个智囊先生——晁错的过人之处。

《史记·袁盎晁错传》记载：孝文帝时，天下无治《尚书》者，独闻济南伏生故秦博士，治《尚书》，年九十余，老不可征，乃诏太常使人往受之。太常遣错受《尚书》伏生所。还，因上便宜事，以《书》称说。诏以为太子舍人、门大夫、家令。以其辩得幸太子，太子家号曰"智囊"。数上书孝文帝，言削诸侯事，及法令可更定者。书数十上，孝文不听，然奇其才，迁为中大夫。当是时，太子善错计策，袁盎诸大功臣多不好错。

汉景帝

晁错少年时学的是法家申不害和商鞅的学说，很有文学才华，文笔也不错，因此任太常掌故，也就是负责祭祀的小官。由于秦始皇焚书坑儒，随后又是多年战乱，斯文扫地，原来许多学说都失传了。汉文帝时竟至天下无人会《尚书》，而这又是帝王治理天下不可或缺的。后来听说齐国有个伏生，是原来秦国的博士，只有他会《尚书》，可他已经九十多岁了，无法征召入朝。汉文帝便派晁错去齐向伏生学习，他学习回来后上书讲述其所学，得到文帝的赏识，被先后任为太子舍人、门大夫、博士等职。大约在任博士期间，他写了《言太子宜知术数疏》，指出：一个君主之所以能够建立留传后世的功业，关键就在于通晓"术数"，即治国的方法和策略。他认为，君主必须懂得怎样统驭臣下，使得群臣"畏服"，懂得怎样听取下面的奏报，而不受欺骗和蒙蔽；懂得怎样使万民生活得安定并且得利，那么海内人士就一定服从；懂得怎样使臣、子以忠孝事上，那么臣下和子女的品行就完美了。晁错驳斥了一些朝臣认为皇太子不必知道治理国家事的意见，认为以前的君主有的不能保持政权而被臣下杀害，就是不懂得治国"术数"的缘故。现在太子虽然书读得很多，但是如果不通晓治国的方法，只知背诵书本，那是劳而无功的。他建议文帝选择圣人之术在当今是切实可用的，赐给皇太子学习，经常让太子在皇帝面前陈述自己的看法。文帝采纳了晁错的意见，于是就拜他为太子家令。太子家令是主管太子府内庶务的官员，也就是太子府的总管。

晁错对国家大事发表的意见或提出的建议，大都切合实际，见识深刻，不但在当时起了积极作用，对以后也产生了深刻的影响。

晁错是一个有智慧的人，口才特别好，能言善辩，他进了太子府以后，由于太子是储君，等着做皇帝，而他平时不管事儿，也没什么事儿做，就天天跟太子谈学问。晁错一肚子学问，因此太子有点崇拜他，经常和他坐而论道。太子的家人也非常崇拜他，就给他起了个外号叫"智囊"。

文帝十一年（公元前 169 年）夏天，匈奴经常挑起边境战争，文帝欲采取大规模战略反击，但由于太子家令晁错向文帝上书谈论战争问题《兵法》说："有战无不胜的将军，没有战无不胜的民众。"由此看来，保持过境的安定、建立功名，关键在于良将，不可不慎重地选择良将。

用兵作战最紧急的要务有三条：一是占据有利地形，二是士兵训练有素，三是武器精良。按照《兵法》所说，步兵、车骑兵、弓弩、长戟、矛铤、剑盾等不同的兵种和武器，分别适用于不同的地形，各有所长；如果战场地形不利于发挥军队和武器的长处，就可能出现十个士兵不如一个士兵的情况。士兵不经过挑选和训练，作风拖拉，行动不齐，战机有利时不能及时赶到，不利时不能迅速转移，不能听从指挥，这样的军队百不当十。士兵手中的兵器不齐备不锋利，与徒手作战一样；将士身上的盔甲不坚固,与脱衣露体一样;弩箭射不到远处,与短兵器一样;射不中目标,与没有箭一样;箭虽然射中目标却射不进敌人身体,就与没有箭头一样。这是将领不检查武器的祸患,这样的军队,五个人不抵一个用。所以说,武器不精良,是把士卒奉送给敌人;士兵不能作战,是把将领送给敌人;将领不懂兵法,是把君王送给敌人;君主不精心选择将领,是把国家送给敌人。这四点,是用兵的关键。

臣又听说在用兵时,依据交战双方国家大小不同、强弱不同和战场地形险峻平缓的不同,应采取不同的对策。自我贬抑,去侍奉大国,这是小国应采取的方法;如果与敌方不分强弱,就应联合其他小国对敌作战;利用蛮夷部族去进攻蛮夷部族,这是中原王朝应该采取的战略。现在匈奴的地形、军事技术与中原大有不同:奔驰于山上山下,出入于山涧溪流,中原的马匹不如匈奴;在危险的道路上,一边策马奔驰一边射击,中原的骑射技术不如匈奴;不畏风雨疲劳,不怕饥渴,中原将士不如匈奴人,这是匈奴的优势。如果到了平原、地势平缓的地方,汉军使用轻车和骁勇的骑兵精锐,那么匈奴的军队就很容易被打乱;汉军使用强劲的弓弩和长戟,箭能射得很远,长戟也能远距离杀敌,那么匈奴的小弓就无法抵御;汉军身穿坚实的铠甲,手中有锋利的武器,长兵器与短兵器配合使用,弓箭手机动出击,兵按什伍编制统一进攻,匈奴的军队就不能抵挡;有勇力的弓箭手,以特制的好箭射向同一个目标,匈奴用皮革和木材制造的防御武器就会失效;下马在平地作战,剑戟交锋,近身搏斗,匈奴人的脚力就不如汉军;这是中原的军事优势。由此看来:匈奴军有三长,汉军有五长,提出应以己之长,击敌之短;同时指出,汉朝地广人众,可兴数十万之师,以十击一。

尽管如此,刀兵是不祥之物,战争是凶险之事;由大变小,由强变弱,瞬息之间就会发生。用人的生死去决胜负,失利就难以重振国威,后悔都来不及。英明的君主在决策时,应立足于万无一失。

此外,晁错还建议争取少数民族共同抗击匈奴。如义渠等族来归附的有几千人,生活习俗与长处和匈奴相同,可以发给他们精良的武器装备,并派熟悉他们习惯并能团结他们的良将去统帅他们,让他们把守险阻的地方;而平地要道则派汉军守卫。这样可以使两者相互配合,发挥各自长处,这就是万全之术。

文帝很赞赏他的意见,亲自给晁错回了一封信,以表示赞同。

晁错接着又向文帝上了《守边劝农疏》和《募民实塞疏》,提出用移民守边的办法来代替轮番戍边的办法,这是一个极为重要的创新建议。

在戍边方面,汉初期实行的是"戍卒岁更"的更戍制度,使戍边士卒逐年更替,轮换休息。在如此制度下,当值士卒无法安心了解边防情况,不注重熟悉敌情,提高御敌能力,只求在自己轮守的一岁中相安无事或遭受的劫掠轻微一些。因此,政府预期的防守力度、御敌目标就远远没有达到。晁错以以利劝民为出发点,注重人情需求,他在《论贵粟疏》中讲:"人情曰,不再食则饥,终岁不制衣则寒。"《礼记·礼运》曰:"何谓人情? 喜、怒、哀、惧、爱、恶、欲、七者弗学而长。"晁错又认为:"人情非有匹敌,不能久安其处,塞下之民,禄利不厚,不可使久居危难之地。"晁错总结了秦朝戍边政策的历史教训。

那时,在远地戍边的士兵不服水土,运粮困难,病死不少;加上秦法严酷,误期要判死罪,终于激起陈胜起义,秦朝灭亡。这就委婉地否定了汉文帝以权势派士卒戍边的做法。晁错进一步回到现实,分析匈奴人的生活习性和以卒戍边的弊端:当时,匈奴人过着流动的游牧生活,犯边也是或此或彼。以卒戍边,卒少不足以备患;匈奴之患至,远方将士又来不及救援,使百姓不堪其苦,戍边应该从长远计议。他提出了移民守边的新政策。晁错认为,要想使移民久居边远之地,安心生产,保卫边防,就必须妥善解决他们在生产和生活中所遇到的各种困难,使"民至有所居,作有所用",并且做到"战胜守固则有拜爵之赏,攻城屠邑则得其财卤以富家室"。只有如此,移民才能"轻去故乡而劝之新邑","蒙矢石,赴汤火,视死如生"(《晁错传》)。晁错认为,这就是移民守边同秦朝强迫发卒、令民谪戍的根本区别。

文帝十五年(公元前165年),文帝令大臣们推举贤良、方正、文学之士。晁错在太子家令任内被推举为贤良。文帝亲自出题,就"明于国家大体"等重要问题,提出征询(这叫"策问")。当时贾谊已死,参加对策的一百多人中,以晁错的回答为最好。晁错的《举贤良对策》成了西汉一篇著名的政论文。

晁错的对策,总能得到文帝的赞许,因此,文帝就把他由太子家令提升为掌管议论政事的中大夫。从这个角度讲,晁错又是一个有思想、有办法的人,还是一个不甘寂寞的人。正因为他是一个有学问、有思想、有能力、还不甘寂寞的人,所以才命中注定般趟朝政这潭"浑水",管这个国家的事情。

强行削藩,惨遭杀害

不可否认,晁错是一个知识渊博之人。然而就是这样一个有才华的人,却做了削藩的牺牲品,在他实现自己政治理想和抱负的过程中,被他所忠心耿耿所事的景帝腰斩(刑极残酷),衣朝衣而被骗杀,祸及家人!

《史记·袁盎晁错传》记载:景帝即位,以错为内史。错常数请间言事,辄听,宠幸倾九卿,法令多所更定。迁为御史大夫,请诸侯之罪过,削其地,收其支郡。奏上,上令公卿列侯宗室集议,莫敢难,独窦婴争之,由此与错有隙。错所更令三十章,诸侯皆喧哗疾晁错。错父闻之,从颍川来。谓错曰:"上初即位,公(汉时君称臣,父称子,平辈互称,皆为公)为政用事,侵削诸侯,别疏人骨肉,人口议多怨公者,何也?"晁错曰:"固也,不如此,天子不尊,宗庙不安。"错父曰:"刘氏安矣,而晁氏危矣,吾去公归矣!"遂饮药而死,曰:"吾不忍见祸及吾身。"死十余日,吴楚七国果反,以诛错为名。及窦婴袁盎进说,上令晁错衣朝衣斩东市。

多数人认为,景帝本用晁错的"削藩"是为国家长久计,伤及诸侯王的利益,激成"七王之乱",并非晁错的过错,景帝杀晁错,纯粹是希望借晁错"平息"诸侯王的怒火,好让叛乱者顺着台阶下——偃旗息鼓、退兵回国。这不得不让人感慨伴君如伴虎!

难道汉景帝仅是为了"平息"七国之乱才杀他的,就没有其他的原因吗?现在我们就看事情的整个过程。

对于地方诸侯王危害西汉王朝的问题,晁错与贾谊的看法是相同的。贾谊当时在一篇奏疏中就痛陈利弊,要求汉文帝及早解决,方法是"众建诸侯而削弱之",也就是把大的诸侯国分成若干小的诸侯国,分给诸侯王嫡子嫡孙以外的子孙,如果子孙没有这些,就先把未封的国土空着,这样中央不侵夺各诸侯王的一寸土地,而诸侯王的势力也在无形中削弱了。

应该说贾谊有先见之明，方法也是正确的，可惜汉文帝认为自己的政权还没有达到理想中的稳固，所以厚施仁惠结天下人心，不想因削藩问题闹得沸沸扬扬，一直搁置没有办。后来武帝时，主父偃把贾谊的这套方法加以完善，就成了"推恩令"。而武帝最终也借此解决了诸侯问题。在诸侯王问题上，晁错的看法是和贾谊不谋而合的，他继贾谊之后，再次提出削藩，太子刘启很赞成晁错的建议，而爰盎和很多大臣、功臣则持反对态度。汉文帝看到有这么多的反对大臣，且大多是掌握实权的人物，于是就没有采纳。

汉文帝死后，太子刘启继位，即汉景帝。晁错因受景帝的宠信，先是被任命为内史，主管首都长安的行政管理工作。晁错多次请求景帝单独召见自己，和景帝商议国家大事，景帝对他言听计从，宠幸超过其他大臣。晁错仰仗景帝的宠幸把法令制度该改的都改了一遍。这自然引起很多人的不满，可是晁错正独邀主宠，无人敢于发难。

丞相申屠嘉总想找机会置晁错于死地，却苦于无机会，一直找不到晁错的毛病。晁错的内史府坐落在太上庙外面的空地上，从东门出入非常不方便，晁错便开门南出，凿通了太子庙外面的围墙。申屠嘉本以为终于等到机会了，想到自己当年把文帝宠臣邓通吓个半死的光辉事迹，便想以此为罪过奏请景帝诛杀晁错。晁错却远非邓通可比，抢先去向景帝说明情况。等到申屠嘉向景帝奏事时，便说晁错私自开凿太上皇的庙墙为门，应送廷尉治罪。景帝说："此非庙墙，是庙内空地上的围墙，没有犯法。"申屠嘉一气之下，就归天。当别人见丞相大人都因和晁错作对而被气死了，于是此后就没有敢与晁错作对的人了，晁错也因此越发尊贵了。

申屠嘉死后不久，景帝就提拔御史大夫陶青为丞相，提拔晁错为御史大夫。御史大夫是个什么官呢？用现在的话说，相当于副总理兼检察部长。他便在此时向景帝上《削藩策》，晁错指出，高祖封同姓王，仅齐、楚、吴三个王的封地就分去了天下的一半。他建议凡诸侯有罪过的削其支郡，凡是有过错的诸侯王，削去他们的支郡，只保留一个郡的封地，其余郡县都收归朝廷直辖。晁错特别指出，吴王刘濞的危险性最大，先前因为吴太子和文帝的皇太子（即后来的景帝）下棋时被打死，吴王就心怀怨恨，假说有病，不来朝见，按法律本应处死；文帝不忍治罪，赐给几杖，恩德极厚。但吴王非但没有改过自新，反而更加骄横放肆，公然开铜山铸钱，煮海水熬盐,招诱亡命之徒,蓄谋反叛作乱。晁错认为,对于吴王刘濞,削他的封地会反,不削他的封地也要反。削他的封地,反得快,祸害小;不削他的封地,反得迟,祸害就大。晁错认为吴王刘濞会反是正确的,但他强行削藩势必会引起其他诸侯王的不满和反抗,这就不是一个吴王的问题了。他所提出的削地的办法,却有人为地激化矛盾的因素

连环画《晁错削藩》

在里面,与贾谊的"众建诸侯而少其力"的逐渐削弱的办法相比,不免性急了一些,效果自然是不同的。

这个《削藩策》一提出来,马上引起朝廷内的极大震动。景帝下令,让公卿、列侯和宗室共同议论,不少人知道景帝是完全支持晁错的,因此没有敢公开表示反对;只有窦婴公开站出来表示反对,同晁错争论起来,从此他们之间就结下了深仇大恨。最后,景帝决定:削夺赵王的常山郡、胶西王的六个县、楚王的东海郡和薛郡、吴王的豫章郡和会稽郡。晁错更改了法令三十条。这样一来,诸侯王们都起来强烈反对。

毕竟晁错是个书生,他对诸侯王对中央政权的危害是看透了,可是却没料到各诸侯王联合反叛会有一个什么样的后果。而景帝长年处于深宫之中,对军事也不了解,只是认为这样做对,而且相信晁错算无遗策,便同意了削藩。

晁错强行削藩,冒的风险是很大的,他把自己放到了一个危险的位置上,这一点他的父亲也感受到了。于是这位老人就急急忙忙地从颍川老家赶到长安去找晁错,对他说:"皇上刚刚即位,你在朝廷当政,侵削诸侯王,使皇室骨肉之亲疏远,引起大家的怨恨,你这是为什么呢?"晁错对父亲说:"必须这样做呀!不这样做,天子就没有尊严,国家就不得安宁。"父亲感叹地说:"刘氏王朝当然是安宁了,但是我们晁家却危险了,我还是离开你回去吧!"这位老人回家后就服毒自杀了。临死前,他说:"我不忍眼睁睁看着大祸临头!"其实,晁错本人早就感受到危险了,只是他已经将自己的生死置之度外了。

过了十几天,吴楚等七国起兵反叛朝廷,声称诛伐晁错。景帝与晁错商议出兵征伐,晁错打算让景帝亲自带兵出征,自己在京城留守。这时窦婴所推荐的袁盎正应诏而来。景帝向袁盎问对付吴楚叛乱的策略和具体办法。袁盎原与晁错有矛盾,又因受吴王刘濞贿赂被晁错惩治过,怀恨在心,早想报仇了。现在景帝发问,见报复的时机已到,就请求要两人秘密谈话。景帝命众臣退下,独有晁错还在。袁盎对景帝说:"臣所言,人臣不能得知。"于是景帝让晁错出去。晁错急忙到东厢回避,对此非常恼恨。皇帝最后又问袁盎,袁盎回答说:"吴、楚相互往来的书信说'高祖封立刘氏子弟为王并有各自的分封土地,现在贼臣晁错擅自贬谪责罚诸侯,削夺诸侯的土地'。他们用造反的名义,共同向西进攻联合诛讨晁错,恢复了原来封地就会罢兵。现在只有斩杀晁错,派使者赦免吴、楚七国的罪过,恢复原来被削减的封地,才能够不血染兵器而结束全部战事。"面临着重要的决策,景帝心想:是牺牲晁错而向吴楚让步呢,还是坚持重用晁错而坚决征伐吴楚呢?他一时默然不语,过了很久才表示,说:"只是真实的情况怎样呢,我不会因为爱一个人而拒绝天下的。"袁盎说:"我愚蠢的计策没有能超出这个的了,希望皇上能够认真地考虑考虑。"没有别的办法,汉景帝就任命袁盎做了太常,吴王弟弟的儿子德侯做了宗正。袁盎秘密准备行装。

又过了十几天,丞相陶青、中尉嘉、廷尉张欧向景帝劾奏晁错。他们认为,吴王反叛朝廷,应当诛伐,现在御史大夫晁错提出讨伐军不可交给群臣,而要陛下亲自带领,让晁错居守京师,又主张把尚未沦陷的徐、僮等县送给吴国。这说明晁错不能宣扬陛下德信,打算疏远君主与臣民的关系,又打算以城邑送给吴国,实无臣子之礼。他们建议:"错当腰斩,父母妻子同产无少长皆弃市。臣请论如法。"景帝下令说:"可。"晁错还不知道。因此,晁错是被骗到刑场的。奉旨前去执行命令的首都卫戌司令兼公安部长(中尉)陈嘉大约并没有告诉晁错朝廷要杀他,晁错也以为是叫他去开会,兴冲冲地穿了朝服就上车。

晁错死后,谒者仆射邓公担任校尉,攻打吴楚的军队时,他担任将领。回京城后,上书报告军事情况,进谏皇上。景帝问他:你从部队中来,知道晁错被处死,吴楚罢兵否?邓公回答:吴王蓄意谋反已几十年了,是因削减他们的封地而恼怒,以诛晁错为名,其本意并不在晁错。现在杀了晁错,我担心天下之士箝口不敢再讲这件事了。景帝惊问:"为什么呢?"邓公说:"晁错担心诸侯强大了不能够制服,所以要求削减诸侯的封地,借以尊宠朝廷,这实在是关乎万世的好事啊。计划才开始实行,竟然遭到杀戮,对内杜塞了忠臣的口,对外反而替诸侯报了仇,我私下认为陛下这样做是不足取的。"

事实证明,袁盎出的主意并不灵。晁错被杀以后,七国并没有退兵。也正因此,袁盎背上了"挑拨离间,公报私仇,谗言误国,冤杀功臣"的罪名。

晁错之死,没有经过审判,也没有给他任何辩护的机会。这实在可以说是"草菅人命",而这个被"草菅"了的晁错也不是什么小人物。他是西汉初年景帝朝中的大臣,官居御史大夫。这个官位是很高的。一个高官不经审判甚至还是在穿着朝服的情况下就被处死,只有两种可能。一是事情已经到了非杀不可的程度,二是对手痛恨此人已经到不顾一切的程度。现在再看晁错的死,两种情况都可能存在。

晁错的政治生涯并不复杂,仕途一直非常顺利。他做过太常掌故、太子舍人、门大夫、博士、太子家令、中大夫、内史,四十多岁就当了御史大夫。他做官既不是凭军功,也不是靠任子、纳赀,而是靠自己的智慧和才能,并一直深受文帝、景帝器重和宠信。然而晁错之死却十分耐人寻味。

晁错是削藩的第一人,也是改变法令第一人。在中国历史政治上,第一个吃螃蟹的人往往都会有悲惨的下场。在晁错之前有个商鞅,新法使秦强大了,不过那是他死了以后的事情了,当时他因为更改祖宗之法被车裂了,也就是现在说的五马分尸。在他之后宋时的王安石,也是因为变法而落得罢官的结果。而晁错死得更悲惨,在自己还不明白怎么一回事的情况下,就穿着朝服被腰斩了。过犹不及,凡事还是有度好!

在现在看来,削藩是一个正确的治国方略。可当时晁错却没有削藩成功,反倒引发吴楚之乱,人家要"清君侧",结果汉景帝赏了个腰斩弃市了事。晁错的死比韩信和窦婴都冤,之所以冤是因为在其将要实现政治理想和抱负的旅途中,却被没有远见的主子给杀了!真是"壮士未酬身先死,长使英雄泪满襟"啊!一件事的结果是由很多原因造成的!此外,还有一个更重要的原因使他走上了人生悲剧的旅途——性格缺陷!

在《史记》上说他性格"峭直刻深",用现代话讲就是"严厉,苛刻,刚直,心狠",他是一个善于为人谋,不善于为己谋的人,他锋芒太露,不知迂回,一个这样性格的人,自然难以拢众。清高难入俗人眼,圣洁常招庸才妒。水至清则无鱼,人至察则无朋,身边没有可以谈心的朋友,周围又没有耳目,在世外桃源作画咏诗还行,然而在钩心斗角、尔虞我诈的官场中哪里行啊! 俗话说"百无一用是书生",这句话就证明了文人永远当不了皇帝,像李煜,徽宗,会写诗绘画,却不会安邦治国,晁错一心为汉室尽忠,极力主张"削藩",但是到头来却成为平息叛乱的牺牲品。

再来看看他的性格特点。先人概括为"大公无私,忠心耿耿,一往无前",这些特点如果集中在一个侠士身上无疑是道德的楷模,可集中在晁错身上就会给他招来杀身之祸了。大公无私,难体民情;忠心耿耿,难察吏意;一往无前,难解圣心;上吏下民,无人理解;社情民意,熟视无睹;想成事业,难上加难。

在文帝时,晁错就曾提出了"削藩"的主张,没有被采纳,显然文帝觉得这种策略太赤裸,容易激起诸侯王的反抗。但文帝死后,景帝立即采纳了晁错的办法,开始削藩,一下子就削去了吴国的两个郡,在景帝还是太子时,曾因小事杀了吴国太子,结果更加激化了景帝与吴王之间的矛盾。吴王刘濞担心武帝会全削了自己的领地,于是起兵造反。同时,这种公开削藩的做法,使刘濞师出有名:"诛晁错,清君侧"。这个口号很有号召力,把担心封地被削夺的诸侯一下子推到一个战壕,也就爆发了七国之乱。由此可见,当时汉景帝采取直接削藩的策略是不明智的,无论他晁错对汉朝多么的忠心,还是免不了会惹祸上身。

苏东坡曾说过,要削藩就要具备三个条件,"前知当其然,事至不惧,而徐为图之"。晁错一条也不具备,可他还要强行削藩,这不就是在找死! 自古疏不间亲,藩王都是皇帝的手足,家事何需外人插手,就是小兄弟装大,动摇了中央集权,也得让皇帝看清才行,"治大国若烹小鲜"需要慢慢来,用温火一点点地烹,不能急于求成,当皇帝还半信半疑时,你不顾一切地来了一铲子,那是必死无疑。晁错自身的缺陷以及在削藩问题上的草率激起诸侯王叛乱,并最终成了自掘坟墓的人。

俗话说,"人无完人,金无赤金",晁错有些缺陷是很正常的,丝毫没有影响其杰出政治家的形象。明代思想家、文学家李贽曾说:"可以说晁错他不善谋身,不可说他不善谋国。"可见,晁错为了国家利益而不顾个人安危的献身精神还是很宝贵的,是值得赞扬的。